¿Sabes quién eres?

¿Sabes quién eres?

Una guía
por los 16 tipos de personalidad ID16™©

JAROSŁAW JANKOWSKI

¿Sabes quién eres?
Una guía por los 16 tipos de personalidad ID16™©

Esta publicación puede ayudarte a utilizar mejor tu potencial, a crear relaciones saludables con otras personas y a tomar buenas decisiones en lo relativo a la educación y la carrera profesional. Sin embargo, en ningún caso debería ser tratada como un sustituto de una consulta psicológica o psiquiátrica especializada. El autor y el editor no asumen la responsabilidad por los eventuales daños resultantes de un uso indebido de este libro.

ID16™© es una tipología de la personalidad original. No se la debe confundir con las tipologías y los test de personalidad de otros autores o instituciones.

Título original: Czy wiesz, kim jesteś? Przewodnik po 16 typach osobowości ID16™©

Traducción del idioma polaco: Ángel López Pombero, Lingua Lab, www.lingualab.pl

Redacción: Xavier Bordas Cornet, Lingua Lab, www.lingualab.pl

Redacción técnica: Zbigniew Szalbot

Editor: LOGOS MEDIA

© Jarosław Jankowski 2018-2023

ISBN (versión impresa): 978-83-7981-162-5
ISBN (EPUB): 978-83-7981-163-2
ISBN (MOBI): 978-83-7981-164-9

DEDICATORIA

*A mi amada mujer Iwona
y mi querido hijo Maciej.*

El lector en primer lugar.

Una campaña ALLi.

Índice

Introducción 9
ID16™© entre las tipologías de personalidad de Jung 11
Test de personalidad ID16™© 15
Administrador (ESTJ) 31
Animador (ESTP) 50
Artista (ISFP) 70
Consejero (ENFJ) 89
Defensor (ESFJ) 109
Director (ENTJ) 130
Entusiasta (ENFP) 149
Estratega (INTJ) 170
Idealista (INFP) 189
Innovador (ENTP) 207
Inspector (ISTJ) 230
Lógico (INTP) 248

Mentor (INFJ) 267
Pragmático (ISTP) 285
Presentador (ESFP) 304
Protector (ISFJ) 326
Apéndice 344
Bibliografía 348
Sobre el autor 351

Introducción

Desde los comienzos de la historia, pensadores, filósofos y simples observadores de la vida se interesaron por el fenómeno de la personalidad humana. Les intrigaba que los comportamientos y las actitudes de algunas personas mostrasen grandes similitudes, a pesar de unas experiencias vitales distintas y una educación diferente.

Estas observaciones llevaron a muchos de ellos a reflexionar sobre los tipos de personalidad. Uno de los frutos de estas investigaciones es la todavía popular tipología de Hipócrates. Este eminente médico y pensador de la antigüedad distinguía cuatro temperamentos básicos: sanguíneo, colérico, flemático y melancólico. La historia conoce muchos otros intentos de diferenciar y describir tipos repetibles de personalidad, igual de interesantes. Aunque desde la perspectiva actual algunos de ellos parecen demasiado simplificados, desempeñaron un papel extraordinariamente importante, abriendo el camino para posteriores reflexiones, más profundas, sobre la personalidad humana.

Carl Gustav Jung (1875-1961), psiquiatra y psicólogo suizo, cuya teoría se convirtió en un hito en este ámbito, ayudó a popularizar la idea de los tipos de personalidad y – a partir del siglo XX – se convirtió en la base para la creación de las denominadas tipologías de Jung, y de los test de personalidad (a los que también pertenece ID16™©) [1].

Hoy las tipologías de personalidad relacionadas con la teoría de Jung son una herramienta generalmente empleada en la práctica pedagógica, el coaching, la gestión de recursos humanos y en la orientación profesional y matrimonial. También constituyen la base de muchos programas de apoyo para el desarrollo personal y el perfeccionamiento de las relaciones interpersonales. Los test de personalidad de Jung también se han convertido en una herramienta estándar empleada por la mayoría de las empresas globales en el proceso de selección y en el desarrollo profesional. Inicialmente, fueron empleados, sobre todo, en corporaciones de origen americano, aunque en los últimos años están adquiriendo una popularidad cada vez mayor también en Europa.

Gracias a los test de personalidad de Jung, cada año millones de personas en todo el mundo se conocen mejor a sí mismas y a los demás, y como consecuencia sus vidas y relaciones cambian a mejor.

Espero que tu aventura con los tipos de personalidad también contribuya a cambios positivos de ese tipo.

EL AUTOR

---

[1] Más acerca de este tema en el capítulo: «ID16™© entre las tipologías de personalidad de Jung».

ID16™© entre las tipologías de personalidad de Jung

ID16™© pertenece a la familia de las denominadas tipologías de personalidad de Jung, que hacen referencia a la teoría de Carl Gustav Jung (1875 – 1961), psiquiatra y psicólogo suizo, uno de los principales representantes de la denominada psicología profunda.

Sobre la base de muchos años de estudio y observación, Jung llegó a la conclusión de que las diferencias en las actitudes y las preferencias de las personas no son casuales. Creó la división, bien conocida hoy en día, entre extrovertidos e introvertidos. Además, distinguió cuatro funciones de la personalidad, que forman dos pares de factores contrarios: percepción – intuición y pensamiento – sentimiento. Estableció también que en cada una de estas parejas domina una de las funciones. Jung llegó a la convicción de que las funciones dominantes de cada persona son permanentes e independientes de las condiciones externas y que su resultante es el tipo de personalidad.

En el año 1938 dos psiquiatras estadounidenses, Horace Gray y Joseph Wheelwright, crearon el primer test de personalidad basado en la teoría de Jung, que permitía determinar las funciones dominantes en las tres dimensiones descritas por él: **extroversión – introversión, percepción – intuición** y **pensamiento – sentimiento**. Este test se convirtió en una inspiración para otros investigadores. En el año 1942, también en suelo americano, Isabel Briggs Myers y Katharine Briggs comenzaron a emplear su propio test de personalidad, ampliando el clásico modelo tridimensional de Gray y Wheelwright con una cuarta dimensión: **juicio – percepción**. La mayoría de las tipologías y test de personalidad posteriores, referidos a la teoría de Jung, también toman en consideración esta cuarta dimensión.

Pertenecen a ellas, entre otros, la tipología americana publicada en el año 1978 por David W. Keirsey, así como el test de personalidad creado en Lituania en los años 70 del siglo XX por Aušra Augustinavičiūtė. En las décadas posteriores, investigadores de diferentes partes del mundo fueron tras sus huellas. Ellos crearon otras tipologías con cuatro dimensiones y varios test de personalidad adaptados a las condiciones y necesidades locales.

A este grupo pertenece la tipología de personalidad independiente ID16™©, desarrollada en Polonia por el pedagogo y mánager Jarosław Jankowski. Esta tipología, publicada en la primera década del siglo XXI, también se basa en la teoría clásica de Carl Jung. Al igual que otras tipologías de Jung contemporáneas, se inscribe en la corriente del análisis tetradimensional de la personalidad. En el marco de ID16™© estas dimensiones se llaman las **cuatro tendencias naturales**. Estas tendencias tienen un carácter dicotómico y su imagen proporciona información sobre el tipo de personalidad de la persona. El análisis de la primera tendencia tiene como objetivo determinar la **fuente de energía vital** dominante (el mundo exterior o el mundo interior). El análisis de la segunda tendencia determina la **forma dominante de asimilación de la información** (a través de los sentidos o a través de la intuición). El análisis de la tercera tendencia determina la **forma de toma de**

decisiones dominante (según la razón o el corazón). El análisis de la cuarta tendencia determina, sin embargo, el **estilo de vida** dominante (organizado o espontáneo). La combinación de todas estas tendencias naturales da como resultado **16 posibles tipos de personalidad**.

La característica especial de la tipología ID16™© es su dimensión práctica. Esta describe los diferentes tipos de personalidad según se comportan en la acción: en el trabajo, en la vida diaria y en las relaciones con otras personas. No se concentra en la dinámica interna de la personalidad, ni tampoco intenta aclarar teóricamente procesos interiores e invisibles. Más bien se concentra en cómo un determinado tipo de personalidad se manifiesta al exterior y de qué forma influye sobre el entorno. Este acento en el aspecto social de la personalidad aproxima de cierto modo la tipología ID16™© a la tipología de Aušra Augustinavičiūtė anteriormente mencionada.

Cada uno de los 16 tipos de personalidad ID16™© es la resultante de las tendencias naturales de la persona. La inclusión en un determinado tipo no tiene, sin embargo, características evaluativas. Ningún tipo de personalidad es mejor o peor que los otros. Cada uno de los tipos es simplemente diferente y cada uno tiene sus puntos potencialmente fuertes y débiles. ID16™© permite identificar y describir estas diferencias. Ayuda a comprenderse a uno mismo y a descubrir nuestro lugar en el mundo.

Conocer el perfil propio de personalidad permite a las personas aprovechar en su totalidad su potencial y trabajar en las áreas que pueden causarles problemas. Este conocimiento constituye una ayuda inestimable en la vida diaria, en la solución de problemas, en la creación de relaciones sanas con otras personas y en la toma de decisiones acerca de la educación y la carrera profesional.

La determinación del tipo de personalidad no es un proceso de carácter arbitrario y mecánico. Cada persona, como «propietario y usuario de su personalidad» es plenamente competente para determinar a qué tipo pertenece. Su papel en este proceso es, por lo tanto, crucial. Esta autoidentificación puede realizarse analizando las descripciones de los 16 tipos de personalidad y estrechando gradualmente el campo de elección. Sin embargo, se puede elegir un camino más corto: utilizar el test de personalidad ID16™©. También en este caso, el «usuario de la personalidad» tiene un papel primordial, ya que el resultado del test depende exclusivamente de las respuestas del usuario.

La identificación del tipo de personalidad ayuda a conocerse a uno mismo y a los demás; no obstante, no debería ser tratada como una profecía que predestina el futuro. El tipo de personalidad nunca puede justificar nuestras debilidades o nuestras malas relaciones con otras personas (¡aunque puede ayudar a comprender sus motivos!).

En el marco de ID16™© el tipo de personalidad no es tratado como un estado estático, genéticamente determinado, sino como la resultante de características innatas y adquiridas. Este enfoque no quita importancia al libre albedrío, ni tampoco pretende clasificar a las personas. Abre ante nosotros nuevas perspectivas que nos animan a trabajar sobre nosotros mismos, ya su vez estas perspectivas nos muestran las áreas en las que este trabajo es más necesario.

Test de personalidad ID16™©

El test de personalidad ID16™© es un conjunto de 84 preguntas sobre tus reacciones y comportamientos en situaciones corrientes y cotidianas. Las respuestas a estas preguntas permiten definir tu tipo de personalidad.

Indicaciones importantes:

- El test consta de tres partes. Cada una de ellas contiene 28 preguntas sobre preferencias personales o comportamientos. Las preguntas tienen que ser completadas seleccionando una de dos opciones.
- El objetivo del test es determinar tu tipo de personalidad y no tu inteligencia, conocimientos o capacidades. ¡Su resultado no tiene un carácter evaluativo! En el test no hay buenas y malas respuestas, así que no intentes buscar y seleccionar las «correctas». Cada uno de los 16 tipos de personalidad es diferente, pero tiene el mismo valor. Ningún tipo es mejor o peor que los demás.
- Elige las diferentes respuestas en función de cómo *te comportas* en las situaciones descritas y no de cómo *te gustaría* o de cómo (en tu opinión) *habría que* comportarse. Si nunca te has encontrado en una

determinada situación, piensa cuál sería tu reacción natural si te encontraras en ella. Si una pregunta hace referencia a preferencias, indica tus verdaderas tendencias, no las que te parezcan adecuadas o convenientes.
- Es necesario contestar *a todas las preguntas*. En los casos en los que no puedas identificarte plenamente con ninguna de las respuestas, marca la que te resulte más cercana.
- El tiempo para realizar el test no está limitado, así que no debes tener prisa. Sin embargo, no pienses demasiado tiempo en las respuestas.
- Tras cada respuesta encontrarás una letra (entre corchetes): E, I, S, N, T, F, J o P. Cuando hagas el test escribe las letras con las que están marcadas las respuestas que elijas y a continuación cuenta cuántas veces elegiste las diferentes letras. Por ejemplo, tu resultado puede ser del siguiente modo:
    o E — 18
    o I — 3
    o S — 7
    o N — 14
    o T — 4
    o F — 17
    o J — 0
    o P — 21

Encontrarás más indicaciones tras finalizar el test.

Parte 1/3

1. A menudo pienso acerca del sentido de la vida:
    a. sí [I]
    b. no [E]

2. Me convencen más:
   a. las soluciones verificadas, comprobadas [S]
   b. los conceptos creativos, innovadores [N]
3. Me gusta el trabajo:
   a. en equipo [E]
   b. individual [I]
4. Con más frecuencia:
   a. aprovecho los consejos de otras personas [P]
   b. yo mismo aconsejo a los demás [J]
5. Para mantener unas buenas relaciones con las personas, a menudo cedo ante los demás, incluso cuando eso no me conviene:
   a. sí [F]
   b. no [T]
6. Descanso mejor:
   a. solo o en un grupo pequeño, en un lugar silencioso y tranquilo [I]
   b. en medio de muchas personas, donde ocurren muchas cosas [E]
7. A menudo ocurre que hago las tareas antes de tiempo o realizo más de lo necesario:
   a. sí [J]
   b. no [P]
8. Se ajusta más a mí la siguiente descripción:
   a. me gusta tener el día planificado y no soy partidarios de los cambios de planes súbitos, inesperados [J]
   b. no me gusta tener el día estrictamente planificado y trato los cambios súbitos como algo interesante [P]

9. Prefiero los autores:
   a. que se sirven de comparaciones interesantes y hacen referencia a ideas innovadoras [N]
   b. que escriben con un estilo concreto y se centran en los hechos [S]
10. Normalmente, cuando estoy en compañía de otros, hablo:
    a. más que los demás [E]
    b. menos que los demás [I]
11. Al resolver algún problema, ante todo intento:
    a. mantener la objetividad, incluso a costa del agrado de la gente [T]
    b. mantener el agrado de la gente, incluso a costa de la objetividad [F]
12. Prefiero encargarme de:
    a. tareas similares a las que ya he realizado antes [S]
    b. nuevas tareas, con las que nunca antes me había encontrado [N]
13. Al querer solucionar cuanto antes algún asunto para quitármelo de encima, a menudo tomo decisiones prematuras:
    a. sí [J]
    b. no [P]
14. Se ajusta más a mí la siguiente descripción:
    a. soy capaz de concentrarme durante mucho tiempo en una cosa [I]
    b. me distraigo con facilidad, y hago frecuentes pausas durante el trabajo [E]
15. Me irritan más:
    a. los soñadores, que piensan principalmente en el futuro [S]
    b. los realistas, a los que solo les interesa el «aquí y ahora» [N]

TEST DE PERSONALIDAD ID16™©

16. Preferiría asistir a las clases de un profesor:
    a. desabrido, por momentos desagradable, pero muy lógico y que transmita conocimientos de forma ordenada [T]
    b. despistado, que enseñe de forma algo caótica, pero muy simpático y cordial [F]
17. Cuando tengo que hacer algo en un plazo determinado, normalmente:
    a. intento acabar rápido las tareas para poder dedicarme a asuntos más agradables [J]
    b. primero me dedico a los asuntos más agradables, y empiezo a trabajar cuando se acerca el plazo [P]
18. Considero que:
    a. una crítica objetiva y justa es deseable en la mayoría de las situaciones, ya que ayuda a las personas a percibir sus faltas y errores [T]
    b. la crítica, incluso si es objetiva y justa, a menudo es más dañina que beneficiosa, por lo que deteriora las relaciones entre las personas [F]
19. Me gusta escribir las fechas de las próximas reuniones, viajes, asuntos por resolver:
    a. sí [J]
    b. no [P]
20. A menudo considero si, en lo que dicen otras personas, se esconden alusiones u observaciones referentes a mí:
    a. sí [F]
    b. no [T]
21. Al invertir mis ahorros preferiría un beneficio:
    a. aplazado en el tiempo, pero mayor [N]
    b. menor, pero rápido [S]

22. Prefiero:
    a. aprender cosas nuevas [N]
    b. perfeccionar mis habilidades actuales [S]
23. Considero que es una característica peor:
    a. Tratar de forma injusta a las personas [T]
    b. Mostrarse indiferente con aquellos que se han encontrado en una situación difícil [F]
24. A menudo me arrepiento de haber dicho:
    a. demasiado [E]
    b. demasiado poco [I]
25. Cuando realizo alguna tarea, normalmente:
    a. la divido en partes más pequeñas y trabajo sistemáticamente para ir avanzando [S]
    b. tengo momentos de inspiración y de trabajo intenso, gracias a lo cual avanzo [N]
26. Me irritan más la personas que:
    a. son pésimos organizadores y más bien desordenados [J]
    b. son poco flexibles y les cuesta adaptarse rápidamente a nuevas circunstancias [P]
27. Suelo preguntarme más por qué las personas:
    a. no piensan en los demás [F]
    b. se comportan de forma ilógica [T]
28. Llevo mal:
    a. el bullicio, el alboroto, la presencia de muchas personas [I]
    b. el silencio, el aburrimiento y la soledad [E]

Parte 2/3

1. Siento un mayor bienestar psíquico cuando:
    a. todavía no he tomado una decisión definitiva y aún tengo margen de maniobra [P]
    b. he tomado una decisión definitiva y el tema ha quedado zanjado [J]
2. Al empezar algún trabajo:
    a. suelo preparar un plan de acción, o anoto qué hay que hacer [J]
    b. normalmente no pierdo el tiempo en preparar planes, sino que me pongo a trabajar en seguida [P]
3. Normalmente soy uno de los primeros en llamar para consolar a alguien que está pasando por una situación difícil:
    a. sí [F]
    b. no [T]
4. Cuando quiero aprender a manejar un dispositivo nuevo, normalmente:
    a. leo atentamente sus instrucciones y solo entonces intento ponerlo en marcha [S]
    b. lo examino e intento ponerlo en marcha, y si tengo algún problema consulto las instrucciones [N]
5. Tras acabar una tarea me produce mayor satisfacción:
    a. la conciencia de que he hecho «un trabajo bien hecho» [T]
    b. los elogios y el reconocimiento de los demás [F]
6. A menudo cuento a los demás mis experiencias:
    a. sí [E]
    b. no [I]
7. Normalmente actúo:
    a. de forma impulsiva [P]
    b. Después de haberlo pensado bien [J]

8. Cuando trabajo con un grupo de personas, preferiría:
    a. que se produjeran entre ellas pequeños roces, conflictos, pero que imperaran unas reglas claras y bien definidas [T]
    b. que faltasen unas reglas claras y bien definidas, pero que imperara un buen clima y un ambiente amistoso [F]
9. A menudo me pregunto qué ocurrirá en el futuro:
    a. sí [N]
    b. no [S]
10. Prefiero las tareas:
    a. que requieren un trabajo individual [I]
    b. que requieren el contacto con otras personas [E]
11. Me gusta ver programas:
    a. que presentan teorías originales y estimulan la imaginación [N]
    b. que contienen consejos e indicaciones para ponerlas en práctica [S]
12. Cuando veo reportajes acerca de personas que han sufrido una desgracia, a menudo me emociono:
    a. sí [F]
    b. no [T]
13. Suelo interrumpir a los demás o no les dejo terminar:
    a. sí [E]
    b. no [I]
14. Prefiero las personas que toman decisiones guiándose por:
    a. una convicción interior y la compasión por los demás [F]
    b. un análisis lógico y objetivo de la situación [T]
15. Me gusta:
    a. desempeñar un papel principal [E]
    b. actuar «en segundo plano» [I]

16. Con más frecuencia:
    a. escucho las opiniones y los puntos de vista de otras personas [P]
    b. presento a otros mis puntos de vista y opiniones [J]
17. Considero que es un rasgo peor:
    a. el criticismo excesivo [F]
    b. la indulgencia excesiva [T]
18. Cuando me encargan una tarea mayor, preferiría:
    a. recibir unas instrucciones concretas que expliquen cómo debo realizarla [S]
    b. tener la posibilidad de realizarla según mis propias ideas [N]
19. Cuando trato con otros algún problema que precisa solución, normalmente:
    a. primero reflexiono acerca de una determinada cuestión y tomo la palabra cuando ya tengo alguna idea [I]
    b. tomo la palabra espontáneamente y durante la conversación me van viniendo nuevas ideas [E]
20. La resolución de un conflicto consiste ante todo en:
    a. calmar la situación y llegar a un compromiso [F]
    b. aclarar quién tenía razón y quién se equivocaba [T]
21. Preferiría hacer un trabajo que requiera:
    a. imaginación y capacidad de previsión [N]
    b. el seguimiento de muchos procedimientos detallados [S]
22. Cuando se me pregunta por algo, normalmente:
    a. respondo inmediatamente [E]
    b. necesito un momento para pensar [I]

23. A menudo ocurre que escribo los asuntos que tengo que resolver el mismo día:
    a. sí [J]
    b. no [P]
24. Al solucionar un problema soy capaz de:
    a. percibir un contexto más amplio de un asunto concreto y prever sus consecuencias [N]
    b. concentrarme en todos los detalles relativos a un determinado asunto [S]
25. Cuando tengo que realizar alguna tarea:
    a. tardo en acabarla para tener la posibilidad de introducir cambios necesarios [P]
    b. intento acabarla lo antes posible para dejar el asunto zanjado [J]
26. Preferiría trabajar con personas:
    a. prácticas y meticulosas [S]
    b. creativas e imaginativas [N]
27. Normalmente, mi humor y mi estado emocional son:
    a. difíciles de reconocer [I]
    b. fáciles de reconocer [E]
28. Algunos podrán decir que soy:
    a. desordenado [P]
    b. poco flexible [J]

Parte 3/3

1. Admiro más a las personas que:
    a. tienen la capacidad de pensar de manera lógica [T]
    b. son capaces de ponerse en la situación de los demás [F]
2. Me gusta:
    a. una vida llena de cambios y sorpresas [P]
    b. una vida ordenada, en la que todo ocurre según un plan [J]

TEST DE PERSONALIDAD ID16™©

3. Cuando estoy con un grupo de personas, normalmente hablo:
   a. con pocas personas, normalmente con aquellas que ya conozco [I]
   b. con muchas personas, también con aquellas que no conozco [E]
4. Me aburriría más una reunión con alguien que:
   a. diera mucha información detallada e hiciera muchas preguntas prácticas [N]
   b. proyectara visiones generales de nuevas soluciones, pero desprovistas de detalles [S]
5. Es peor una decisión:
   a. ilógica [T]
   b. que disgusta a muchas personas [F]
6. Cuando estoy de vacaciones, a menudo planeo con antelación qué voy a hacer al día siguiente:
   a. sí [J]
   b. no [P]
7. Preferiría ser elogiado porque:
   a. es agradable pasar el tiempo conmigo [F]
   b. soy capaz de tomar las decisiones adecuadas [T]
8. Prefiero:
   a. los paseos solitarios [I]
   b. conocer a gente nueva [E]
9. Los demás podrán decir de mí que actúo de forma:
   a. planificada [J]
   b. espontánea [P]
10. Si buscara ofertas de trabajo, prestaría atención principalmente a:
    a. las condiciones de contratación ofrecidas [S]
    b. al potencial futuro de un determinado puesto [N]

11. Se ajusta más a mí la siguiente descripción:
    a. a menudo no consigo prepararme a tiempo y me las arreglo gracias a la improvisación [P]
    b. normalmente estoy bien preparado, no tengo que improvisar [J]
12. Normalmente, estar entre otras personas:
    a. me agota [I]
    b. me da fuerzas [E]
13. Si buscara un compañero de trabajo, preferiría:
    a. que nuestras personalidades fueran compatibles y pudiéramos trabajar en armonía [F]
    b. que la persona tuviera las cualificaciones y habilidades necesarias para realizar las tareas definidas [T]
14. Los demás podrán decir de mí que soy:
    a. práctico [S]
    b. ingenioso [N]
15. Se ajusta más a mí la siguiente descripción:
    a. a menudo llego tarde a los encuentros concertados [P]
    b. normalmente llego puntualmente o antes de tiempo a los encuentros concertados [J]
16. Me siento incómodo cuando me encuentro en el centro de atención:
    a. sí [I]
    b. no [E]
17. Al escuchar los problemas de otras personas:
    a. a menudo pienso cuál fue su causa objetiva y si ellos mismos no son culpables en parte del estado actual [T]
    b. normalmente siento una sincera compasión y me pregunto cómo se les puede ayudar [F]

18. Los demás podrán decir de mí que soy reservado y raramente muestro mis emociones:
    a. sí [I]
    b. no [E]
19. Me interesan más:
    a. los comportamientos concretos de la gente y los acontecimientos [S]
    b. los principios generales que rigen los comportamientos de la gente y los acontecimientos [N]
20. Al criticar a otras personas, ante todo hay que:
    a. mantener la objetividad [T]
    b. tener cuidado de no herirlas [F]
21. Un fin de semana agradable es:
    a. descansar en casa con una buena lectura o una buena película [I]
    b. encontrarme con amigos, conversando o disfrutando juntos [E]
22. Los procedimientos, instrucciones e indicaciones establecidos:
    a. normalmente son una ayuda práctica y facilitan el trabajo [S]
    b. a menudo limitan las ideas creativas y dificultan el trabajo [N]
23. Por querer tener más tiempo para rec0pilar información o reflexionar, a menudo tardo en tomar una decisión:
    a. sí [P]
    b. no [J]
24. Cuando oigo hablar de algún proyecto extraordinario, normalmente:
    a. me fascina la idea misma o el concepto [N]
    b. me interesa su forma de realización [S]

25. Se ajusta más a mí la siguiente descripción:
    a. no me gusta llamar la atención a los demás y si debo hacerlo, lo hago de forma delicada [F]
    b. soy directo, si algo no me gusta lo digo [T]
26. Me proporciona mayor alegría:
    a. acabar de trabajar en una tarea [J]
    b. empezar a trabajar en una nueva tarea [P]
27. Preferiría trabajar:
    a. solo o con dos colaboradores cercanos [I]
    b. en un equipo nuevo de diez personas [E]
28. Al cumplimentar formularios y encuestas, al final normalmente compruebo si he escrito correctamente todos los datos o respuestas:
    a. sí [S]
    b. no [N]

Ya hemos llegado al final del test. ¡Ahora es el momento de interpretar los resultados!

Paso 1

Comprueba cuántas veces elegiste las respuestas marcadas con las diferentes letras: E, I, S, N, T, F, J o P.
Tu resultado puede ser, por ejemplo:
- E — 18
- I — 3
- S — 7
- N — 14
- T — 4
- F — 17
- J — 0
- P — 21

Paso 2

Para cada una de las siguientes parejas de letras, selecciona y anota la letra que elegiste más veces:
- Pareja 1: **E** o **I**,
- Pareja 2: **S** o **N**,
- Pareja 3: **T** o **F**,
- Pareja 4: **J** o **P**.

Tu resultado tendrá forma de un código de cuatro letras (por ejemplo **ENFP**).

Un número mayor en una determinada pareja indica una tendencia dominante para una determinada dimensión de la personalidad:
- Fuente de energía vital: **E** (mundo exterior) o **I** (mundo interior).
- Forma de asimilación de información: **S** (sentidos) o **N** (intuición).
- Forma de toma de decisiones: **T** (razón) o **F** (corazón).
- Estilo de vida: **J** (organizado) o **P** (espontáneo).

Paso 3

Ahora busca en la siguiente lista tu código de cuatro letras y comprueba quién eres:
- ENFJ = Consejero   p. 89
- ENFP = Entusiasta   p. 149
- ENTJ = Director   p. 130
- ENTP = Innovador   p. 207
- ESFJ = Defensor   p. 109
- ESFP = Presentador   p. 303
- ESTJ = Administrador   p. 31
- ESTP = Animador   p. 50
- INFJ = Mentor   p. 267
- INFP = Idealista   p. 189

- INTJ = Estratega   p. 170
- INTP = Lógico   p. 248
- ISFJ = Protector   p. 325
- ISFP = Artista   p. 70
- ISTJ = Inspector   p. 230
- ISTP = Pragmático   p. 284

Administrador (ESTJ)

TIPOLOGÍA DE PERSONALIDAD ID16™©

La personalidad a grandes rasgos

Lema vital: *¡Hagamos esa tarea!*

Trabajador, responsable y extraordinariamente leal. Enérgico y decidido. Valora el orden, la estabilidad, la seguridad y las reglas claras. Objetivo y concreto. Lógico, racional y práctico. Es capaz de asimilar una gran cantidad de información detallada.

Organizador perfecto. No tolera la ineficiencia, el despilfarro ni la pereza. Fiel a sus convicciones y directo en los contactos. Presenta sus puntos de vista de forma decidida y expresa abiertamente opiniones críticas, por lo que en ocasiones hiere inconscientemente a otras personas.

Tendencias naturales del *administrador*:

- Fuente de energía vital: mundo exterior.
- Asimilación de información: sentidos.
- Toma de decisiones: razón.
- Estilo de vida: organizado.

Tipos de personalidad similares:

- *Animador*
- *Inspector*
- *Pragmático*

Datos estadísticos:

- Los *administradores* constituyen el 10-13% de la sociedad.
- Entre los *administradores* predominan los hombres (60%).
- Un país que se corresponde con el perfil del *administrador* son los Estados Unidos[2].

Código literal:

El código literal universal del *administrador* en las tipologías de personalidad de Jung es ESTJ.

Características generales

Los *administradores* son decididos, seguros de sí mismos y rebosan energía. Son extraordinariamente fieles a sus convicciones y afrontan la vida con sentido común. No se preocupan por teorías abstractas, conjeturas ni divagaciones. Les interesan los hechos, las cosas concretas y las pruebas.

Percepción y pensamientos

Observan continuamente el entorno buscando síntomas de ineficiencia y despilfarro. La conciencia de posibles mejoras les motiva a actuar. Les resulta extraordinariamente difícil

---

[2] Esto no quiere decir que todos los habitantes de los EE. UU. pertenezcan a este tipo de personalidad, sino que la sociedad estadounidense, en su conjunto, tiene muchas características del *administrador*.

implicarse en una acción que no conduzca a la solución de problemas concretos y tangibles. Normalmente se muestran escépticos ante nuevas ideas, especulaciones sobre posibilidades potenciales o teorías que no pueden aplicarse en la práctica. No les gustan demasiado los experimentos. Prefieren los métodos de actuación revisados y comprobados. Si deben tomar una decisión acerca del futuro, normalmente lo hacen basándose en sus experiencias anteriores (o en las experiencias de otras personas).

Cuando se proponen implicarse en algo, normalmente realizan un reconocimiento preciso de la situación y dedican mucho tiempo a recopilar datos que les interesan. Intentan conseguir toda la información posible para seleccionar la mejor opción.

Los *administradores* expresan abiertamente sus opiniones. Si algo no les gusta, lo dicen. Normalmente están convencidos de sus motivos o razones. Suponen que las demás personas no tienen demasiado que ofrecerles, por eso no dan mucha importancia a sus opiniones y pareceres.

A los ojos de los demás

Son percibidos por los demás como personas decididas, trabajadoras y responsables. Sin embargo, a muchos les intimida o les irrita su franqueza, la seguridad en sí mismos y su forma de vida condescendiente. A menudo, los demás los ven como personas que «siempre saben mejor que nadie lo que hay que hacer». A algunos también les parecen poco flexibles, demasiado oficiales, excesivamente organizados y demasiado minuciosos.

A su vez a los *administradores* les irrita en los demás la incompetencia, la falta de rigor y la ligereza. No son capaces de comprender a las personas que suelen llegar tarde, no mantienen su palabra, gastan dinero irreflexivamente y no valoran el tiempo (el suyo o el de los demás). No les gustan las personas que infringen las normas generalmente admitidas, que toman atajos o que piensan solo en ellos mismos. También les irritan las personas que — a pesar de su falta de experiencia — se consideran unos eminentes expertos.

Brújula vital

Los *administradores* valoran la tradición, las normas generalmente aceptadas y los principios de actuación comprobados y ampliamente aceptados. Son excepcionalmente fieles a sus convicciones y proceden según los principios en los que creen. Normalmente tienen un gran respeto por la autoridad y son ciudadanos buenos y responsables. Desean ayudar de forma práctica al buen funcionamiento del estado y de su comunidad local. Valoran la estabilidad, la seguridad y lo previsible. Sin embargo, no toleran los comportamientos que alteran la armonía y suponen una amenaza para el orden social. Les irrita el radicalismo y el extremismo.

Tampoco les gustan las cosas insólitas ni todo tipo de desviaciones de las normas de comportamiento generalmente aceptadas. Son prudentes frente a los cambios, las ideas nuevas y los experimentos. No se oponen a ellos, sino que quieren estar seguros de que aporten ciertos resultados provechosos y prácticos (por ejemplo, aumentan el rendimiento o suponen un ahorro). Creen que no tiene sentido cambiar aquello que funciona eficientemente, por eso no les gustan los cambios cuyo único motivo es el deseo de hacer algo nuevo.

Organización

Los *administradores* necesitan una estructura. No toleran el desorden, el caos ni la improvisación. Les gusta el orden y la buena organización. No son capaces de funcionar en un entorno en el que faltan principios y normas. Cuando se percatan de la posibilidad de mejorar algún sistema, de perfeccionar su eficiencia o de contener el despilfarro se sienten motivados a actuar. Asumen de buen grado la responsabilidad por la resolución de un problema existente y se convierten en líderes de forma natural.

Son unos excelentes administradores (de ahí el nombre de este tipo de personalidad). Son capaces de crear planes de actuación, de definir procedimientos y de organizar eficientemente el trabajo de los demás. Les gusta tener las situaciones bien controladas. Esto no es, como les parece a algunos, provocado por un ansia de poder, sino por la convicción de que las tareas serán realizadas en la forma debida, si ellos mismos velan porque así sea. Normalmente los *administradores* son muy exigentes (también con ellos mismos) y críticos. No toleran la pereza, el comportamiento informal y el desdén por las obligaciones. No son capaces de contemplar pasivamente la injusticia ni la infracción de los principios en los que creen. En tales situaciones están dispuestos a expresar su oposición, incluso si esto puede costarles bastante.

Son por naturaleza responsables, prácticos y puntuales. Esperan lo mismo de los demás. Se esfuerzan por realizar de la mejor manera posible las obligaciones que les son encomendadas. Les gusta actuar según un plan, por ese motivo normalmente planifican con antelación sus tareas. A menudo elaboran (en su mente o en un papel) un plan del día y preparan una lista de asuntos por resolver. Normalmente siguen escrupulosamente los procedimientos adoptados y se subordinan de buen grado a sus superiores. Consideran que esto es imprescindible para un funcionamiento eficiente. Perciben las ineficiencias que los demás no ven, y valoran mucho el tiempo, que intentan aprovechar de forma óptima.

Descanso

Les agradan las cosas sencillas: pasar el tiempo con la familia y los amigos, comer juntos, divertirse y jugar. Son capaces de descansar y relajarse (¡pero no cuando les esperan tareas por realizar!). Normalmente les gusta el descanso activo. Un estrés prolongado hace que se sientan extraños, innecesarios y que empiecen a dudar de su valor. La tensión hace que a veces se encierren en sí mismos o se vuelvan dogmáticos y obstinados.

Aspecto social de la personalidad

A los *administradores* les gusta estar con gente y se sienten a gusto entre personas nuevas. Suelen ser oficiales con los demás, pero es relativamente fácil relacionarse con ellos; también es fácil conocerlos. Tratan de ser educados y amables, pero no permiten que nadie los utilice y no buscan la simpatía de los demás a cualquier precio. Son inflexibles ante las presiones y la manipulación.

Normalmente tienen la necesidad de pertenecer a un grupo mayor. A menudo se implican en actividades sociales y pertenecen a diferentes tipos de clubes, asociaciones y comunidades No evitan las responsabilidades y dedican de buen grado el tiempo a realizar los objetivos con los que se identifican. También dan un gran valor a las costumbres y celebraciones familiares. Mantienen también solícitamente las relaciones con los amigos y aprovechan cualquier ocasión para encontrarse con ellos.

Los *administradores* son excepcionalmente leales a las personas más próximas. Para ellos la responsabilidad es la base de todas las relaciones interpersonales. Dan mucho de sí mismos y esperan otro tanto de los demás. Ayudan de buen grado a otras personas y no les escatiman el tiempo ni el esfuerzo. Les apoyan, les suscitan confianza en sí mismos y les ayudan a descubrir sus talentos. También comparten de buen grado su experiencia.

Les gusta que los demás perciban su entrega y muestren gratitud por su ayuda. Consideran que las acciones son más importantes que las palabras. Por lo tanto, expresan su afecto y su entrega de forma práctica. Sin embargo, raramente demuestran sus emociones y son más bien parcos a la hora de elogiar. Su problema es también la falta de habilidad para interpretar las emociones y sentimientos de otras personas. Suele ocurrir que con sus juicios y sus comentarios demasiado fuertes hieren inconscientemente a otras personas.

Entre amigos

Normalmente los *administradores* se rodean de personas en las que pueden confiar y con las que siempre pueden contar. Les gusta pasar el tiempo con ellas, lo cual les llena de verdadera alegría. Los desconocidos a menudo perciben a los *administradores* como tradicionalistas oficiales y estrictos. Sin embargo, sus amigos también los conocen desde otra perspectiva: como personas que son capaces de pasarlo bien, bromear y ser el centro de atención. Su estilo directo, aunque a veces intimida a la gente, hace que sea fácil conocerlos. Dicen lo que piensan y no ocultan sus opiniones ni puntos de vista. Cuando están entre conocidos no intentan representar ningún papel y no se esconden tras una máscara.

A menudo entablan amistades para toda la vida. Normalmente se integran rápidamente con los compañeros de trabajo. Les gustan los encuentros de trabajo y las fiestas de integración, pero también se reúnen con ellos en el terreno privado. Valoran a las personas experimentadas, competentes e influyentes. No les gustan demasiado, sin embargo, las personas extravagantes, excéntricas o aquellas que no respetan las formas. Les cuesta encontrar un idioma común con aquellos que perciben el mundo de una forma totalmente distinta a ellos. Normalmente entablan amistad con *animadores*, *inspectores* y *directores*. Menos frecuentemente con *idealistas*, *entusiastas*, *consejeros* y otros *administradores*. Los amigos de los *administradores* valoran su entrega y su infalibilidad, aunque a veces, a pesar de una larga amistad, se sienten abrumados por su seguridad en sí mismos.

En el matrimonio

El matrimonio es sagrado para los *administradores*. Normalmente ni siquiera admiten la idea del divorcio (aunque cuando su relación se rompe son capaces de reponerse rápidamente). Para ellos, la familia es una de las cosas más importantes de la vida. Tratan todas las obligaciones familiares de forma excepcionalmente seria. Son un apoyo para sus familiares y siempre los ayudan de buen grado. Consideran el hecho de garantizar las condiciones de vida y la seguridad de la familia como una obligación evidente: para ellos los familiares se merecen cualquier esfuerzo y dedicación. Les muestran su afecto y entrega de forma práctica, comprometiéndose en la vida familiar y haciendo frente a sus obligaciones.

Absortos por su responsabilidad para con los familiares, intentan a veces instruirles y enseñarles (algo que normalmente no es bien visto por sus parejas). No son capaces de leer los sentimientos y emociones de sus maridos/esposas, por lo que a veces hieren con comentarios u observaciones desabridos. Raramente les muestran cariño de forma espontánea, por lo general no se prodigan con cumplidos hacia ellos (más bien los elogian por logros concretos). Sus maridos/esposas pueden por lo tanto sentir ciertas carencias en este aspecto.

Los candidatos naturales a maridos/esposas de los *administradores* son personas de tipos de personalidad afines: *animadores, inspectores* o *pragmáticos*. En estos matrimonios es más fácil crear una comprensión mutua y unas relaciones armoniosas. Sin embargo, la experiencia muestra que las personas pueden crear relaciones exitosas y felices también a pesar de una evidente disconformidad tipológica. Aún más, las diferencias entre los cónyuges pueden aportar dinámica a estas relaciones y ayudar al desarrollo personal (a muchas personas esta perspectiva les parece más atractiva que la visión de una relación armoniosa, en la que siempre reina el acuerdo y una plena comprensión mutua).

Como padres

Los *administradores* tratan muy seriamente sus obligaciones como padres. El papel de padres es para ellos algo natural. Hacen todo lo posible para educar a los hijos como personas responsables e independientes. Prefieren el modelo tradicional de familia, en el que los padres son una autoridad para los niños (no son «amigos») y se merecen respeto. No toleran la desobediencia y la infracción de las reglas establecidas. Son exigentes y propensos a emplear la disciplina.

Generosos en la crítica, los *administradores* son al mismo tiempo parcos en elogios hacia sus hijos. A menudo tampoco perciben sus necesidades emocionales y no les demuestran el cariño suficiente. En lugar de eso, desean enseñarles un comportamiento adecuado y ayudarles a distinguir el bien del mal. También les orientan para afrontar los problemas de un modo práctico, lógico y con sentido común. Muestran impaciencia cuando sus hijos siguen cometiendo los mismos errores o desatienden continuamente sus obligaciones. Sin embargo, se entregan totalmente a ellos y no escatiman tiempo ni energía para ellos. Pasados los años, los hijos los valoran sobre todo por su dedicación y porque fueron para ellos un apoyo y les inculcaron los principios que necesitan para funcionar en el mundo.

Trabajo y carrera profesional

Los *administradores* son titanes del trabajo y se implican completamente en la realización de las tareas que les son encomendadas. No son capaces de trabajar conscientemente por debajo de sus capacidades. Afrontan bien las tareas prácticas y son capaces de observar complejos procedimientos y de adaptarse a las instrucciones recibidas de sus superiores. Prefieren los entornos estables y no son partidarios de los cambios frecuentes.

En equipo

Creen que únicamente mediante la realización concienzuda de las obligaciones, la colaboración y el cumplimiento de las reglas establecidas el equipo puede alcanzar los objetivos marcados. Son subordinados que no dan problemas y se puede confiar en ellos. Son capaces de colaborar de forma armoniosa con otras personas. Raramente cuestionan las órdenes de los superiores o ignoran los procedimientos vigentes.

Organización

No necesitan recordatorios, apremios, supervisión ni control, ellos mismos se motivan para actuar y un trabajo bien hecho les proporciona satisfacción.

Son perfectos para tareas que requieran capacidades organizativas y orden. Son insustituibles en la preparación de cualquier tipo de planes de actuación, horarios, sistemas, gráficos (¡y en su puesta en marcha!). Cuando se les encarga la gestión de un equipo de trabajadores o de un sistema se puede estar seguro de que cumplirán escrupulosamente los procedimientos requeridos y respetarán los plazos, y de que el trabajo discurrirá de manera eficiente y sin problemas.

Los *administradores* no comprenden a las personas que no ponen los cinco sentidos en las tareas que les son encomendadas, descuidan conscientemente los reglamentos y no cumplen con los deberes a los que se habían comprometido. Tienen una sensación de injusticia cuando los trabajadores serios, que realizan bien su cometido, son tratados igual que aquellos no se esfuerzan en sus obligaciones. Son partidarios decididos de una remuneración en función de los resultados. Consideran que «justamente» no quiere decir «por igual».

Tareas

Prefieren las tareas prácticas con un horizonte temporal corto. Les gusta resolver problemas concretos y tangibles y ver los resultados de su trabajo. Obtienen una enorme satisfacción al ver que un sistema que no funcionaba empieza a hacerlo de forma eficaz, que los recursos que eran despilfarrados son usados de forma más eficiente o que una nueva organización del trabajo aporta un ahorro mensurable de tiempo. Les resultan incómodas las situaciones que requieren pensar en el futuro, les cuesta referirse a la teoría, improvisar o depender de la intuición.

Empresas

Prefieren a los superiores que respetan a sus subordinados, valoran su experiencia y recompensan su trabajo. Debido a su seriedad, lealtad y carácter previsor, los *administradores* están predispuestos para trabajar en la administración (en instituciones estatales y en el mundo de los negocios). Les gusta la estabilidad y el prestigio relacionado con el trabajo en grandes instituciones o en empresas con una posición firme. Son trabajadores muy leales. Se encuentran bien en las estructuras jerárquicas y corporativas que proporcionan posibilidades de ascenso.

A menudo pasan la mayor parte de su vida en una misma empresa, ascendiendo por los sucesivos escalafones de la carrera profesional (llegando a menudo hasta la misma cima). Llevan bien la competencia y la rivalidad.

Superiores

Tienen capacidades de liderazgo naturales y pueden organizar y supervisar el trabajo de otras personas. Les gusta tomar decisiones, tener influencia sobre el desarrollo de los acontecimientos y encargarse de resolver problemas prácticos. Tienen dificultades con los problemas de naturaleza teórica y con la planificación estratégica.

Como líderes, a menudo se inclinan más a desempeñar el papel de mánager, que el de visionarios. En las relaciones con sus subordinados prefieren un estilo oficial y formal. Habitualmente son críticos y exigentes en sus evaluaciones, pero extraordinariamente objetivos y justos. Definen las prioridades y marcan objetivos claros a los trabajadores, gracias a lo cual pueden valorar fácilmente su trabajo. Normalmente son impacientes. Desean que las tareas pendientes sean realizadas lo antes posible. La conciencia de la existencia de retrasos o de posibles demoras hace que se sientan incómodos.

Cuando se centran en las tareas urgentes a menudo pierden de vista tareas importantes (en particular en un horizonte temporal más lejano). A menudo están sobrecargados por las obligaciones. Su problema es un control exagerado de los subordinados y una delegación insuficiente de las tareas, ocasionada por el convencimiento de que ellos mismos las realizarán más rápido y mejor que los demás (algo que normalmente es cierto). Al actuar de esta forma desalientan a los trabajadores, les quitan las ganas de ser autónomos y de aprender de sus errores.

Profesiones

El conocimiento del perfil de personalidad propio y de las preferencias naturales es una ayuda inestimable a la hora de elegir la carrera profesional más conveniente. La experiencia muestra que los *administradores* pueden trabajar con éxito y sentirse realizados en diferentes campos, aunque su tipo de personalidad los predispone de forma natural para profesiones tales como:

- administrador,
- agente de seguros,
- auditor,
- bibliotecario,
- científico,
- cocinero,
- consejero,
- contable,
- coordinador de proyecto,
- detective,

- director de oficina,
- director,
- economista,
- empleado de banco,
- farmacéutico,
- informático,
- ingeniero,
- inspector,
- juez,
- jurista,
- mánager,
- militar.
- oficinista,
- policía,
- político,
- profesor universitario,
- profesor,
- representante comercial,
- técnico,
- trabajador de la administración estatal.

Potenciales puntos fuertes y débiles

Los *administradores*, al igual que otros tipos de personalidad, tienen potenciales puntos fuertes y débiles. Este potencial puede ser gestionado de diferentes formas. La felicidad personal y la realización profesional de los *administradores* dependen de si aprovechan las oportunidades relacionadas con su tipo de personalidad y de si hacen frente a las amenazas que les acechan. He aquí un RESUMEN de estas oportunidades y amenazas:

Puntos fuertes potenciales

Los *administradores* son entusiastas, amistosos y brindan de buena gana ayuda a otras personas. Tienen una motivación interior para el trabajo y sentido de compromiso. Son enérgicos, decididos y concretos. Asumen de buen grado la responsabilidad por la realización de las tareas y son capaces de dirigir a otros. Tienen capacidades naturales de liderazgo. Pueden realizar valoraciones imparciales y objetivas. Son lógicos, racionales y extraordinariamente prácticos. Siempre dicen lo que piensan y son directos al relacionarse con los demás. Aceptan bien la crítica y ellos mismos también son capaces de realizar valoraciones críticas.

Normalmente son muy observadores, tienen buena memoria y son capaces de asimilar una gran cantidad de datos concretos. Al ver la posibilidad de mejorar algún sistema, de perfeccionar su eficiencia o de contener el despilfarro se sienten motivados a actuar. Son capaces de crear planes y establecer procedimientos. Perciben las faltas y las insuficiencias que los demás no ven. Son trabajadores, concienzudos, responsables y extraordinariamente leales. Realizan los trabajos que les han encargado con puntualidad (incluso a menudo antes de tiempo). No son capaces de realizar conscientemente tareas por debajo de sus posibilidades. Son ordenados y tienen sentido de la organización. Pueden gestionar bien los recursos. Son unos perfectos organizadores y administradores de sistemas. Se caracterizan por su independencia y resistencia a la manipulación. Son fieles a sus convicciones y — sin importar la opinión del entorno — se mantienen en sus principios.

Puntos débiles potenciales

Normalmente los *administradores* suelen pensar que tienen razón. A menudo se cierran ante puntos de vista que son diferentes a los propios, por lo que estrechan su campo de visión. Tienen una tendencia natural a instruir y corregir a otras personas.

A menudo se comportan de forma proteccionista e intentan ejercer presión sobre otras personas. Tienen tendencia a concentrarse excesivamente en los detalles, por lo que a menudo no perciben una perspectiva más amplia. Les resulta difícil asimilar la teoría y prever las futuras consecuencias de las decisiones y acontecimientos actuales. Temen las situaciones que requieren pensar en el futuro, cuando hay que depender de la intuición o improvisar, les parece estar perdiendo el suelo bajo sus pies. Tienen tendencia a concentrarse en tareas urgentes a costa de las importantes. Un problema frecuente es la delegación insuficiente de obligaciones y la injerencia en el trabajo de sus subordinados o colaboradores. Son muy exigentes y sus expectativas suelen ser irreales. Se puede tener la sensación de que es difícil contentarlos de alguna forma.

Tienen problemas para interpretar las emociones y sentimientos de otras personas, por lo que a menudo molestan inconscientemente a los demás. No se dan cuenta de que sus opiniones rudas y sus bromas pueden herir a otras personas. Su forma de comunicación suele ser inadecuada para la situación y las circunstancias en las que se encuentran. También tienen dificultades para expresar sus propias emociones y mostrar cariño a los demás. Por un lado, normalmente son parcos a la hora de elogiar, y por otro, son pródigos a la hora de criticar. Por naturaleza son poco flexibles y aceptan mal los cambios. Suelen ser obstinados, dogmáticos, impacientes e impulsivos. Pueden concentrarse en exceso en los beneficios inmediatos, el estatus social y los bienes materiales.

Desarrollo personal

El desarrollo personal de los *administradores* depende del grado en que utilizan su potencial natural y se sobreponen a los riesgos relacionados con su tipo de personalidad. Los siguientes consejos prácticos constituyen un decálogo característico del *administrador*.

Sé más tolerante

Trata de ser más paciente con los niños, los jóvenes y las personas con menos experiencia o capacidades. No todos son hábiles en los mismos campos. Si a algunos no se les dan bien las tareas, no siempre es un síntoma de su mala voluntad o pereza.

Escucha

Muestra interés a las demás personas, incluso si no estás de acuerdo con ellas o estás convencido de que no tienen razón. No respondas hasta que no las hayas escuchado. La capacidad de escuchar a los demás puede revolucionar tus relaciones con las personas.

No te opongas a los cambios

No rechaces de antemano las ideas que pueden provocar un cambio o socavar el orden actual. Al hacer eso, dejas escapar oportunidades de desarrollo y te privas de muchas experiencias valiosas. Los cambios siempre conllevan cierto riesgo, pero normalmente es menor de lo que pensabas.

Reconoce que puedes equivocarte

No siempre debes tener la razón. A veces puedes estar en un error, y otras veces la realidad es más compleja de lo que te parece y ambas partes pueden tener algo de razón (al menos parcialmente). Tampoco supongas que nadie conoce un determinado tema tan bien como tú.

Elogia a los demás

Aprovecha cualquier ocasión para valorar positivamente a otras personas, decirles algo agradable, elogiarlos por algo que han hecho. En el trabajo evalúa a las personas no solo por las tareas realizadas, sino también por quiénes son. ¡Notarás la diferencia y te sorprenderá!

Critica menos

No todo el mundo es capaz de aceptar una crítica constructiva como tú. En el caso de muchas personas, la crítica abierta actúa de forma destructiva. Los estudios demuestran que el elogio de los comportamientos positivos (aunque sean pocos) motiva más a las personas que la crítica de los comportamientos negativos.

Trata a los demás «con humanidad»

Las personas no quieren ser percibidas como herramientas que sirven para realizar un objetivo. Desean que se perciban sus emociones, sentimientos y pasiones. Al tratar con personas, intenta ponerte en su situación y comprender lo que experimentan, qué les apasiona, qué les inquieta, a qué tienen miedo...

Deja algunos asuntos a su curso natural

No puedes tenerlo todo controlado, ni eres capaz de dominarlo todo. Deja los asuntos menos importantes a su curso natural. Aplaza las decisiones menos urgentes. Deja de reformar a la fuerza a los otros. Ahorrarás mucha energía y evitarás la frustración.

No culpes a los demás de tus problemas

¡Los problemas pueden ser provocados no solo por los demás, sino también por ti mismo! Tú también cometes faltas y errores. Tú también puedes ser la causa de un problema.

Controla las emociones

Si sientes que puedes explotar, procura relajarte, rebajar la tensión, pensar durante un momento en otra cosa. Las explosiones de ira no te ayudan ni a ti, ni a las personas que te rodean.

Personas conocidas

La lista de personas conocidas que se corresponden con el perfil de *administrador* incluye, entre otros, los siguientes nombres:

- **Carry Nation** (1846 - 1911), activista estadounidense a favor de la abstinencia y la sobriedad;
- **Bette Davis**, realmente Ruth Elizabeth Davis (1908 - 1989), actriz estadounidense de teatro y cine (entre otras películas, *Eva al desnudo*), ganadora de varios premios prestigiosos, reconocida como una de las mayores actrices de todos los tiempos;
- **Harry S. Truman** (1884 - 1972), trigésimo tercer presidente de los Estados Unidos;
- **Billy Graham**, realmente William Franklin Graham, Jr (1918 - 2018), predicador bautista estadounidense, uno de los evangelistas más conocidos en el mundo, autor de libros (entre otros, *Paz con Dios*);
- **Sandra Day O'Connor** (n. 1930), jurista estadounidense, primera mujer juez del Tribunal Supremo de los Estados Unidos;
- **George W. Bush** (n. 1946), cuadragésimo tercer presidente de los Estados Unidos;
- **Susan Sarandon**, realmente Susan Abigail Tomalin (n. 1946), actriz de cine estadounidense (entre otras películas, *Pena de muerte*);
- **John de Lancie** (n. 1948), actor de cine estadounidense (entre otras películas, *Star Trek*);

ADMINISTRADOR (ESTJ)

- **Bruce Willis** (n. 1955), actor de cine estadounidense (entre otras películas, *Armageddon*) y cantante;
- **Mickey Rourke** (n. 1956), actor de cine estadounidense (entre otras películas, *Animal Factory*) y guionista;
- **Laura Linney** (n. 1964), actriz de cine estadounidense (entre otras películas, *Mystic River*);
- **Brendan Fraser** (n. 1968), actor de cine estadounidense-canadiense (entre otras películas, *La momia*);
- **Daniel Craig** (n. 1968), actor inglés de teatro y cine (entre otras películas, *Casino Royale*).

Animador (ESTP)

TIPOLOGÍA DE PERSONALIDAD ID16™©

La personalidad a grandes rasgos

Lema vital: *¡Hagamos algo!*

Enérgico, activo y emprendedor. Le gusta la compañía de otros y sabe pasárselo bien y disfrutar del momento presente. Es espontáneo, flexible y suele estar abierto a los cambios.

Es entusiasta inspirador e iniciador, suele motivar a los demás a actuar. Lógico, racional y extraordinariamente pragmático. Realista. Le aburren las ideas abstractas y las reflexiones sobre el futuro. Procura solucionar los problemas concretos e inmediatos que se le presentan, pero a menudo también tiene dificultades con la organización y la planificación. Suele ser impulsivo. Suele ocurrir que primero actúa y luego piensa.

Tendencias naturales del *animador*:

- Fuente de energía vital: mundo exterior.
- Asimilación de información: sentidos.
- Toma de decisiones: razón.
- Estilo de vida: espontáneo.

Tipos de personalidad similares:
- *Administrador*
- *Pragmático*
- *Inspector*

Datos estadísticos:
- Los *animadores* constituyen el 6-10% de la sociedad.
- Entre los *animadores* predominan los hombres (60%).
- El país que se corresponde con el perfil de *animador* es Australia[3].

Código literal:
El código literal universal del *animador* en las tipologías de personalidad de Jung es ESTP.

Características generales

Los *animadores* son activos y espontáneos. Se concentran en el día de hoy y saben pasárselo bien y disfrutar del momento presente. No son de los que pasan mucho tiempo pensando en aquello que les pueda deparar el futuro. Prefieren aprovechar lo que la vida ofrece en un momento dado. Se implican de buen grado en todo lo que es nuevo: les gustan las situaciones variables y las sorpresas.

Les cuesta estarse quietos. Sienten una necesidad continua de nuevas sensaciones. Cuando profundizan en algún campo del saber, encuentran respuestas a las preguntas que les inquietan, y al obtenerlas, empiezan a ver

---

[3] Esto no quiere decir que todos los habitantes de Australia pertenezcan a este tipo de personalidad, sino que la sociedad australiana, en su conjunto, tiene muchas características del *animador*.

otros retos y nuevos problemas que resolver. Normalmente se adaptan con facilidad a las nuevas condiciones y aceptan bien los cambios (¡incluso los esperan!).

Percepción

Normalmente son pragmáticos y realistas: confían en lo que pueden tocar y lo que pueden ver u oír. Son unos observadores excelentes y destacan por su capacidad de percepción. Desconfían de presentimientos e intuiciones. Aprenden a través de la práctica. Sin embargo, les aburren las reflexiones teóricas y las ideas abstractas. Por lo general, son abiertos, tolerantes y comprensivos: tanto con los demás como consigo mismos. Son capaces de perdonarse muchas cosas a sí mismos, y no se atormentan con los recuerdos de los errores del pasado o de decisiones equivocadas.

Decisiones

A la hora de tomar decisiones se guían por la lógica. Los argumentos racionales y las pruebas les convencen más que sus propios sentimientos y su intuición. Normalmente sus decisiones son una respuesta a las situaciones y necesidades surgidas. Más raramente son el resultado del hecho de preparar conscientemente y planificar las cosas para algo que esperan que llegue en un futuro. A menudo «piensan en voz alta». Al comentar los problemas con otras personas y verbalizar diferentes posibilidades, acaban alcanzando las soluciones.

Al emprender alguna acción no prestan mayor atención a cómo serán percibidos por los demás. Se guían principalmente por sus propias convicciones, basadas en hechos racionales y objetivos. La lealtad a sus propios principios es para ellos más importante que la satisfacción de los demás (e incluso más importante que el respeto de las normas y costumbres vigentes).

A los ojos de los demás

Los *animadores* son percibidos por los demás como personas simpáticas, espontáneas y abiertas. Por lo general, los demás los ven como enérgicos, activos, prácticos y excepcionalmente directos (para algunos, demasiado directos). Muchos los ven como buenos compañeros de diversión, pero también como personas con cuya ayuda se puede contar en caso de problemas repentinos. Más raramente son percibidos como expertos en tareas que requieran una buena organización y planificación. A veces simplemente son vistos como caóticos y desorganizados. Las personas entregadas al servicio desinteresado a los demás o que buscan sobre todo la vida espiritual a menudo ven a los *animadores* como superficiales y más bien centrados en forjar su propia carrera y en adquirir bienes materiales.

A su vez, a los propios *animadores* les cuesta entender a aquellos a quienes les fascinan las teorías o ideas abstractas. Para ellos, los aficionados a los relatos sentimentales, los melodramas y las telenovelas son también un enigma.

Resolución de problemas

Los *animadores* son prácticos. No les gusta divagar sobre lo que hay que hacer. Prefieren ponerse manos a la obra al instante. Les gustan las tareas prácticas y concretas. A menudo observan conscientemente el entorno, buscando problemas que resolver. Normalmente no necesitan una larga preparación. Están «siempre preparados». Se las arreglan perfectamente en circunstancias que requieran una reacción rápida, así como flexibilidad e improvisación. En situaciones urgentes (por ejemplo, durante una acción de salvamento), cuando a los demás les pueden las emociones o les paraliza el miedo, ellos mantienen la sangre fría y son capaces de realizar rápidamente una valoración objetiva de la situación y emprender las acciones necesarias. Aún más, reaccionan al momento ante circunstancias cambiantes y los nuevos factores que van apareciendo; son capaces de corregir rápidamente sus acciones (adaptándolas a las nuevas condiciones aparecidas).

Tienen más problemas con tareas que requieren planificación y una larga preparación. En tales situaciones intentan arreglárselas con una excelente capacidad de improvisación, característica de los *animadores*. Ocurre, sin embargo, que debido a los problemas con la planificación y a una organización no muy buena pierden diversas ocasiones y desaprovechan muchas «oportunidades» que la vida les brinda.

Al sobrestimar sus capacidades (por ejemplo, valorando mal el trabajo necesario para realizar una tarea) a veces dejan para el último momento demasiadas cosas por hacer, haciendo pasar a sus compañeros de trabajo y familiares por muchas experiencias estresantes. Aunque la planificación y la organización no son sus puntos fuertes, con un poco de esfuerzo son capaces de desarrollar en gran medida estas habilidades.

Comunicación

A los *animadores* no les gusta expresar los pensamientos por escrito. Prefieren la comunicación verbal. Son capaces de relatar de forma interesante y tienen el don de la convicción. Prefieren hablar que escuchar. Por lo general son impacientes, así que interrumpen a sus interlocutores y no les dejan terminar. Sin embargo, su carácter abierto, optimista y su sentido del humor hacen que los demás los escuchen de buen grado. Todo esto, en combinación con su actividad y entusiasmo, hace que sean capaces de atraer a los demás para que los sigan. A menudo son iniciadores y animadores de diversas acciones (de ahí el nombre de este tipo de personalidad).

Al comenzar un nuevo proyecto son capaces de inculcar en los demás la confianza en el éxito y de animarlos a actuar. Sin embargo, por lo general son más aptos para iniciar acciones que para desarrollarlas y llevarlas hasta el final. También suelen tener problemas más frecuentemente que los demás para cumplir sus promesas y mantener lo que previamente habían declarado. Cuando en el horizonte aparecen nuevos retos pierden el ímpetu para realizar las tareas anteriormente iniciadas. Esta actitud provoca en ocasiones el desencanto en aquellos que, animados por su compromiso inicial, se unieron a las tareas iniciadas por ellos.

Ante situaciones de estrés

Los *animadores* son capaces de trabajar bien, pero también de descansar como es debido. Son capaces de «desconectar» y entregarse totalmente al relax o la diversión, sin sentir por ello cargos de conciencia. A menudo destacan por su especial afición por el deporte y el descanso activo. Por lo general, soportan bien el estrés y las situaciones de conflicto. Sin embargo, una tensión prolongada puede provocarles agotamiento, pérdida de energía y abandono de lo que habían emprendido. Cansados y aburridos, pueden buscar experiencias sensoriales intensas, recurrir a sustancias estimulantes o incluso buscar una válvula de escape en los juegos de azar o especulaciones financieras arriesgadas.

Aspecto social de la personalidad

Los *animadores* son abiertos, sociables y por esa razón es relativamente fácil acercarse a ellos. Normalmente se ganan rápidamente la simpatía del entorno. Son capaces de habituarse a una nueva compañía y de adaptarse rápidamente a las situaciones. Pueden contar durante horas historias divertidas y comentar de forma ingeniosa la realidad. A menudo su sola presencia es capaz de relajar un ambiente tenso. En los contactos con otras personas son extraordinariamente directos y normalmente dicen lo que piensan. Suelen ser impulsivos y rudos: sus observaciones críticas pueden herir a las personas más sensibles y emocionales.

Normalmente no pierden el tiempo en averiguar qué piensan los demás sobre ellos ni cómo son percibidos. Son resistentes a las críticas y la presión del entorno. Son capaces de influir en las personas, e incluso de manipularlas, para conseguir objetivos que para ellos son importantes.

Aunque suelen ser el alma del grupo y pueden hacer ameno a los demás el tiempo pasado en su compañía, suelen tener problemas con las relaciones interpersonales más profundas. Se pierden o no acaban de comprender el mundo de las sensaciones y los sentimientos. Normalmente les resulta más sencillo crear vínculos cuya esencia sea la diversión común o la resolución conjunta de problemas que desarrollar relaciones basadas en los sentimientos. Por este motivo las relaciones familiares suelen ser para ellos un desafío mayor que las profesionales.

Entre amigos

Los *animadores* se sienten bien allí donde algo está ocurriendo. Les gusta la compañía de otras personas y les encanta la diversión en común y cualquier actividad «en grupo». Son capaces de acostumbrarse rápidamente a un entorno nuevo y de adaptarse a las nuevas condiciones. Los demás valoran su entusiasmo, optimismo y sentido del humor y pasan con ellos el tiempo de buen grado. Normalmente los otros los ven como personas sociables, espontáneas y poco problemáticas.

A los *animadores* les gusta entablar amistades nuevas. Conocen de buen grado a nuevas personas y cambian de amigos con más frecuencia que los demás. Apenas tras una breve conversación son capaces de evaluar el potencial de las personas que acaban de conocer. Sin embargo, les cuesta más interpretar sus emociones y sentimientos. La espontaneidad y la impulsividad de los *animadores* hacen que a menudo sean percibidos como personas emocionales. En realidad, no obstante, se guían principalmente por la lógica y la razón.

ANIMADOR (ESTP)

Les encanta la diversidad a la hora de pasar el tiempo acompañados. Por lo general, son espontáneos y toman las decisiones de forma rápida. A la larga les aburren las charlas en torno a la mesa. Prefieren sin duda alguna la acción conjunta. Son personas típicamente de acción: sus amigos y familiares saben que si es necesario resolver rápidamente algún problema práctico siempre se puede contar con su ayuda. La acción práctica es la forma en la que expresan su amistad y apego. Suelen entablar amistad con *administradores*, *pragmáticos*, *innovadores* y otros *animadores*. Menos frecuentemente lo hacen con *mentores*, *consejeros* e *idealistas*.

En el matrimonio

Los *animadores* son dinámicos, enérgicos y sensuales. Su espontaneidad y sentido del humor hacen que sea imposible aburrirse con ellos. Como maridos/esposas aportan vida y energía a la relación matrimonial. Gracias a ello «siempre pasa algo». Por lo general, valoran mucho la libertad y soportan mal las limitaciones. Ellos mismos tampoco ponen límites a sus cónyuges y les dan libertad.

Se preocupan mucho por las necesidades de sus maridos/esposas y les muestran apoyo. Para ellos, los actos son más importantes que las palabras.

Las necesidades prácticas tienen para ellos más importancia que las necesidades emocionales: ellos mismos no tienen grandes necesidades emocionales, por eso tienen dificultades para percibirlas en los que los rodean. Por lo general, también tienen problemas para interpretar y mostrar sentimientos (aunque, con el tiempo y con un poco de esfuerzo son capaces de desarrollar esta habilidad). Sus cónyuges, si tienen un carácter romántico pueden echar en falta los cumplidos, sintiendo cierta carencia afectiva, de cariño y palabras cálidas. También pueden sufrir debido a sus observaciones críticas y bromas fuera de tono.

Por lo general, a los *animadores* no les gustan demasiado las conversaciones sobre sentimientos y relaciones. Estas discusiones no solo les aburren, sino que también les parecen una pérdida de tiempo (¡que puede utilizarse para alguna actividad concreta!). A las esposas/maridos sensibles y emocionales de los *animadores* las conversaciones con estos pueden parecerles triviales y superficiales, y sus repuestas, demasiado lacónicas.

Los estímulos nuevos e intensos normalmente atraen con tanta fuerza la atención de los *animadores* que, absortos en los nuevos desafíos, a veces se olvidan de las obligaciones anteriores. Cuando les intriga algún problema no resuelto o alguna cuestión que no han investigado, pocas cosas pueden impedir que se impliquen en aquel asunto. Como resultado, a menudo tienen dificultades para cumplir los compromisos anteriores. Este comportamiento provoca a veces un sentimiento de frustración en sus maridos/esposas, especialmente cuando no comparten el entusiasmo de los *animadores,* o no entienden la esencia de los problemas que les fascinan.

Los *animadores* viven el momento presente; por eso, la promesa de fidelidad matrimonial, «hasta que la muerte nos separe», puede suponer para ellos un desafío considerable. Por lo general, los compromisos de ese tipo son para ellos una decisión que toman nuevamente cada día. Su carácter espontaneo y afición por los cambios, que hacen que la vida con ellos sea una aventura continua, a veces son también un riesgo para la estabilidad de su vínculo matrimonial. También es una amenaza potencial su fascinación permanente por entablar nuevas amistades y su tendencia a flirtear.

Los candidatos naturales a maridos/esposas de los *animadores* son personas de tipos de personalidad afines: *administradores, pragmáticos* o *inspectores*. En estos matrimonios es más fácil crear una comprensión mutua y unas relaciones armoniosas. Sin embargo, la experiencia muestra que las personas pueden crear relaciones exitosas y felices, también a pesar de una evidente disconformidad tipológica. Aún más, las diferencias entre los cónyuges pueden aportar dinámica a estas relaciones y ayudar al desarrollo personal (a muchas personas esta perspectiva les parece más atractiva que la visión de una relación armoniosa, en la que siempre reina el acuerdo y una plena comprensión mutua).

Como padres

Los padres *animadores* tratan a los hijos como personas independientes: les preguntan por su parecer, cuentan con sus opiniones y están dispuestos a darles la razón, e incluso a aprender de ellos. Les animan a conocer el mundo y aprovechar de forma activa el tiempo libre. En la educación, prefieren un estilo basado en el compañerismo. Son más amigos que mentores. Con los hijos, buscan respuestas a las preguntas y descubren el mundo con ellos.

No adoptan el papel de expertos que facilitan respuestas preparadas a todas las posibles preguntas. Tampoco les da vergüenza reconocer su ignorancia. Por lo general son tolerantes, indulgentes y no causan problemas, pero suelen ser impulsivos e impacientes. A sus medidas educativas a menudo les falta coherencia y consecuencia. Si el segundo progenitor no es capaz de actuar de una forma más organizada, a sus hijos les puede faltar una sensación de estabilidad y seguridad, así como pueden desconocer los principios básicos que rigen el mundo.

Los *animadores* a menudo tienen problemas a la hora de disciplinar a sus hijos (ceden de buen grado esta obligación a sus cónyuges). En lugar de esto, les encantan la diversión despreocupada y los juegos en común: disfrutan con ellos tanto como los niños. A veces, la diversión les absorbe tanto que se olvidan de otras obligaciones. Sin embargo, cuando están ocupados con otras tareas, pueden casi olvidarse de los hijos.

A los hijos a veces les cuesta comprender el comportamiento de un padre *animador*, pues a veces está totalmente metido en el juego, mientras que otras veces no está disponible en absoluto. Las dificultades de los *animadores* para interpretar y expresar sentimientos también suele ser una causa de los problemas en las relaciones mutuas con los hijos. Por lo general, no suelen ser demasiados cordiales con los hijos, ni excesivamente cariñosos. Su forma natural de mostrarles amor es preocuparse por sus necesidades, en particular las de índole práctica. Tratan estas últimas de forma extremadamente seria y responsable. Sin embargo, cuando un hijo sufre algún daño son capaces de pasar de ponerse manos a la obra de inmediato, y emprender al instante las acciones necesarias (por ejemplo, al saber que hay problemas en el colegio de sus hijos, a menudo son los primeros en intervenir, movilizando también a los demás padres).

Los hijos adultos de los *animadores* les están agradecidos por haberles proporcionado una gran libertad, animándoles a conocer el mundo y porque en los momentos difíciles los sacaron de más de un aprieto. También recuerdan con agrado los momentos felices cuando jugaban juntos.

Trabajo y carrera profesional

A los *animadores* les gusta la variabilidad, por eso trabajan de buen grado allí donde «pasa algo». Se encuentran bien en empresas que valoran la actividad y el espíritu emprendedor, y garantizan a los subordinados libertad en la realización de las tareas. Sin embargo, llevan mal las situaciones en las que están sometidos a un control o supervisión rigurosos. No les gustan los plazos fijos, las estructuras rígidas y los procedimientos burocráticos. Si están convencidos de sus razones, pueden ignorar conscientemente las instrucciones o reglamentos vigentes, con el fin de poder realizar un objetivo que para ellos es importante.

Preferencias

No soportan la rutina y la reiteración. Cuando deben realizar tareas monótonas y repetitivas procuran amenizar y hacer atractivo su trabajo, introduciendo elementos de variabilidad y diversidad. Muchos *animadores* no quieren pasar su vida en una mesa de oficina bajo el ojo atento del jefe, y por eso seleccionan conscientemente un trabajo que les permita moverse, que requiera viajar y reunirse con clientes, pero que al mismo tiempo les proporcione cierto grado de libertad. La actividad innata, el espíritu emprendedor, la afición por el riesgo y las ansias de independencia hacen que muchos *animadores* creen sus propias empresas y alcancen el éxito en los negocios.

Capacidades y retos

Por lo general a los *animadores* se les dan mejor las tareas que requieren espontaneidad y una reacción rápida, mientras que no están a gusto con tareas que requieran una buena planificación y organización, y les exijan ser sistemáticos. Al trabajar en puestos de dirección necesitan un apoyo sólido por parte de asistentes o secretarios a quienes puedan delegar los trabajos prácticos y rutinarios. Para ellos, los problemas en los que las emociones y los sentimientos desempeñan un papel importante también son un reto considerable. Al entrar en áreas que requieran intuición, empatía e interpretación de los sentimientos humanos, normalmente se sienten perdidos, por eso a menudo intentan evitar este tipo de situaciones.

En equipo

A los *animadores* les gustan los superiores que marcan a los subordinados direcciones de acción generales y les dan libertad para realizar las tareas. Trabajan de buen grado en grupo. Normalmente aportan optimismo, entusiasmo y un enfoque práctico de los problemas. Son inspiradores e iniciadores naturales. A menudo son los primeros en ponerse a trabajar, arrastrando tras de sí a los demás. Su ímpetu, entusiasmo y compromiso son una inspiración positiva para los demás y una motivación para actuar. Ellos mismos trabajan de buen grado con personas abiertas y espontáneas (parecidas a ellos), con sentido del humor y que sepan disfrutar de la vida.

Les cansa trabajar con personas que no son capaces de asumir la responsabilidad por su propia vida o ven el mundo con cierto pesimismo. No comprenden a las personas que son capaces de discutir durante meses alrededor de un determinado problema, sin emprender ninguna acción práctica para resolverlo. Para los *animadores* las discusiones teóricas no solo son algo sumamente pesado, sino también improductivo (suponen una pérdida de tiempo y energía). Los demás suelen percibir su actuación como irreflexiva, prematura y caótica.

Profesiones

El conocimiento del perfil de personalidad propio y de las preferencias naturales es una ayuda inestimable a la hora de elegir la carrera profesional óptima. La experiencia muestra que los *animadores* pueden trabajar con éxito y sentirse realizados en diferentes campos, aunque su tipo de personalidad los predispone de forma natural para profesiones tales como:

- actor,
- agente de seguros,
- agente de viajes,
- agente inmobiliario,
- animador,
- antiterrorista,
- asesor financiero,
- bombero,
- cerrajero,
- coach,
- conductor,
- deportista,
- electricista,
- electrónico,
- empleado de un centro de gestión de emergencias,
- empresario,

- especialista en logística,
- fisioterapeuta,
- fotógrafo,
- guía de excursiones,
- guía turístico,
- ingeniero,
- militar,
- policía,
- presentador,
- representante comercial,
- socorrista,
- trabajador de la construcción,
- vendedor,
- vigilante.

Potenciales puntos fuertes y débiles

Los *animadores*, al igual que otros tipos de personalidad, tienen potenciales puntos fuertes y débiles. Este potencial puede ser gestionado de diferentes formas. La felicidad personal y la realización profesional de los *animadores* dependen de si aprovechan las oportunidades relacionadas con su tipo de personalidad y de si hacen frente a las amenazas que les acechan. He aquí un RESUMEN de estas oportunidades y amenazas:

Puntos fuertes potenciales

Los *animadores* son abiertos, optimistas y establecen contactos rápidamente. No son rencorosos y son capaces de perdonar (a sí mismos y a los demás). Disfrutan del momento presente y no se atormentan con pensamientos sobre errores del pasado. Son unos excelentes observadores y tienen muy buena memoria. Les caracteriza la flexibilidad y la espontaneidad. Soportan bien los cambios y se adaptan rápidamente a las nuevas condiciones. Son excepcionalmente lógicos y racionales. Les gusta resolver problemas prácticos. No temen las tareas «irresolubles». Son capaces de valorar rápidamente la situación y de reaccionar de forma adecuada — al momento — a los problemas que se presentan y a las circunstancias cambiantes. También tienen un extraordinario don de improvisación. Son operativos, emprendedores y enérgicos. Soportan bien las situaciones de conflicto y son resistentes a la crítica. Independientemente de las opiniones y valoraciones de otras personas, son capaces de emprender las acciones de las que están convencidos. No es fácil desanimarlos.

Por lo general son atrevidos y no temen el riesgo. Contagian a los demás con entusiasmo y con su confianza en el éxito. Inician diversas acciones y motivan a los demás a involucrarse. Son capaces de implicarse con todo su empeño en las tareas que les importan, pero también de relajarse bien. Normalmente les caracteriza una muy buena comunicación verbal. Pueden hablar de forma brillante, ingeniosa e interesante, atrayendo la atención de los oyentes. También tienen el don de la convicción.

Puntos débiles potenciales

Los *animadores* tienen dificultades para definir las prioridades en un asunto y les cuesta proceder en sus actividades de forma metódica y sistemática. A menudo actúan de forma impulsiva. Sus acciones son normalmente una reacción a problemas y retos actuales y más raramente el resultado de una acción planificada con vistas al futuro. Como suelen estar ocupados con el momento presente, tienen problemas para percibir las oportunidades y riesgos futuros. También tienen dificultades para prever las consecuencias de sus acciones y su influencia sobre las personas. Se distraen con facilidad. Al ver nuevos retos pierden el entusiasmo por las tareas anteriormente iniciadas. Por eso, suelen tener problemas para mantener sus promesas y para finalizar las tareas emprendidas. Sus dificultades con la planificación y su mala gestión del tiempo pueden conducir a una distribución indebida de las tareas en el tiempo y, por lo tanto, a un incumplimiento de los plazos.

A los *animadores* se les dan mal las tareas que requieren trabajar en solitario o una larga preparación (por ejemplo, leer gran cantidad de materiales, preparar un plan de actuación detallado). También suelen tener dificultades con las tareas rutinarias y las acciones repetitivas. Las tareas que requieren un razonamiento abstracto o pensar a largo plazo también constituyen para ellos un problema. Por lo general, son impacientes y se cansan y desaniman fácilmente. A menudo, se caracterizan por su afición al riesgo y por exponerse a peligros. La seguridad en sí mismos, que normalmente les ayuda a alcanzar el éxito, a veces hace que sobrestimen sus posibilidades o no aprecien la gravedad de los problemas. A pesar de las perfectas relaciones interpersonales en el plano social, los *animadores* tienen problemas para interpretar emociones y sentimientos (así como para expresar sus propios sentimientos). Suele ocurrir que hieren a otras personas con sus observaciones rudas o críticas, incluso sin saberlo.

Desarrollo personal

El desarrollo personal de los *animadores* depende del grado en que utilizan su potencial natural y se sobreponen a las dificultades o amenazas relacionadas con su tipo de personalidad. Los siguientes consejos prácticos constituyen un decálogo característico del *animador*.

Reconoce que puedes equivocarte

Los asuntos pueden ser más complejos de lo que te parecen. La razón no siempre tiene que estar de tu parte. Ten esto en cuenta, antes de que empieces a acusar a otras personas o les reproches sus errores.

Aprende a establecer prioridades y a gestionar el tiempo

El entusiasmo es tu principal motor de acción, pero los marcos temporales, el plan de trabajo y la lista de prioridades no tienen por qué limitar en absoluto la creatividad, impedir los movimientos y molestar en la realización de las tareas. ¡Todo lo contrario! Debidamente empleados te ayudarán a conseguir los objetivos marcados.

Elogia a los demás

Aprovecha cualquier ocasión para valorar positivamente a otras personas, decirles algo agradable, elogiarlos por algo que han hecho. En el trabajo evalúa a las personas, no solo por las tareas realizadas, sino también por quiénes son. ¡Notarás la diferencia y te sorprenderá!

Sé más tolerante

Sé más paciente con los demás. Recuerda que no puede encargarse la misma tarea a todo el mundo, ya que no todos están capacitados en las mismas áreas. Si a alguien no se le da bien el trabajo encargado, no siempre es un síntoma de su mala voluntad o pereza.

Aprecia las ideas creativas

Basarse en hechos y datos puros y duros conlleva una serie de limitaciones. Muchos problemas pueden solucionarse solo gracias a la intuición, un enfoque innovador e ideas creativas. ¡No te cierres a ellas!

Piensa en el futuro

Concentras tu atención en las tareas actuales y los objetivos inmediatos, así que puedes pasar por alto fácilmente las oportunidades que trae el futuro. Para aprovecharlas mejor, piensa qué te gustaría hacer a medio y largo plazo, por ejemplo en el próximo año, dentro de cinco años o una década.

Actúa menos impulsivamente

Antes de tomar una decisión o implicarte en algún proyecto, dedica algo de tiempo para recopilar información y analizarla. Este enfoque posiblemente limitará el número de tus actividades, pero también hará que sean más efectivas.

Critica menos

No todo el mundo es capaz de aceptar una crítica constructiva como tú. Para muchas personas, la crítica tiene un impacto destructivo. Los estudios realizados muestran que la gente se motiva más por el elogio de sus comportamientos positivos (aunque sean pocos), que cuando se critica sus comportamientos negativos. Al comentar comportamientos y opiniones de otras personas, sé más moderado.

Acaba lo que hayas empezado

Empiezas cosas nuevas con entusiasmo, pero te cuesta acabar lo que empezaste antes. Este modo de actuar normalmente produce resultados mediocres. Intenta establecer qué es lo más importante para ti, cómo quieres hacerlo y a continuación pasa a la acción ¡y que no te distraigan!

Recuerda las fechas y los aniversarios

Los encuentros acordados, los cumpleaños y aniversarios de los familiares pueden parecerte algo poco importante en comparación con los asuntos de los que te encargas. Sin embargo, para otros a menudo tienen una enorme importancia. ¡Si no eres capaz de recordar fechas y plazos, anótalos!

Personas conocidas

La lista de personas conocidas que se corresponden con el perfil de *animador* incluye, entre otros, los siguientes nombres:

- **Winston Churchill** (1874 - 1965), político británico, orador, estratega, escritor e historiador, dos veces primer ministro del Reino Unido, autor de numerosas publicaciones históricas destacadas, galardonado con el Premio Nobel de literatura;
- **Ernest Hemingway** (1899 - 1961), escritor prosista estadounidense (entre otras obras, *El viejo y el mar*), galardonado con el Premio Nobel de literatura;
- **Evita**, realmente María Eva Duarte de Perón (1919-1952), actriz argentina de cine y radio, activista política y social;
- **Mijaíl Kaláshnikov** (1919 - 2013), constructor soviético de armas de fuego, creador del fusil automático AK-47 («Kaláshnikov»);
- **Peter Falk** (1927 - 2011), actor de cine estadounidense (entre otras series, *Colombo*);
- **Jack Nicholson** (n. 1937), actor de cine estadounidense (entre otras películas, *Alguien voló sobre el nido del cuco*), director, guionista y productor de cine, ganador de numerosos premios prestigiosos;
- **John Rhys-Davies** (n. 1944), actor de cine galés (entre otras películas, *El señor de los anillos*);
- **Madonna**, realmente Madonna Louise Veronica Ciccone (n. 1958), cantante y actriz estadounidense de origen italiano, ganadora de numerosos premios prestigiosos;
- **Antonio Banderas**, realmente José Antonio Domínguez Bandera (n. 1960), actor de cine

ANIMADOR (ESTP)

español (*Desperado*), ganador de numerosos premios prestigiosos;
- **Jeremy Clarkson** (n. 1960), periodista de televisión británico (entre otros programas, *Top Gear*);
- **Michael J. Fox** (n. 1961), actor de cine canadiense (entre otras películas, *Regreso al futuro*);
- **Mike Tyson** (n. 1966), boxeador estadounidense, excampeón del mundo en la categoría de pesos pesados;
- **Matt Damon** (n. 1970), actor estadounidense (entre otras películas, *El indomable Will Hunting*), guionista y productor de cine;
- **David Tennant**, realmente David MacDonald (n. 1971), actor británico de teatro y cine (entre otras películas, *Doctor Who);*
- **Britney Spears** (n. 1981), cantante pop estadounidense, bailarina y actriz de cine.

Artista (ISFP)

TIPOLOGÍA DE PERSONALIDAD ID16™©

La personalidad a grandes rasgos

Lema vital: *¡Creemos algo!*

Sensible, creativo y original. Tiene un gran sentido de la estética y capacidades artísticas naturales. Independiente, se guía por su propia escala de valores y no cede ante la presión. Optimista y con una actitud positiva hacia la vida; es capaz de disfrutar del momento.

Disfruta ayudando a los demás. Le aburren las teorías abstractas; prefiere crear la realidad que hablar de ella. Sin embargo, le resulta más fácil empezar cosas nuevas que acabar las empezadas antes. Suele tener dificultades para expresar sus propios deseos y necesidades.

Tendencias naturales del *artista*:

- Fuente de energía vital: mundo interior.
- Asimilación de información: sentidos.
- Toma de decisiones: corazón.
- Estilo de vida: espontáneo.

ARTISTA (ISFP)

Tipos de personalidad similares:
- *Protector*
- *Presentador*
- *Defensor*

Datos estadísticos:
- Los *artistas* constituyen el 6-9% de la población.
- Entre los *artistas* predominan las mujeres (60%).
- El país que se corresponde con el perfil de *artista* es China[4].

Código literal:
El código literal universal del *artista* en las tipologías de personalidad de Jung es ISFP.

Características generales

Los *artistas* se caracterizan por tener un carácter tranquilo y un refinado sentido del humor. Se guían por su propio sistema de valores y son inmunes a la presión. Sin embargo, la opinión de otras personas tiene para ellos mucha importancia. Normalmente ellos mismos se valoran a través del prisma de las valoraciones y opiniones de los demás; además, son muy sensibles y es fácil herirlos.

Brújula interior

Son capaces de vivir el presente y disfrutar del momento. Raramente se afligen por el pasado o están intranquilos por el futuro. Su vida transcurre aquí y ahora. Aman la independencia y la sensación de libertad. Perciben el mundo como un lugar de posibilidades ilimitadas y les fascina su

---

[4] Esto no quiere decir que todos los habitantes de China pertenezcan a este tipo de personalidad, sino que la sociedad china, en su conjunto, tiene muchas características del *artista*.

belleza. No les gustan las teorías y conceptos abstractos, que son difíciles de emplear en la práctica. Prefieren experimentar la vida a describirla o especular acerca de ella. Intentan vivir según los valores que profesan. Sienten una enorme incomodidad al actuar en contra de sus propias convicciones. Les atrae el mundo espiritual. Si no son personas creyentes, les atormenta una dolorosa sensación de vacío: sienten que les falta algo.

Unas relaciones sanas con las personas más cercanas son también muy importantes para ellos Sin ellas, no pueden ser felices ni disfrutar totalmente de la vida. Les gusta vivir a su ritmo. Soportan mal el uniformismo y la presión del tiempo. No se rinden ante las presiones que atentan contra sus principios. A veces, tienen problemas para adaptarse a las normas vigentes. Tampoco les gusta doblegarse ante las exigencias que no comprenden. Suelen tener miedo al encasillamiento y la limitación. Por este motivo a veces también temen las situaciones en las que deben asumir compromisos: les inquieta el poder perder la posibilidad de ser ellos mismos, de tomar decisiones y de elegir.

Ante los demás

Creen que toda persona tiene derecho a ser ella misma y debería ser aceptada tal y como es. Consideran que todo el mundo tiene dentro de sí un potencial positivo. Son capaces de percibir el bien en las personas rechazadas y ninguneadas por la mayoría de la sociedad. Tienen el extraordinario don de la empatía, gracias al cual son capaces de ayudar a otras personas, darles ánimos y suscitar confianza en sus propias fuerzas. A menudo ponen las necesidades de los demás en primer lugar y expresan su aceptación de forma casi incondicional (una excepción son las actitudes que socavan su escala de valores y convicciones). Consideran que si todos mostraran más amor a los demás el mundo sería mucho mejor.

No pueden comprender a las personas que tienen afición a atacar y criticar a los demás. Tampoco comprenden a los que alardean ante los demás o intentan aparentar ser quienes no son. Los motivos de estos comportamientos son para ellos un absoluto misterio. Como ellos mismos valoran la autenticidad, al esforzarse por el bienestar de los demás no intentan causar sensación en ellos. Tampoco buscan el poder o la influencia. No importunan, ni tampoco ejercen presión sobre los demás y ni siquiera procuran convencerlos de sus puntos de vista. Prefieren compartir sus propios pensamientos con la familia y los amigos más cercanos.

A los ojos de los demás

Los demás los perciben como personas amables, simpáticas, tranquilas y modestas con las que, sin embargo, no es fácil relacionarse con familiaridad. Pueden parecer, por lo tanto, excéntricos y misteriosos (los mismos *artistas* no se dan cuenta de que son percibidos así). Intrigan al entorno, ya que es difícil describirlos y clasificarlos de forma inequívoca. Normalmente son reservados y retraídos, aunque a veces se animan, hablando de buen grado con la gente y colmándolos de cumplidos. A veces pueden causar la sensación de ser pocos serios, pasivos, indecisos y de evitar las obligaciones.

Sin embargo, en realidad afrontan la vida con seriedad y, a pesar de algunas opiniones, no son asociales. Simplemente hacen las cosas «a su manera» (en su momento, a su ritmo). También prefieren actuar de modo individual, mientras que no son partidarios de participar en diversos tipos de actividades y empresas en grupo. A otras personas a veces les puede costar entender su deseo de ayudar a los demás. Como no creen en el altruismo, buscan en su actuación motivos ocultos.

Estética

Normalmente los *artistas* son amantes de la naturaleza. Les gusta estar en el seno de la naturaleza y aman los paisajes vírgenes, no deteriorados por la civilización. Tienen un alto sentido estético y de la belleza y un alma artística. Les encanta la armonía y la simplicidad natural. Tienen una perfecta facultad para sentir el espacio, los colores, los tonos y los sonidos. No solo son conocedores de la belleza, sino también sus creadores. Son capaces de jugar con la materia y crear a partir de ella bellas composiciones, imágenes y objetos. Les gusta el contacto con el arte, y a menudo son artistas de profesión (de ahí el nombre de este tipo de personalidad). Por lo general, perciben rápidamente las nuevas tendencias en la moda, el diseño, el arte y a menudo ellos mismos las inician.

Estilo de trabajo

Los *artistas* actúan bajo la influencia de un impulso creativo. No le dedican demasiado tiempo a la preparación y la reflexión. Cuando les viene una idea a la cabeza, simplemente la realizan. Tienen intereses muy diversos y les gusta probar cosas nuevas por su propia cuenta. Cuando se ocupan de algo pueden olvidarse de todo el mundo y pierden la noción del tiempo, enfrascándose totalmente en el trabajo. Sin embargo, si les interesa otra cosa, pueden dejar inmediatamente su ocupación actual y entregarse totalmente a la nueva.

Son muy flexibles y pueden adaptarse a las condiciones cambiantes del entorno. Su estilo de trabajo es a menudo un enigma para los demás. Se puede tener la impresión de que no aprovechan demasiado bien el tiempo del que disponen para realizar sus tareas (se distraen con facilidad con otras cosas), pero a pesar de eso, normalmente consiguen acabar el trabajo a tiempo.

Estudios

Por lo general, son prácticos. Las teorías y las ideas que no pueden emplear en la vida no tienen para ellos ningún valor. En lugar de teorizar sobre la realidad prefieren crearla.

No suelen tener recuerdos demasiado buenos de las clases en el colegio. Les gusta mucho aprender cosas nuevas, pero les aburren las clases teóricas y monótonas. Aprenden con más ganas y mejor a través de la experiencia. El mero proceso de creación ya les produce una enorme alegría. Para ellos es a menudo más importante que el propio resultado final.

Decisiones

Al resolver un problema son capaces de realizar una valoración rápida de la situación, tomar en consideración todos los medios disponibles en un determinado momento y adoptar rápidamente la decisión adecuada. A la hora de elegir se guían por su escala de valores y por el sentido común. Sin embargo, normalmente no son capaces de tomar decisiones de forma analítica y racional. Por lo general, analizan una determinada situación, pensando en las personas concretas involucradas en la misma, y en sus experiencias y sentimientos. También piensan en cómo se sentirían ellos mismos si tomaran una decisión u otra.

Comunicación

En general los *artistas* son taciturnos, especialmente en un grupo numeroso. Suele ocurrir que (paralizados por el miedo a la incomprensión o la crítica) temen expresar abiertamente sus pensamientos. Como resultado, a menudo el entorno no se entera de sus puntos de vista, opiniones y aficiones. Normalmente creen que las acciones tienen más poder que las palabras, por eso les gusta comunicar sus sentimientos y emociones a través de acciones concretas.

También tienen un umbral muy bajo de tolerancia a la crítica. A veces, la perciben incluso donde no la hay. Tratan las opiniones que no son conformes con sus convicciones como un ataque contra su escala de valores. Esta actitud hace que a veces se cierren ante una información disconforme con sus puntos de vista, lo que a su vez conduce a una limitación de su perspectiva.

Ante situaciones de estrés

El estado de ánimo de los *artistas* depende en gran medida de su entorno. Rodeados de belleza y armonía, pero también de amor, aceptación y el cariño de otras personas, se sienten felices. Sin embargo, la crítica, el desacuerdo y el conflicto despiertan en ellos una sensación de amenaza. Su reacción ante un estrés duradero es la retirada, la renuncia o la huida. El contacto con la naturaleza y los animales, así como con el arte, son para ellos un alivio. Normalmente les gusta mucho relajarse al aire libre y son capaces de disfrutar enormemente de las pequeñas cosas.

Aspecto social de la personalidad

Los *artistas* necesitan espacio y privacidad; por eso, a veces parecen algo cerrados en sí mismos y misteriosos. Sin embargo, las relaciones con los demás tienen para ellos una importancia fundamental. Les cuesta disfrutar de la vida si no pueden contar con la aceptación y el apoyo de los más cercanos. Ellos mismos son extraordinariamente leales y tratan muy seriamente sus obligaciones. Sus relaciones y amistades son muy estables y duraderas.

Normalmente, se esfuerzan por el buen estado de ánimo de las demás personas y evitan los conflictos a cualquier precio. Procuran no herir, apenar ni desanimar a nadie. Ayudan de buen grado a los demás a resolver sus problemas, aunque no confían en las personas que intentan dominarlos o aprovecharse de ellos.

Por lo general, son reservados con las personas que no conocen y necesitan tiempo para entablar nuevas amistades, las cuales se desarrollan lentamente. Raramente expresan abiertamente sus deseos y comparten de mala gana sus problemas personales. Esta actitud suele ser interpretada como una señal de distancia y retraimiento. Ocurre que en un grupo numeroso, los *artistas* son dominados por otros, dejados al margen o simplemente ignorados. Esta situación puede hacer que se vuelvan amargados y se aíslen de un modo cada vez más profundo.

Entre amigos

Normalmente los *artistas* no son personas locuaces, pero cuando hablan con alguien se implican completamente en la conversación. Escuchan con atención y hacen preguntas. También son capaces de interpretar las señales no verbales. Sienten un verdadero interés por la vida de sus amigos, sus experiencias e historias personales. Aún más, ¡las recuerdan! Saben qué interesa a sus amigos, qué les gusta, qué pasiones tienen y cuáles son sus problemas. Son, por lo general, altruistas: prestan de buen grado ayuda de manera desinteresada. Esto suelen hacerlo más mediante actos concretos que con palabras.

Les gusta pasar el tiempo con personas con intereses o aficiones comunes, y que los acepten tal y como son y no intenten cambiarlos ni ejercer presión sobre ellos. Ellos mismos son extraordinariamente tolerantes y sensibles a las necesidades y sentimientos de los demás. Son amigos fieles y muy entregados: se implican de todo corazón en las relaciones con los demás y no escatiman tiempo ni energía para dedicarse a sus amigos. Los ayudan de buen grado, mostrándoles comprensión y ayuda práctica.

Normalmente, suelen rodearse a lo largo de toda la vida por el mismo círculo de amigos cercanos, entre los cuales pueden encontrarse con más frecuencia *protectores*, *presentadores*, *idealistas* y otros *artistas*. Más raramente con, *directores*, *estrategas* e *innovadores*.

En el matrimonio

Los *artistas* esperan de sus maridos/esposas confianza y comprensión. Ellos mismos también se esfuerzan en comprenderlos y salir al encuentro de sus expectativas y necesidades. Anhelan poder tener una relación profunda y vivir la fidelidad, pero al mismo tiempo desean la tolerancia y la libertad. El respeto mutuo de la libertad de ambos es la base de su relación.

En las palabras y los gestos de sus parejas buscan una confirmación de su propio valor. Raramente hablan de sus emociones y sentimientos (a menudo sus familiares ni siquiera se dan cuenta de que los *artistas* son personas tan emocionales y sentimentales). Siempre buscan la armonía en la relación y muestran a sus parejas mucho amor y ternura. Ellos mismos también necesitan afecto, gestos de cariño y cercanía. Si sus maridos/esposas no perciben estas necesidades, entonces los *artistas* pueden sentirse utilizados, inútiles, como personas sin atractivo. Soportan mal la indiferencia, pero todavía peor la crítica abierta. Cuando esto ocurre, se cierran en sí mismos, se convierten en personas amargadas y pierden la confianza en sí mismos.

Los candidatos naturales a maridos/esposas de los *artistas* son personas de tipos de personalidad afines: *protectores*, *presentadores* o *defensores*. En estos matrimonios es más fácil crear una comprensión mutua y unas relaciones armoniosas. Sin embargo, la experiencia muestra que las personas pueden crear relaciones exitosas y felices, también a pesar de una evidente disconformidad tipológica. Aún más, ciertas diferencias entre los cónyuges pueden aportar dinámica a estas relaciones y contribuyen al desarrollo personal.

Como padres

A los *artistas* les encantan los niños, por esa razón el papel de padre constituye para ellos una gran alegría. Siempre encuentran tiempo para sus hijos y son capaces de disfrutar totalmente de cada momento, de cada juego con ellos y de cada excursión familiar. Tienen unos vínculos extraordinarios y especiales con sus hijos: los van creando desde sus primeros años y velan por ellos durante toda la vida. Respetan su individualidad y tratan de moldearlos según sus expectativas en relación con ellos. Les indican la dirección, pero no les imponen esquemas rígidos. Animan a los hijos a ser ellos mismos, a realizar sus propias pasiones y a aprovechar sus puntos fuertes. Normalmente no son demasiado exigentes y les cuesta emplear la disciplina en la educación de los hijos.

Su flexibilidad, el carácter abierto y la tolerancia pueden provocar efectos paralelos indeseados: a veces sus hijos tienen problemas para distinguir los comportamientos buenos de los malos, y los deseables de los censurables. Como padres están dispuestos a realizar cualquier sacrificio. Ocurre también que miman a sus hijos, satisfacen todos sus caprichos y los colman de regalos. Pasados los años los hijos valoran a los padres *artistas* principalmente por su aceptación, la ternura y el respeto por sus decisiones y elecciones.

Trabajo y carrera profesional

Los *artistas* pueden desempeñar con éxito numerosas tareas, aunque un trabajo en el que puedan realizar de forma práctica los valores que profesan supone para ellos una mayor satisfacción. La pasión es la clave de su éxito. Pueden lograr mucho cuando se dedican a lo que despierta su entusiasmo. Cuando el trabajo les parece algo aburrido y de poco valor, suelen tener peores resultados, lo cual les hace perder el entusiasmo inicial. Entonces, ni el mejor programa de motivación puede cambiar eso.

Entorno

Normalmente no les va demasiado bien en puestos que requieran realizar muchas tareas y acciones rutinarias. Lo pasan mal en entornos burocratizados y excesivamente formales en los que deban seguir procedimientos rígidos, actuar según un plan, cumplir plazos y seguir instrucciones detalladas. Ese no es su mundo.

A menudo se esfuerzan para planificar su carrera profesional de forma que puedan dedicarse en la vida a lo que les gusta y es importante para ellos. El trabajo no es para ellos solo una forma de ganarse la vida y el éxito no es sinónimo de una posición elevada y la admiración del entorno. Se encuentran a gusto en instituciones cuyo objetivo es ayudar a las personas y solucionar sus problemas. También les gustan los trabajos que proporcionan el contacto con la naturaleza y los animales

Estilo de trabajo

No les gusta dirigir a otras personas, ya que se les da mal disciplinar a la gente, llamarles la atención sobre sus malos resultados, dar órdenes y cumplir obligaciones. Les gusta actuar en segundo plano, aunque esto no siempre es posible (por ejemplo, cuando trabajan como artistas les toca a menudo ser el centro de atención). Cuando se ven obligados a desempeñar papeles en primer plano no les gusta estar demasiado tiempo en el centro, atrayendo las miradas de todos.

Tras realizar sus tareas les gusta retirarse a su propio refugio. La tranquilidad, el silencio y la soledad les permiten recuperar energías. También necesitan retroalimentación, es decir, recibir información que confirme que han hecho bien su trabajo. La opinión de otras personas tiene para ellos gran importancia. Normalmente son muy críticos consigo mismos y sus propios logros. A menudo — a pesar de una valoración positiva del entorno — no están satisfechos con los resultados de su trabajo.

Los demás valoran sus ideas relativas a soluciones prácticas de los problemas, así como su flexibilidad y capacidad de improvisación ante situaciones y acontecimientos repentinos e inesperados. Su capacidad para reaccionar rápidamente ante unas circunstancias cambiantes hace que sean candidatos ideales para trabajar en acciones de salvamento y en centros de gestión de emergencias.

Superiores

Los *artistas* valoran a los superiores que dan libertad a los trabajadores, les permiten ser ellos mismos y les dejan realizar sus tareas de la forma que más les convenga. En su opinión, los jefes también deberían apoyar a sus subordinados, especialmente en momentos difíciles y críticos de sus vidas. Les gusta que las relaciones laborales se basen en la confianza. Valoran mucho una ambiente amigable y sano en el lugar de trabajo y consideran que puede conseguirse más con elogios, ánimos y buenas palabras que con críticas, disciplina y un control estricto y excesivo. Les gusta cuando los superiores les hacen sentir que están satisfechos con su trabajo.

Por otra parte no les gusta unificar y clasificar a las personas. Se sienten mal cuando alguien les dice qué deberían hacer y cómo «se debe actuar». Ellos mismos tampoco ejercen presión alguna sobre otras personas ni las aleccionan. Consideran que todo el mundo debería tener libertad para tomar las decisiones referentes a su vida. Esta actitud hace que sean incapaces de desempeñar profesiones que requieran capacidad de persuasión o bien ejercer presión sobre la gente (por ejemplo, la venta a domicilio).

Profesiones

El conocimiento del perfil de personalidad propio y de las preferencias naturales es una ayuda inestimable a la hora de elegir la carrera profesional óptima. La experiencia muestra que los *artistas* pueden trabajar con éxito y sentirse realizados en diferentes campos, aunque su tipo de personalidad los predispone de forma natural para profesiones tales como:

- artesano,
- artista,
- asistente social,
- botánico,
- camarero,
- cocinero,

- decorador de interiores,
- diseñador de moda,
- diseñador gráfico,
- educador de preescolar,
- empleado de agencia de viajes,
- estilista,
- florista,
- fotógrafo,
- groomer,
- guarda forestal,
- jardinero,
- maestro de educación básica,
- mecánico,
- médico,
- músico,
- naturalista,
- peluquero,
- pintor,
- psicólogo,
- socorrista,
- trabajador de un centro de gestión de emergencias.

Potenciales puntos fuertes y débiles

Los *artistas*, al igual que otros tipos de personalidad, tienen potenciales puntos fuertes y débiles. Este potencial puede ser gestionado de diferentes formas. La felicidad personal y la realización profesional de los *artistas* dependen de si aprovechan las oportunidades relacionadas con su tipo de personalidad y de si hacen frente a las amenazas que les acechan. He aquí un RESUMEN de estas oportunidades y amenazas:

ARTISTA (ISFP)

Puntos fuertes potenciales

Los *artistas* son por lo general optimistas, tienen una actitud positiva frente a la vida y son extraordinariamente cordiales. Se caracterizan por su carácter abierto hacia las personas y su tolerancia. Poseen un alto sentido estético y de la belleza, así como un alma artística. Tienen una excelente facultad para percibir el espacio, los colores, los tonos y los sonidos. Son capaces de utilizar las herramientas y recursos disponibles y, con ayuda de estos, crear bellas composiciones, imágenes y objetos. Perciben más rápido que los demás las nuevas tendencias en la moda, el diseño y el arte. Cuando trabajan en tareas en las que creen son capaces de poner en ellas mucho esfuerzo y energía. Aprenden rápidamente a través de la experiencia. Son unos verdaderos altruistas: se interesan sinceramente por las experiencias y los problemas de otras personas y desean ayudarlas. Son capaces de mostrarles ternura y solicitud. Respetan la individualidad de los demás y son unos perfectos oyentes. Perciben la bondad y el potencial positivo de cada persona.

Tienen el extraordinario don de la empatía, gracias al cual son capaces de ayudar a otras personas, darles ánimo y suscitarles confianza en sus propias fuerzas. Son independientes, se guían por su escala de valores y son resistentes a la presión. No les absorben las especulaciones sobre el futuro y tampoco se afligen por los errores del pasado. Son capaces de concentrarse plenamente en los problemas presentes y actuales. Son muy flexibles. Llevan bien los cambios y se pueden adaptar de inmediato a las nuevas condiciones en las que se encuentran. Reaccionan rápidamente a las nuevas circunstancias y saben cómo aprovechar las oportunidades que cada situación les brinda. Pueden improvisar perfectamente en caso de necesidad.

Puntos débiles potenciales

Por lo general, a los *artistas* no se les dan bien las tareas con un horizonte temporal lejano, que requieran planificación, preparación y pensar a largo plazo. Cuesta motivarlos para un trabajo cuyos resultados se aplacen en el tiempo. Son propensos a adoptar resoluciones y actuaciones impulsivas. Son mejores a la hora de empezar cosas nuevas que si se trata de acabar las ya iniciadas. Les cuesta tomar decisiones de forma analítica y racional, separadas de personas y situaciones concretas. Normalmente ellos mismos se valoran a través del prisma de las valoraciones y opiniones de los demás. Además son muy sensibles, y por eso es fácil herirles. Esto puede causar grandes problemas en la vida de los *artistas* que funcionan en un entorno desfavorable (por ejemplo, cuando se encuentran entre personas parcas en elogios o extremadamente críticas). Tienen tendencia a una baja autoestima y a socavar fácilmente su confianza en sí mismos. A menudo tienen miedo de expresar abiertamente sus pensamientos y deseos.

Su umbral de tolerancia a la crítica es muy bajo. Pueden verla incluso allí donde no la hay y percibir las opiniones contrarias a sus puntos de vista como un ataque a su escala de valores. Esto puede hacer que se cierren ante informaciones disconformes con su concepción del mundo, lo cual puede limitar sus horizontes. A menudo, los *artistas* tienen problemas para asimilar teorías y comprender conceptos que no pueden aplicarse en la práctica. Su individualismo y la tendencia que tienen a hacer las cosas «a su manera», les dificulta el trabajo en equipo. Cuando desempeñan funciones directivas les cuesta disciplinar a las personas, llamarles la atención sobre sus malos resultados, dar órdenes y cumplir obligaciones.

Desarrollo personal

El desarrollo personal de los *artistas* depende del grado en que utilizan su potencial natural y se sobreponen a las amenazas relacionadas con su tipo de personalidad. Los siguientes consejos prácticos constituyen un decálogo característico del *artista*.

Acaba lo que hayas empezado

Empiezas cosas nuevas con entusiasmo, pero te cuesta acabar lo que empezaste antes. Esta actuación normalmente produce resultados mediocres. Intenta establecer qué es lo más importante para ti, cómo quieres hacerlo y a continuación pasa a la acción ¡y que no te distraigan!

No temas los conflictos

Al encontrarte en una situación de conflicto no escondas la cabeza bajo la arena, en lugar de eso expresa tu punto de vista y tus sentimientos. A menudo los conflictos ayudan a descubrir y resolver problemas.

No condenes a los demás a hacer suposiciones

Diles a las personas cómo te sientes, cuéntales lo que experimentas y qué es lo que deseas. No dudes en expresar tus dudas, sentimientos y emociones. Al hacerlo, ayudas mucho a tus compañeros de trabajo y familiares.

No temas las ideas y opiniones que son diferentes a las tuyas

Antes de rechazarlas, piensa bien en ellas e intenta comprenderlas. Una actitud abierta ante los puntos de vista de los demás no tiene por qué significar abandonar los propios.

No tengas miedo a las críticas

No tengas miedo a las observaciones críticas de otras personas. La crítica puede ser constructiva y no tiene por qué significar un ataque a las personas o un socavamiento de tus valores.

Acepta la ayuda de otras personas

Supones que tú deberías ayudar a las personas y normalmente ellos buscan apoyo en ti. Sin embargo, cuando tengas un problema ¡no dudes en pedir ayuda a los demás y aprovecharla!

No dependas de la valoración de los demás

Acéptate de la misma forma en la que aceptas a los demás. No te valores a través del prisma de lo que dicen los demás sobre ti. Pueden equivocarse o no decir la verdad. Tú eres más competente para decidir sobre tu vida.

Actúa menos impulsivamente

Antes de tomar una decisión o implicarte en algo, dedica un poco de tiempo a recopilar información y analizarla, así como a valorar objetivamente la situación. Posiblemente así limitarás el número de tus acciones, pero también conseguirás que sean más efectivas.

Sé optimista

No des por seguro que vas a ser mal entendido, que sufrirás un revés o que harás el ridículo. Esta actitud ante la vida puede paralizarte. Lograrás más cuando confíes en que todo saldrá bien y te centres en las cosas positivas.

Aprende a decir «no»

Si no estás de acuerdo con algo, no tengas miedo a decirlo. Di «no», en especial cuando sientas que alguien abusa de tu ayuda o intenta que lo sustituyas.

ARTISTA (ISFP)

Personas conocidas

La lista de personas conocidas que se corresponden con el perfil de *artistas* incluye, entre otros, los siguientes nombres:

- **Wolfgang Amadeus Mozart** (1756 - 1791), compositor y músico austriaco, perteneciente al grupo de los más eminentes clásicos vieneses;
- **Fiódor Dostoyevski** (1821 - 1881), escritor ruso (entre otras obras, *Crimen y castigo*), perteneciente a la vanguardia mundial de los autores de prosa psicológica;
- **August François-René Rodin** (1840 - 1917), escultor francés, simbolista e impresionista, precursor de la escultura contemporánea;
- **Vincent van Gogh** (1853 - 1890), pintor holandés, representante del postimpresionismo;
- **Marilyn Monroe**, realmente Norma Jeane Mortensen/Baker (1926 - 1962), actriz de cine estadounidense (entre otras películas, *Con faldas y a lo loco*), leyenda del cine;
- **Elizabeth Taylor** (1932 - 2011), actriz británica-estadounidense (entre otras películas, *Cleopatra*), distinguida con numerosos premios (entre ellos, dos Óscar);
- **Bob Dylan**, realmente Robert Allen Sumerjan (n. 1941), músico, vocalista, compositor y escritor estadounidense, una de las más importantes figuras de la música popular de la segunda mitad del siglo XX, ganador de los premios Grammy, Óscar, Pulitzer y el Nobel de Literatura;
- **Paul McCartney** (n. 1942), compositor, multiinstrumentalista y cantante inglés, cofundador del legendario grupo The Beatles, ganador de numerosos premios prestigiosos;
- **Steven Spielberg** (n. 1946), director estadounidense (entre otras películas, *La lista de*

Schindler), guionista y productor de cine, ganador de numerosos premios prestigiosos;
- **Jean Reno**, realmente Juan Moreno y Herrera Jiménez (n. 1948), actor de cine francés (entre otras películas, *El profesional (León)*);
- **Christopher Reeve** (1951 - 2004), actor estadounidense (entre otras películas, *Superman*), director y escritor;
- **John Travolta** (n. 1954), actor estadounidense (entre otras películas, *Fiebre del sábado noche*), cantante y artista de variedades;
- **Kevin Costner** (n. 1955), actor y director estadounidense (entre otras películas, *Bailando con lobos*) y también productor de cine;
- **Earvin «Magic» Johnson** (n. 1959), exjugador profesional estadounidense de baloncesto de la NBA y medallista olímpico.

Consejero (ENFJ)

TIPOLOGÍA DE PERSONALIDAD ID16™©

La personalidad a grandes rasgos

Lema vital: *Mis amigos son mi mundo.*

Optimista, entusiasta y gracioso. Amable, sabe actuar con tacto. Tiene el extraordinario don de la empatía y disfruta actuando de forma desinteresada a favor de los demás. Es capaz de influir en sus vidas: inspira, descubre en ellos el potencial oculto que tienen y suscita confianza en sus propias fuerzas. Irradia ternura y atrae a las demás personas. A menudo las ayuda a resolver sus problemas personales.

Suele ser crédulo, aunque un poco ingenuo, y tiene tendencia a ver el mundo de color de rosa. Concentrado en los demás, a menudo se olvida de sus propias necesidades.

Tendencias naturales del *consejero*:
- Fuente de energía vital: mundo exterior.
- Asimilación de información: intuición.
- Toma de decisiones: corazón.
- Estilo de vida: organizado.

Tipos de personalidad similares:
- *Entusiasta*
- *Mentor*
- *Idealista*

Datos estadísticos:
- Los *consejeros* constituyen el 3-5% de la población.
- Entre los *consejeros* predominan claramente las mujeres (80%).
- El país que se corresponde con el perfil de *consejero* es Francia[5].

Código literal:
El código literal universal del *consejero* en las tipologías de personalidad de Jung es ENFJ.

Características generales

Los *consejeros* son enérgicos, ingeniosos y optimistas. Disfrutan ayudando a los demás e interpretan perfectamente sus sentimientos y emociones. Al observar a las personas, perciben en ellas cosas no visibles para los demás. Se caracterizan por su extraordinaria intuición y empatía, por ese motivo son capaces de animar a los demás, inspirarles y motivarlos a actuar.

Actitud ante los demás
Tienen un buen sentido de su propio valor, pero están dispuestos a renunciar a sus necesidades y adaptarse a las de los demás (si de esta forma pueden prestarles ayuda o el apoyo necesario). Sufren mucho con los problemas de

---

[5] Esto no quiere decir que todos los habitantes de Francia pertenezcan a este tipo de personalidad, sino que la sociedad francesa, en su conjunto, tiene muchas características del *consejero*.

familiares y amigos. A menudo están tan concentrados en los demás que les falta tiempo para reflexionar sobre su propia vida. A veces les resulta incluso difícil definir sus propios objetivos vitales o necesidades.

Los demás ven en ellos a unos perfectos profesores, mentores y confidentes. Valoran su ayuda en las situaciones difíciles, y les piden consejo. Los *consejeros* son a menudo consejeros profesionales (de ahí el nombre de este tipo de personalidad). Sin embargo, independientemente de la profesión que ejerzan, normalmente son consejeros, al menos para sus conocidos y familiares. A menudo los ayudan a resolver sus problemas personales. Las observaciones de los *consejeros*, que a ellos les parecen totalmente naturales y evidentes, suponen para otros una enorme inspiración y les ayudan a ver la situación de una forma totalmente nueva y original.

Los problemas de otras personas absorben una gran parte del tiempo y la energía de los *consejeros*. Sin embargo, ser conscientes de haber podido ayudar a alguien representa para ellos una enorme alegría. Normalmente se sienten responsables de los demás y no pueden permanecer indiferentes ante los problemas ajenos. A veces, se empeñan en arreglar la vida de los demás o incluso tratan de hacer por ellos cosas que ellos mismos deberían hacer.

Pensamientos y percepción

Los *consejeros* piensan a largo plazo, y raramente reflexionan sobre los fracasos del pasado. Piensan globalmente y a largo plazo. Para ellos, es una alegría no solo la realización de los planes, sino también el propio proceso de planificación y el empeño para lograr el objetivo. El futuro les excita más que el presente. Miran los problemas con una perspectiva amplia, percibiendo diferentes aspectos de las cuestiones de las que se ocupan. Son capaces de trabajar, actuando al mismo tiempo en varios frentes distintos.

Sueñan con un mundo mejor y creen en la posibilidad de cumplir ese sueño. La visión que tienen de su sueño les motiva a actuar y les da energías. Normalmente les gustan los cambios y los desafíos. Aceptan con entusiasmo (sin espíritu crítico) las ideas y ocurrencias innovadoras. A menudo les interesa la realidad espiritual. También les afectan los problemas sociales. Por lo general, son igualitarios. Suele ocurrir que subordinan la vida a alguna idea, y a continuación la realizan de forma casi fanática.

Brújula interior

En la vida se guían por los valores que profesan y desconfían de las decisiones tomadas únicamente sobre la base de argumentos lógicos y racionales. Cuando alguien ataca su escala de valores o se comporta de una forma que atenta contra sus convicciones son capaces de protestar enérgicamente (sorprendiendo a la gente de su entorno, ya que normalmente se apartan dejando el paso a los demás y evitan la confrontación). En casos extremos están dispuestos a luchar por defender lo que les parece razonable y justo. Sin embargo, no se trata de una lucha por sus propios derechos (que por lo general dejan en segundo lugar), sino una defensa de los principios y normas de comportamiento que son, en su opinión, incuestionables.

A los ojos de los demás

Los *consejeros* normalmente son queridos por todos y tienen un increíble atractivo, y saben atraer a la gente. Incluso las personas más conservadoras y frías raramente quedarán indiferentes ante su encanto, ternura, cordialidad e interés sincero. Son vistos por los demás como personas con las que siempre se puede contar. Sus consejos ayudan a los demás a ver los problemas de otra forma, y las conversaciones con ellos les motivan a actuar y les suscitan confianza en sus propias fuerzas. Sin embargo, a algunos el optimismo de los *consejeros* les parece sospechoso, mientras que ellos mismos pueden ser demasiado idealistas, entusiastas y alejados de la realidad (e incluso ingenuos y crédulos).

A su vez a los *consejeros* les irrita de los demás el escepticismo, el pesimismo crónico, el marasmo y la falta de confianza en la posibilidad de cambiar. No son capaces de entender a los que pasan indiferentes junto al sufrimiento ajeno y no prestan atención a los sentimientos de los demás. Una vida dedicada únicamente a satisfacer las propias necesidades les parece muy pobre y privada de valores. Tampoco comprenden a las personas que no dan importancia a que haya un ambiente armonioso y cordial, ni a las que buscan conscientemente la confrontación. Ellos mismos son muy sensibles a la crítica y evitan a toda costa los conflictos y las situaciones desagradables.

Comunicación

En los contactos interpersonales demuestran tener tacto y una sensibilidad extraordinarios Son unos excelentes diplomáticos y siempre saben qué decir en una determinada situación. Son capaces de influir en otras personas, de modelar su comportamiento e incluso — por el bien del asunto tratado — de manipularlos. Normalmente son muy comunicativos y convincentes.

Prefieren la comunicación verbal y directa. Son conscientes de que las palabras tienen un enorme poder y son capaces de controlar lo que dicen. A veces meditan con antelación qué decir en una determinada situación e incluso imaginan la conversación que deben entablar. Suelen no temer miedo a aparecer en público, y son capaces de presentar sus puntos de vista de forma comprensible y clara. Hay una excepción, que son las situaciones en las que los valores que profesan no son compartidos por los demás, Entonces suelen no ser comprendidos.

Ante los conflictos

Para los *consejeros*, la clave para conseguir la satisfacción en la vida y en el trabajo radica en unas relaciones sanas con las personas. Cuando tienen constancia de un conflicto no resuelto en la familia o en el trabajo, esta carga les impide funcionar bien y no pueden concentrarse en sus obligaciones profesionales. Tampoco les gusta la soledad. Necesitan cariño, aceptación y cordialidad. Sin embargo, son capaces de llevar una vida feliz, incluso cuando sus necesidades no están satisfechas, pues lo que realmente les hace felices es darse a los demás.

Su umbral de tolerancia a la crítica es extraordinariamente bajo, y esto, junto a su tendencia a evitar cualquier situación desagradable, hace que ante un conflicto suelan rendirse, por lo que renuncian a luchar o aceptan unas condiciones desventajosas para ellos, solo para acabar con esa situación incómoda. Al actuar de esta forma, por desgracia, se exponen a tener experiencias similares —también incómodas— en el futuro.

Retos

Normalmente los *consejeros* llevan una vida activa y raramente tienen tiempo para descansar. En su tiempo libre, se implican a menudo en actividades sociales o simplemente ayudan a sus conocidos. Esto les proporciona una gran satisfacción, pero su baja asertividad y su incapacidad para decir «no» hacen que asuman demasiadas responsabilidades, por lo que suelen estar sobrecargados. Al querer reaccionar a todas las necesidades que aparecen, a menudo se distraen y no son capaces de concentrarse en aquello que es más importante.

Les gusta estar entre otras personas, aunque son muy sensibles y vulnerables. Su bajo nivel de tolerancia a la crítica hace que se tomen a pecho cada observación crítica, y que los comentarios negativos les afecten mucho. Además, no son capaces de aprovechar la ayuda de los demás. También soportan mal la soledad prolongada. Cuando están separados de la gente les invaden pensamientos negros y caen en la apatía.

Aspecto social de la personalidad

Los *consejeros* se sienten bien entre otras personas. Para ellos las relaciones sociales son una de las cosas más importantes de la vida. Ponen en ellas mucha energía y son extraordinariamente leales. En los contactos interpersonales valoran la aceptación, la sinceridad, la profundidad y la cordialidad. Perciben antes que los demás las emociones, los sentimientos y las necesidades de otras personas. También son extraordinariamente sensibles: soportan mal la frialdad, la indiferencia y la crítica.

Por lo general, son muy abiertos y amistosos. Saben expresar sus emociones y sentimientos y comparten de buen grado sus experiencias. Su actitud hacia las personas es muy positiva y entusiasta: creen en ellas y desean sinceramente que sean felices. Se identifican con ellas y viven sus alegrías y sus penas. A menudo experimentan — casi físicamente — el sufrimiento ajeno. La felicidad de los demás hace que, a su vez, ellos mismos se sientan felices.

Cuando están entre otras personas, les dedican totalmente su atención y raramente se dedican a jactarse de sí mismos, de sus logros o de sus puntos de vista (aunque si existe tal necesidad son capaces de verbalizarlos claramente).

Entre amigos

Los *consejeros* rebosan energía, optimismo y sentido del humor. Son queridos por todos y atraen a los demás. Siempre se puede contar con ellos. Son naturales, saben escuchar y se interesan sinceramente por la vida y los problemas de los demás. Todo esto hace de ellos unos candidatos casi ideales para ser amigos. Su aceptación, comprensión e interés sincero hacen que las personas, junto a ellos, se sientan más valiosas y mejores.

Los *consejeros* son unos amigos fieles y unos confidentes de confianza. Levantan el ánimo de sus amigos y les dan confianza en sus propias fuerzas. Perciben en ellos su potencial oculto y les hacen ver sus posibilidades y ayudar a los amigos es para ellos algo totalmente natural que les proporciona una gran alegría. Su actitud positiva hacia la gente hace que algunas veces no sean capaces de decir que no, y dejan que otros se aprovechen de ellos.

Por lo general, establecen relaciones sanas y amistosas con todas las personas, independientemente de su tipo de personalidad. Sin embargo, hacen amistad más frecuentemente con *entusiastas*, *mentores*, *defensores* y otros *consejeros*. Más raramente lo hacen con *pragmáticos*, *animadores* e *inspectores*.

En el matrimonio

Tratan el matrimonio como una unión para toda la vida. Ellos aportan a esta unión una gran carga de ternura, cariño, aceptación y sentido del humor. Ellos esperan lo mismo y sufren cuando sus parejas no les muestran amor y afecto. Sin embargo, normalmente no hacen de esto un gran problema, ya que pueden ser felices por el simple hecho de darse (así que parcialmente les llega la felicidad de los demás). Son fieles, leales y extraordinariamente entregados.

Ven en sus maridos/esposas lo que es mejor de ellos: los aceptan, los apoyan y más de una vez también los disculpan. En sus relaciones, sin embargo, a menudo se rompe el equilibrio entre dar y recibir. Los *consejeros* dan mucho más de lo que reciben. Al concentrarse en la felicidad de la otra persona raramente luchan por sus derechos y no verbalizan sus necesidades. En lugar de esto «evalúan» regularmente el estado de las relaciones mutuas y del estado emocional de sus maridos/esposas (por ejemplo, preguntando cómo se sienten), algo que para algunos puede ser molesto.

CONSEJERO (ENFJ)

Un problema general de los *consejeros* es su bajo umbral de tolerancia a la crítica. Les hieren las observaciones rudas y los comentarios directos de sus parejas, que son menos sensibles. También evitan a toda costa los conflictos y las conversaciones desagradables. Normalmente prefieren sufrir antes que llamar la atención a alguien por un comportamiento inadecuado. También les cuesta renunciar a matrimonios destructivos, por lo que a menudo permanecen durante mucho tiempo en relaciones tóxicas. Ante los problemas matrimoniales están dispuestos a sacrificarse y trabajar duro para salvaguardar la relación. Cuando sus esfuerzos no dan resultados, tienen tendencia a culparse del fracaso. Cuando su matrimonio se acaba rompiendo, reflexionan sobre los errores cometidos. Sin embargo, normalmente si no hay otro remedio, lo asumen y aceptan la separación.

Los candidatos naturales a maridos/esposas de los *consejeros* son personas de tipos de personalidad afines: *entusiastas*, *mentores* o *idealistas*. En estos matrimonios es más fácil crear una comprensión mutua y unas relaciones armoniosas. Sin embargo, la experiencia muestra que las personas pueden crear relaciones exitosas y felices también a pesar de una evidente disconformidad tipológica.

Como padres

Los *consejeros* son unos padres responsables. Tratan con seriedad sus obligaciones con los hijos y son conscientes de la importancia de unas relaciones adecuadas con ellos. Intentan transmitirles los valores en los que ellos mismos creen y desean ser para ellos un buen ejemplo. Les muestran mucho cariño, cordialidad y solicitud. No escatiman con ellos elogios ni palabras de aliento. Aceptan a los hijos tal como son, y hacen que ellos lo sientan así. Sin embargo, son capaces de emplear la disciplina cuando es necesario. Les inculcan las normas y los principios de comportamiento, gracias a los cuales podrán vivir de manera ordenada. Desean que sus hijos vean la diferencia que hay entre un comportamiento apropiado y otro censurable, y que sean capaces de hacer las elecciones adecuadas. Los padres *consejeros* se preocupan para que a sus hijos no les falte nada y están continuamente presentes en sus vidas. Se ponen en su lugar y — en función de las necesidades — los consuelan, los animan, los motivan o les inspiran ideas. Siempre los acompañan en los momentos difíciles, y normalmente se dan cuenta de sus problemas.

Los *consejeros* son capaces de influir en el comportamiento de sus hijos. Normalmente usan esto para un buen fin (por ejemplo, refuerzan su autoestima), aunque a veces intentan manipularlos. También tienen tendencia a sustituir a los hijos, haciendo por ellos lo que éstos deberían hacer, con lo que les privan de la ocasión de experimentar y aprender de los errores. Los hijos mayores se quejan a veces de que los padres *consejeros* se inmiscuyen demasiado en sus vidas. Cansados de su sobreprotección y su excesivo — en su opinión — control, a veces envidian la libertad y la independencia de otros niños de su edad. Más tarde, desde la perspectiva del tiempo, suelen estar, sin embargo, muy agradecidos a sus padres por haberles rodeado de amor, haber sido para ellos un apoyo, y por haberles enseñado a distinguir el bien del mal.

Trabajo y carrera profesional

Los *consejeros* soportan muy bien los cambios, aprenden de buen grado cosas nuevas y les gustan los desafíos. Son capaces de implicarse con todo su corazón en la realización de los objetivos en los que creen. No tienen miedo a las tareas innovadoras ni a los proyectos pioneros. Sin embargo, les gusta el orden, la estructura, la buena organización y unas normas claras y sencillas. Es difícil despertar en ellos entusiasmo para trabajar en proyectos que están poco preparados o cuyos objetivos están definidos de forma poco clara. Prefieren las soluciones sencillas, por esa razón intentan simplificar los procedimientos complicados y reducir los sistemas complejos. Son buenos organizadores, les gusta actuar siguiendo un plan y tratan muy seriamente sus obligaciones. Al tomar una decisión no solo tienen en cuenta las premisas objetivas y los cálculos económicos, sino también el impacto de una determinada decisión sobre la vida de las personas. Por lo general, consideran que los cambios que afectan a los trabajadores deberían ser acordados con ellos o, al menos, consultados.

En equipo

Les satisface enormemente un trabajo que requiera contacto con otras personas. Trabajan de buen grado en empresas e instituciones cuya actividad tenga como objetivo solucionar los problemas de la gente o mejorar sus condiciones de vida. Encajan perfectamente en departamentos de atención al cliente y en consultorios o centros de asistencia social. Manejan muy bien las tareas que requieren habilidades interpersonales. Cuando trabajan en equipo dan ayuda a los demás empleados (en este aspecto van bastante más allá de sus obligaciones laborales).

Son capaces de crear un ambiente cordial y amistoso, y de generar compromiso. Influyen positivamente sobre sus compañeros de trabajo: los motivan, los inspiran y les contagian optimismo y suscitan confianza en el éxito. No están a gusto en corporaciones deshumanizadas, en las que no se tienen en cuenta las emociones, los sentimientos ni las necesidades de los trabajadores, así como en instituciones en las que las personas desempeñan la función de «piñones de una máquina». Para ellos, son muy importantes las relaciones sinceras, naturales y directas con los demás compañeros de trabajo. No les gustan los entornos en los que los contactos entre el personal están formalizados y el intercambio de información tiene lugar únicamente en el marco de procedimientos rígidamente definidos. Les cuesta encontrarse a gusto en equipos dominados por empleados fríos y de pocas palabras. Tampoco les gustan las tareas que requieran muchas acciones rutinarias, seguir instrucciones detalladas ni procesar una gran cantidad de datos. Normalmente, se distraen con facilidad. Cuando en horas de trabajo alguien les pide un consejo, son capaces de olvidarse totalmente de la tarea que están realizando y entregarse totalmente a la conversación.

Superiores

Los *consejeros* valoran a los superiores que proceden según los principios que ellos mismos profesan, proporcionan a sus subordinados libertad en la realización de las tareas y respetan su estilo de trabajo individual. Cuando ellos mismos se convierten en superiores (cosa que ocurre con frecuencia), actúan de la misma forma. El trabajo en puestos de dirección significa normalmente para ellos un gran estrés, ya que deben hacer frente a situaciones desagradables (que por lo general prefieren evitar) y deben guiarse ante todo por el interés económico de la empresa, lo que no siempre es beneficioso para sus subordinados. Por este motivo, experimentan una gran incomodidad. Una posible fuente de problemas también puede resultar de su tendencia a tomar prematuramente ciertas decisiones.

Profesiones

El conocimiento del perfil de personalidad propio y de las preferencias naturales es una ayuda inestimable a la hora de elegir la carrera profesional óptima. La experiencia muestra que los *consejeros* pueden trabajar con éxito y sentirse realizados en diferentes campos, aunque su tipo de personalidad los predispone de forma natural para profesiones tales como:

- actor,
- agente de viajes,
- asistente social,
- científico,
- coach,
- consejero,

- consultor,
- diplomático,
- director,
- escritor,
- especialista en marketing,
- especialista en relaciones laborales,
- especialista en RRPP,
- fisioterapeuta,
- formador,
- mánager,
- médico,
- músico,
- policía,
- político,
- profesor,
- psicólogo,
- psiquiatra,
- redactor,
- reportero,
- representante comercial,
- sacerdote,
- sanitario.

Potenciales puntos fuertes y débiles

Los *consejeros*, al igual que otros tipos de personalidad, tienen potenciales puntos fuertes y débiles. Este potencial puede ser gestionado de diferentes formas. La felicidad personal y la realización profesional de los *consejeros* dependen de si aprovechan las oportunidades relacionadas con su tipo de personalidad y de si hacen frente a las amenazas que les acechan. He aquí un RESUMEN de estas oportunidades y amenazas:

Puntos fuertes potenciales

Los *consejeros* son enérgicos y optimistas. Son leales, fieles y concienzudos. Se puede confiar en ellos. Son responsables, ordenados y bien organizados. Piensan globalmente y a largo plazo. Miran los problemas con una perspectiva amplia, percibiendo diferentes aspectos de los problemas de los que se ocupan. Viven según los valores que profesan. Cuando la situación lo requiere son capaces de defenderlos, sin temer las consecuencias. Expresan abiertamente sus sentimientos y emociones. Son buenos oradores y pueden expresar sus ideas de forma clara y convincente. Sin embargo, no imponen sus puntos de vista a los demás y tampoco exponen su propia persona. Se ocupan de los demás, se interesan por ellos. No escatiman tiempo con ellos y están dispuestos a adaptarse a ellos y hacer frente a sus necesidades, si de esta forma pueden ayudarles a resolver sus problemas o cambiar su vida a mejor.

En los contactos interpersonales demuestran tener un tacto y una sensibilidad extraordinarios. Son unos excelentes diplomáticos. Tienen unas extraordinarias habilidades interpersonales y el enorme don de la empatía. Perciben las emociones y los sentimientos de otras personas. Son muy abiertos con los demás, se interesan sinceramente por sus problemas y les ayudan de buen grado. Tienen una intuición desarrollada y son muy observadores. Son capaces de «penetrar» en las demás personas y leer sus pensamientos, intenciones y motivos. También perciben rápidamente los problemas en las relaciones interpersonales. Tienen el don de la persuasión y son personas que buscan el consenso. Son capaces de edificar una comprensión mutua y de ayudar a encontrar soluciones que sean beneficiosas para todas las partes. Son brillantes, amables e ingeniosos.

Los *consejeros* son también unos excelentes oradores: tienen la poco común capacidad de escuchar a los demás. Son capaces de sacar lo mejor de ellos. Perciben en ellos el potencial y las posibilidades no advertidas por otros. Les inspiran a actuar, los motivan, los animan y hacen que la gente empiece a creer en sus propias fuerzas. También tienen el don natural de atraer a las personas: son amigos y compañeros de trabajo deseables. Su encanto, ternura, cordialidad y actitud natural de aceptación e interés sincero hacen que a los demás les guste estar en su compañía (se sienten apreciados y valiosos). También son líderes naturales: son capaces de arrastrar a la gente tras ellos y contagiarles su visión y confianza en el éxito.

Puntos débiles potenciales

Los *consejeros* se caracterizan por un optimismo y un idealismo extremos. Normalmente ven la realidad de color rosa y tienen tendencia a dejar al margen los fenómenos negativos, o no percibir las limitaciones y las amenazas. Normalmente sus ideas están apartadas de la realidad. Son propensos a subordinar toda su vida a la realización de una idea principal, lo que puede estrechar su mundo y limitar sus horizontes. Suelen ser críticos y recelosos ante las opiniones y puntos de vista que se apartan considerablemente de los suyos. También suelen tener tendencia a hacer por los demás las cosas que ellos mismos deberían hacer (y a veces también a manipular a las personas). Pueden llegar a ser sobreprotectores o dominantes.

Se manejan muy mal en situaciones de conflicto y tienen un nivel de tolerancia muy bajo a las críticas por parte de otras personas. A menudo prefieren acallar los problemas o el comportamiento indebido de alguien, a mantener una conversación difícil. Evitan a cualquier costa las situaciones desagradables, por eso pueden tener cierta tendencia a hacer concesiones prematuras y a rendirse rápidamente, renunciando a luchar por sus propios derechos. A menudo tienen problemas para acabar con las relaciones destructivas y tóxicas. No aprecian sus propios logros y rebajan su papel en los éxitos, también tienen tendencia a atribuirse la culpa por los fracasos. Además, pueden tener dificultades para adaptarse a las normas y las formas admitidas por la sociedad.

Por lo general, son poco flexibles y no se las arreglan del todo bien en situaciones que requieran improvisación. También les cuesta tomar decisiones a partir de premisas puramente racionales y lógicas, sin referirse al contexto social. A menudo, la conciencia de que una determinada decisión puede influir negativamente sobre la vida de otras personas les paraliza y hace que no sean capaces de valorar sobriamente la situación y emprender las acciones necesarias. Por el mismo motivo, también tienen a veces problemas para realizar evaluaciones objetivas. La sensibilidad a las opiniones y valoraciones de otras personas hace que les cueste funcionar en un entorno poco amistoso (y mucho más en uno hostil). Su tendencia al perfeccionismo pueden reducir la eficiencia de sus acciones (mejoran cosas que ya son suficientemente buenas). Normalmente dedican demasiado poco tiempo a reflexionar sobre su propia vida y sus prioridades. Al concentrarse en las necesidades de los demás, a menudo se olvidan de las propias.

Desarrollo personal

El desarrollo personal de los *consejeros* depende del grado en que utilizan su potencial natural y se sobreponen a los riesgos relacionados con su tipo de personalidad. Los siguientes consejos prácticos constituyen un decálogo característico del *consejero*.

Concéntrate

No puedes ayudar a todas las personas y solucionar todos los problemas. Concéntrate en lo que es más importante para ti, y no permitas que te distraigan asuntos de menor importancia. Al hacer esto, evitarás la frustración y lograrás hacer más cosas.

No tengas miedo a las críticas

No temas expresar tus opiniones críticas ni aceptar las críticas de otros. La crítica puede ser constructiva y no tiene por qué significar un ataque a las personas o un socavamiento de sus valores.

Piensa en ti

Considera cuáles son tus propias necesidades y encuentra tiempo para reflexionar sobre tu propia vida. No dejes que te utilicen y aprende a decir no. Si quieres ayudar eficazmente a otras personas, también tienes que preocuparte por ti mismo.

Deja de mejorar y empieza a actuar

En lugar de pensar en cómo mejorar lo que planeas hacer, simplemente hazlo. En caso contrario, pasarás el resto de tu vida perfeccionando tus planes. Es mejor hacer algo bueno (no necesariamente perfecto) que no hacer nada.

No temas los conflictos

Incluso en el círculo de las personas más próximas a veces se producen controversias. Sin embargo, los conflictos no necesariamente deben ser destructivos; ¡suelen ayudar a darse cuenta de los problemas y a solucionarlos! En las situaciones de conflicto no escondas la cabeza bajo la arena, sino que expresa abiertamente tu punto de vista y tus impresiones relacionadas con una determinada situación.

Sé más práctico

Tienes una tendencia natural a las propuestas idealistas, que suelen estar alejadas de la vida. Piensa en sus aspectos prácticos: en cómo realizarlas en el mundo real e imperfecto en el que vivimos.

Reconoce que puedes equivocarte

Nadie es infalible. Los demás pueden tener toda o parte de la razón, mientras que tú puedes estar equivocado en parte o totalmente. Acepta esto y aprende a reconocer los errores.

Pregunta

No supongas que el silencio de otras personas significa indiferencia u hostilidad. Si de verdad quieres saber lo que piensan, pregúntales.

No hagas por los demás lo que ellos mismos deberían hacer

Ayuda a las personas a descubrir su potencial y motívalos a actuar, pero deja que hagan lo que les corresponde. No puedes vivir por ellos, así que déjales encargarse de estos asuntos por ellos mismos, permíteles que actúen y aprendan de sus errores.

Descansa

Intenta alejarte a veces de las obligaciones y hacer algo por puro placer, relax o diversión. Esto te permitirá conseguir una mejor perspectiva y volver a tus tareas con la mente fresca.

Personas conocidas

La lista de personas conocidas que se corresponden con el perfil de *consejero* incluye, entre otros, los siguientes nombres:
- **Abraham Maslow** (1908 - 1970), psicólogo estadounidense, autor de la teoría de la jerarquía de las necesidades, uno de los más importantes representantes de la corriente de la psicología humanista y transpersonal;
- **Abraham Lincoln** (1809 - 1865), décimo sexto presidente de los Estados Unidos;

CONSEJERO (ENFJ)

- **Ronald Reagan** (1911 - 2004), cuadragésimo presidente de los Estados Unidos;
- **François Mitterrand** (1916 - 1996), presidente de Francia (en los años 1981 - 1995);
- **Juan Pablo II**, realmente Karol Wojtyła (1920 - 2005), sacerdote polaco católico, arzobispo de Cracovia; cardenal, papa (1978 - 2005);
- **Sean Connery** (1930 - 2020), actor de cine escocés (entre otras películas, *El nombre de la rosa*), ganador de numerosos galardones prestigiosos;
- **Mijaíl Gorbachov** (1931 - 2022), político y reformador ruso, último dirigente del Partido Comunista de la Unión Soviética y único presidente de la URSS;
- **Tommy Lee Jones** (n. 1946), actor de cine estadounidense (entre otras películas, *Hombres de negro*);
- **Kirstie Alley**, realmente Gladys Leeman (1951 - 2022), actriz de cine estadounidense (entre otras películas, *Mira quién habla*);
- **Patrick Swayze** (1952 - 2009), actor de cine estadounidense (entre otras películas, *Dirty Dancing*), bailarín, escritor y coreógrafo;
- **Tony Blair**, realmente Anthony Charles Lynton Blair (n. 1953), exdirigente del Partido Laborista y ex primer ministro del Reino Unido;
- **Barack Obama** (n. 1961), cuadragésimo cuarto presidente de los Estados Unidos;
- **Samuel Leroy Jackson** (n. 1948), actor estadounidense (*Parque jurásico*) y productor de cine;
- **Johnny Depp**, realmente John Christopher Depp II (n. 1963), actor de cine estadounidense (entre otras películas, *Piratas del Caribe*);

- **Ben Stiller** (n. 1965), actor de cine estadounidense (entre otras películas, *Los padres de él*), director y productor.

Defensor (ESFJ)

TIPOLOGÍA DE PERSONALIDAD ID16™©

La personalidad a grandes rasgos

Lema vital: *¿Cómo puedo ayudarte?*

Entusiasta, enérgico y bien organizado. Práctico, responsable, concienzudo. Cordial y extraordinariamente sociable.

Percibe los sentimientos humanos, las emociones y necesidades. Valora la armonía. Soporta mal la crítica y los conflictos. Es sensible a todas las manifestaciones de injusticia y protesta cuando ve que lastiman a otras personas. Se interesa sinceramente por los problemas de los demás y siente una verdadera alegría al ayudarlos. Al velar por sus necesidades a menudo desatiende las suyas propias. Tiene tendencia a hacer por los demás cosas que ellos mismos deberían hacer. Suele ser susceptible a la manipulación.

Tendencias naturales del *defensor*:

- Fuente de energía vital: mundo exterior.
- Asimilación de información: sentidos.
- Toma de decisiones: corazón.
- Estilo de vida: organizado.

Tipos de personalidad similares:

- *Presentador*
- *Protector*
- *Artista*

Datos estadísticos:

- Los *defensores* constituyen el 10-13% de la población.
- Entre los *defensores* predominan claramente las mujeres (70%).
- El país que se corresponde con el perfil de *defensor* es Canadá[6].

Código literal:

El código literal universal del *defensor* en las tipologías de personalidad de Jung es ESFJ.

Características generales

A los *defensores* les gustan otras personas y se interesan sinceramente por sus vivencias y problemas. Son capaces de alegrarse con su alegría y de identificarse con su sufrimiento. Leen perfectamente los sentimientos y emociones humanos. También son conscientes de sus propios sentimientos: son capaces de expresarlos y hablar de ellos. Normalmente es muy fácil conocerlos y acercarse a ellos. Son abiertos y naturales. Establecen rápidamente contacto con los demás y les resulta fácil encontrar un lenguaje común. Los rasgos de los *defensores* que atraen a la gente son la empatía, la ternura, la solicitud, la cordialidad y la energía positiva. A

---

[6] Esto no quiere decir que todos los habitantes de Canadá pertenezcan a este tipo de personalidad, sino que la sociedad canadiense, en su conjunto, tiene muchas características del *defensor*.

menudo, ya desde el primer encuentro se tiene la sensación de conocerlos desde hace tiempo.

Actitud ante los demás

Los *defensores* perciben antes que los demás las necesidades de otras personas y no escatiman tiempo ni energías para ayudarlas. Son sensibles al daño humano y a todas las manifestaciones de injusticia. Su compasión y empatía les empuja a actuar: salen en defensa de los perjudicados e intentan resolver sus problemas. No pueden pasar indiferentes junto a ellos. A menudo se convierten de manera totalmente natural en defensores de aquellos que no son capaces de defenderse por sí mismos (de ahí el nombre de este tipo de personalidad).

Por naturaleza piensan positivamente en los demás. A veces no quieren asumir que los familiares, amigos o colaboradores puedan tener defectos o cometer errores. Algunas veces — a pesar de que haya pruebas evidentes — son capaces de defenderlos y creer ciegamente en su inocencia hasta el final.

Percepción y pensamientos

Los *defensores* son unos excelentes observadores y destacan por su capacidad para percibir. Perciben y recuerdan rápidamente los detalles y hechos importantes para ellos. Les interesa el mundo exterior y suelen estar bien informados. Saben qué les ocurre a sus amigos y qué pasa en su entorno más cercano.

Son prácticos por naturaleza. Aprenden a través de la acción y la resolución de problemas. Les aburren los argumentos teóricos y abstractos, los conceptos separados de la vida. Prefieren resolver problemas prácticos relativos a personas concretas, encontrando soluciones que pueden mejorar la calidad de sus vidas o disminuir su sufrimiento. También se caracterizan por su sentido estético y su afición por el orden. Sus casas y lugares de trabajo son normalmente un buen reflejo de su personalidad.

Percepción del mundo

Los *defensores* desconfían de presentimientos e intuiciones. Prefieren basarse en datos sólidos y en hechos. Sin embargo, no son personas que se basen únicamente en la pura lógica y el cálculo. Para ellos también es muy importante el aspecto humano, y por eso siempre se preguntan cómo una determinada decisión o acción influye sobre los demás y cómo será recibida. El entorno tiene una influencia considerable en su forma de percibir el mundo y en sus puntos de vista. Sin embargo, no son de esos que cambian frecuentemente de convicciones. Al igual que en otras áreas, también en esta suelen ser extraordinariamente firmes, a veces incluso hasta dogmáticos. No suelen ocultar sus puntos de vista. Los expresan de forma abierta, aunque lo hacen con muchísimo tacto. Cuando hablan con alguien, raramente lo hacen atacando o buscando la confrontación.

A menudo los *defensores* perciben la realidad en blanco y negro, privada de tonos grises. Su mundo es extraordinariamente ordenado: las cosas son o buenas o malas. A veces están dispuestos incluso a retocarlas ligeramente para poder incluirlas en una determinada categoría. Por lo general, les cuesta entender los puntos de vista de los demás. A menudo ni siquiera intentan ver los problemas desde su perspectiva. Suponen que su propia percepción del mundo es la más adecuada y que saben bien lo que es bueno para los demás. A veces una consecuencia de esta actitud es pretender hacer felices a la gente a la fuerza.

Decisiones

Las decisiones de las que están convencidos las toman rápidamente. A veces demasiado rápido. A pesar de su característico pragmatismo, pueden actuar bajo la influencia de un impulso emocional. Tampoco piensan siempre en las consecuencias a largo plazo de sus acciones. Sin embargo, siempre tienen en cuenta cómo una determinada decisión o comportamiento es recibido por el entorno. Normalmente consultan las decisiones más importantes con sus familiares y colaboradores, y toman en consideración sus opiniones. Les cuesta más tomar decisiones que pueden provocar desagrado a otras personas o ser mal recibidas por el entorno. A menudo las dejan para más adelante o simplemente huyen de ellas.

Cuando sus emociones se apoderan de ellos, y les parece que se avecina un sufrimiento, o les parece que pueden herir los sentimientos de otras personas, a menudo se apodera de ellos una parálisis tal, que no les permite tomar decisiones. Un problema que suelen tener los *defensores* es que son poco asertivos y susceptibles a la manipulación y a ser utilizados por parte de los demás. Su virtud es, en cambio, la perseverancia. Cuando toman alguna decisión y se ponen a trabajaren ello, uno puede estar seguro de que llevarán la tarea hasta el final, venciendo los obstáculos y las adversidades.

Ante los cambios

A los *defensores* no les gustan los cambios. Sin embargo, se las arreglan bien con sus consecuencias prácticas (por ejemplo, una reorganización del trabajo), pero por naturaleza son sentimentales y perciben cada cambio como el final de una etapa de la vida, que ya no volverá. Por lo general, necesitan más tiempo para acostumbrarse a los cambios. En tales situaciones les ayuda conversar con otras personas y la posibilidad de compartir con alguien sus pensamientos y temores.

Por naturaleza, les gusta la estabilidad, lo previsible, un ritmo ordenado del día e incluso la rutina. Todo esto les aporta una sensación de seguridad y continuidad. Se sienten incómodos con los cambios repentinos de planes y acontecimientos. En su vida, valoran lo que es perdurable e invariable (por ejemplo, sienten respeto por las instituciones u organizaciones con una larga historia).

A los ojos de los demás

Los *defensores* tienen fama de prácticos, emprendedores y activos. Normalmente son percibidos como muy cordiales, solícitos y llenos de ternura. Las personas saben que pueden contar con su ayuda. Sin embargo, a algunos les irrita su poca flexibilidad, su locuacidad, y que no son comedidos a la hora de dar consejos a los demás; también les irrita que cuando son criticados, su reacción suele ser inadecuada.

A su vez a los *defensores* les irrita sobremanera en los demás la descortesía, la pereza, la dejadez, la negligencia y la informalidad.

Resolución de problemas

A los *defensores* les gusta resolver problemas concretos y ayudan de buen grado a los demás. La visión de un cambio positivo en la vida de las personas les motiva a actuar. Perciben más rápido que los demás los problemas de la gente y se implican para ayudar, algunas veces desatendiendo sus propias necesidades. Por lo general, les es más fácil ayudar a los demás que pedir ayuda para la resolución de sus propios problemas.

No son partidarios de asumir tareas de carácter teórico y abstracto. Se caracterizan por su pragmatismo: solo les interesan las soluciones eficaces a problemas reales. Les gusta crear sistemas lógicos y ordenados. A menudo son autores de soluciones efectivas que aportan una ayuda real a personas o comunidades concretas. Sin embargo, prefieren actuar con métodos probados. Suelen ser desconfiados ante las soluciones innovadoras y experimentales. Aquellos que buscan métodos alternativos puede que perciban a los *defensores* como personas poco flexibles y demasiado tradicionales en su forma de enfocar los problemas.

DEFENSOR (ESFJ)

Por lo general, los *defensores* intentan evitar las confrontaciones. Ante un conflicto prefieren ceder terreno o retirarse para evitar la lucha, las disputas y las riñas. Sin embargo, si se percatan de una injusticia evidente o de un daño hecho a otras personas son capaces de luchar en defensa de una causa justa.

A menudo, intervienen en nombre de otros y se ponen de parte de los perjudicados. Suelen ser la voz de aquellos que — por diversos motivos — no pueden defender por sí mismos sus intereses. Se implican con más frecuencia que los demás en la actividad de organizaciones sociales o en la ayuda espontánea a los necesitados. Esto les proporciona una verdadera alegría. La conciencia de que pudieron ayudar a alguien, que dieron a otros ánimos, que la vida de alguien cambió a mejor, es para ellos una fuente de felicidad y satisfacción personal. La simpatía, el reconocimiento y la gratitud por parte de otras personas les proporcionan energía. A su vez lo que les desanima es la ingratitud humana y el potencial no aprovechado. Les cuesta aceptar que alguien no se deje ayudar y no quiera tomar una mano tendida.

Comunicación

Los *defensores* expresan abiertamente sus convicciones. Normalmente no tienen miedo a hablar en público. Son capaces de tomar la palabra en un grupo o de dirigir una reunión. Además son excelentes diplomáticos. Saben qué decir y cuándo decirlo. Tienen mucho tacto y son muy delicados. Al presentar sus opiniones lo hacen sin ofender a los demás. Intentan expresar hasta las observaciones críticas de forma amable y sutil, para no desagradar a los demás. Los interlocutores menos sensibles, acostumbrados a una comunicación más directa, pueden incluso no percibir la crítica contenida en sus palabras.

Los *defensores* se alegran sinceramente de los éxitos de otras personas y no dudan en expresar su reconocimiento y admiración. No escatiman elogios a los demás y sus palabras sinceras de reconocimiento proporcionan a las personas energía y suscitan confianza en sí mismos. También las buenas palabras de otras personas dan fuerzas a los *defensores*. Lo que les corta las alas es la hostilidad, la ingratitud y la descortesía por parte de otros.

Ante el estrés

A los *defensores* les gusta la actividad y la acción práctica. Son capaces de trabajar bien, pero también de pasarlo bien. Normalmente son personas muy ocupadas, no solo por su actividad profesional, sino también por la ayuda a los demás. A menudo cargan sobre sus hombros más de lo que pueden llevar. Como consecuencia de la sobrecarga y el estrés, pueden volverse sarcásticos o lamentarse de su destino (por ejemplo, adoptando el papel de víctimas y mártires), así como perder la sensación de su propio valor e imaginar diversos escenarios pesimistas para el futuro. La crítica, el rechazo, la falta de aceptación e incluso la simple indiferencia por parte de otras personas son para ellos una fuente de tensiones.

Aspecto social de la personalidad

A los *defensores* les gustan las personas. Para ellos son importantes las relaciones armoniosas, amigables y cálidas. No soportan a aquellos que de forma consciente fastidian el buen ambiente y hacen comentarios desagradables o critican abiertamente a los demás. Tampoco comprenden a aquellos que son capaces de debatir durante meses sobre objetivos y tareas por hacer, pero no emprenden ninguna acción práctica. Los *defensores* valoran a las personas concretas, objetivas y concienzudas, que no tienen miedo al trabajo duro y que ante los problemas hacen un esfuerzo para enfrentarse a ellos. Respetan su actitud incluso cuando su actuación no aporta el resultado deseado. Para ellos, no solo es importante el resultado, sino también el propio empeño y el compromiso. No comprenden a los que — ante los desafíos — se rinden fácilmente, sin intentarlo. También les irrita la pereza y la negligencia.

Los *defensores* se sienten responsables de los demás. Les gusta actuar en su nombre y ayudarlos. Algunas veces asumen el papel de defensores ajenos, a pesar de que los demás no quieran en absoluto que nadie les represente, ayude o reforme sus vidas a la fuerza.

Normalmente son propensos a ceder ante los demás para evitar las tensiones. Por el bien de los demás, también son capaces de renunciar a sus propios placeres. Cuando afrontan problemas, a menudo no permiten que eso se note, ya que no quieren cargar a los demás con sus preocupaciones. Normalmente tampoco expresan exteriormente su descontento. Tienen tendencia a ocultar en su interior sus emociones. Sin embargo, tras un prolongado periodo de bloqueo pueden llegar, para gran sorpresa del entorno, a una explosión incontrolada.

Los *defensores* tienen tendencia a idealizar a sus familiares, amigos y colaboradores. El rechazo o la traición por parte de personas que les son queridas suele ser para ellos un verdadero drama. En un momento dado puede parecerles que todo su mundo se derrumba. También soportan mal un prolongado aislamiento y la soledad.

Entre amigos

Los *defensores* son cordiales y empáticos. Se interesan sinceramente por otras personas y son unos amigos muy entregados y fieles. Siempre se puede contar con su apoyo y su ayuda es desinteresada. No tratan la amistad de forma instrumental, por ejemplo, como una forma de autopromoción o una herramienta para forjar su carrera.

Valoran mucho la sinceridad y el carácter abierto. Perciben en los demás el potencial positivo y son capaces de sacar lo mejor de ellos. De ahí que la gente se sienta atraída hacia ellos, por lo que suelen agradar a todo el mundo. Normalmente están rodeados de muchos amigos y conocidos. Les dedican de buen grado su tiempo, por lo que a veces no se reservan tiempo para ellos mismos, e incluso descuidan sus propias necesidades.

Los amigos son una parte muy importante de sus vidas (para ellos solo es más importante la familia). Su propia felicidad depende en gran medida de la felicidad de sus amigos y de unos vínculos sanos con ellos. Si tienen la oportunidad, les abren gustosamente su casa. Les encanta pasar tiempo en su compañía y privados de su contacto se sienten separados de su fuente de energía. Están a gusto en las reuniones de amigos y los demás también disfrutan mucho de su compañía; en su presencia ganan confianza en sí mismos y se sienten aceptados, más fuertes y mejores.

Al mostrar a los demás respeto, ternura, interés sincero y aceptación esperan una actitud similar de ellos. La conciencia de que son queridos y valorados les da alas y les hace felices. Sin embargo, llevan muy mal la indiferencia y la crítica por parte de otros. Entre los amigos y conocidos de los *defensores* pueden encontrarse personas de diferentes tipos de personalidad: Sin embargo, entablan amistad más frecuentemente con *presentadores*, *protectores*, *consejeros* y otros *defensores*. Menos frecuentemente con *lógicos*, *innovadores* y *estrategas*.

En el matrimonio

Los *defensores* valoran la estabilidad: para ellos la familia es una de las cosas más importantes de la vida. Unos lazos familiares sanos les dan una sensación de seguridad y son los cimientos de su vida. Tratan sus obligaciones a conciencia. Por ejemplo, la alianza matrimonial es para ellos algo sagrado. Aman el hogar familiar y les encanta estar casa. Adoran las fiestas familiares y son unos excelentes anfitriones y maestros de ceremonias. Normalmente apuestan por la tradicional división de papeles en el matrimonio y se las arreglan perfectamente con las obligaciones domésticas diarias.

El ideal que persiguen es una vida familiar armoniosa y tranquila, así como la felicidad de sus familiares. Ponen mucha energía en la realización de este ideal. Incluso cuando están sobrecargados por las obligaciones (lo que por desgracia ocurre a menudo) no desatienden a la familia y no pierden de vista a los más cercanos. Su primera prioridad en la vida son sus seres queridos. Los *defensores* no escatiman los cumplidos, las palabras cálidas y los gestos cordiales y siempre recuerdan sus cumpleaños y aniversarios importantes. Ellos mismos también necesitan ternura, cercanía y muestras de afecto. Soportan muy mal la frialdad, la indiferencia y la crítica.

Generalmente evitan abordar temas delicados. Prefieren callar los problemas, sufrirlos con paciencia o aparentar que no existen. También tienen tendencia a idealizar a sus familiares y a no ver sus defectos, así como a culparse de los problemas en la familia. Los candidatos naturales a maridos/esposas de los *defensores* son personas de tipos de personalidad afines: *presentadores, protectores* o *artistas*. En estos matrimonios es más sencillo crear una comprensión mutua y unas relaciones armoniosas. Sin embargo, la experiencia muestra que las personas pueden crear relaciones exitosas y felices también a pesar de una evidente — al menos aparente — disconformidad tipológica. Aún más, las diferencias entre los cónyuges pueden aportar dinámica a estas relaciones y ayudar al desarrollo personal.

Como padres

Los *defensores* son padres extraordinariamente solícitos y se toman muy en serio sus obligaciones como padres. Envuelven a los hijos con ternura, cuidado, cordialidad y son capaces de satisfacer sus necesidades emocionales. Desean educarlos como personas sensibles y responsables, y se esfuerzan por sensibilizarlos ante las necesidades de los demás.

Normalmente introducen normas claras en casa, gracias a las cuales los hijos se sienten seguros. Les muestran amor y aceptación, pero esperan de ellos respeto. En las relaciones con los hijos no son partidarios de un estilo basado en el compañerismo. Establecen reglas claras y esperan que sean cumplidas. Sin embargo, la ejecución de estas reglas no siempre se les da bien.

Los *defensores* tienen tendencia a la sobreprotección, a querer hacer en lugar de los hijos lo que les corresponde a ellos, así como tienden a ejercer un control excesivo (que es motivo frecuente de problemas en las relaciones con los hijos adolescentes). Sus hijos tienen, a su vez, la tendencia a utilizar a los padres y a manipularlos, porque saben que un padre *defensor* lo hará todo por ellos y que en caso de problemas los sacará del aprieto. Pasados los años, los hijos recuerdan con agrado el calor del hogar familiar y valoran a los padres *defensores* por su solicitud, cordialidad y dedicación, así como por los principios claros que antes les parecían una limitación, pero que pusieron en orden su mundo y les enseñaron a reconocer lo que es importante en la vida.

Trabajo y carrera profesional

A los *defensores* les gusta trabajar en un entorno estable y seguro, en el que reine la armonía. Eligen las profesiones que garantizan un contacto asiduo con otras personas.

Organización

Les gusta el orden, la buena organización, los procedimientos de actuación establecidos y una división clara de las obligaciones. También todo lo que en opinión de los *defensores* ayuda a realizar las tareas de forma eficiente y a alcanzar los objetivos marcados. Soportan mal el trabajo en un entorno desordenado y caótico. Les irrita también una mala organización del trabajo, una división poco clara de las obligaciones, el despilfarro y la ineficiencia.

No les gusta un trabajo que requiera cambios continuos o elasticidad. Raramente cuestionan el orden establecido. Se caracterizan por su respeto hacia las reglas marcadas y el respeto a las tradiciones arraigadas del lugar. Por lo general no cuestionan el sentido de las soluciones adoptadas en la empresa (incluso cuando son anacrónicas y no se ajustan completamente a las nuevas necesidades).

En equipo

A los *defensores* les gusta el trabajo en equipo y ayudan de buen grado a los demás trabajadores. Aportan al equipo energía, colaboran a crear un ambiente cordial y generan ideas prácticas. Sus elogios y cumplidos sinceros tienen sobre los demás un efecto motivador. Valoran mucho las relaciones sanas y amistosas. Soportan mal la compañía de personas que son frías, reservadas y de pocas palabras. Les gustan los colaboradores trabajadores, bien organizados y previsibles. Les cuesta entender a aquellos que no ponen los cinco sentidos en las tareas y desatienden sus obligaciones.

Superiores

Los *defensores* valoran a los superiores que definen de forma clara sus expectativas, precisan claramente los objetivos y valoran a los trabajadores según sus logros y el grado de realización de las tareas. Se encuentran a gusto en organizaciones jerarquizadas con una estructura rígida. Esperan de sus jefes una solicitud sincera por sus subordinados y que valoren su esfuerzo y compromiso.

Se sienten muy mal trabajando en empresas en las que los empleados son percibidos únicamente como elementos integrantes de un sistema. Cuando desempeñan puestos de dirección intentan consultar con sus subordinados las decisiones más importantes relativas a su trabajo. Les interesan sus opiniones, los motivan a actuar y son capaces de reconocer su valor; por eso, los subordinados comprometidos se sienten realmente valorados por ellos.

Ante sus colaboradores

Ponen todo su empeño en lograr una alta eficiencia del trabajo y un buen aprovechamiento del tiempo, por eso los *defensores* no escatiman consejos ni indicaciones para orientar a los trabajadores. Además, tienen tendencia a querer hacer las tareas en su lugar, y algunas veces también tienden a ejercer una supervisión y un control excesivos (los que quita a los trabajadores las ganas de desarrollar su creatividad, les dificulta aprender de sus propios errores y limita su autonomía).

Los *defensores* creen que las estructuras tradicionales y las relaciones formales ayudan a mantener la armonía y la estabilidad. Por ese motivo, esperan de los trabajadores no solo escrupulosidad y compromiso, sino también lealtad y respeto. Para los *defensores*, las situaciones en las que es imposible complacer a todas las partes o en las que es necesario tomar decisiones difíciles e impopulares representan un serio desafío. También les supone un gran problema disciplinar a los trabajadores o llamarles la atención sobre un comportamiento indebido.

Profesiones

El conocimiento del perfil de su propia personalidad y de las preferencias naturales es una ayuda inestimable a la hora de elegir la carrera profesional más conveniente. La experiencia muestra que los *defensores* pueden trabajar con éxito y sentirse realizados en diferentes campos, aunque su tipo de personalidad los predispone de forma natural para profesiones tales como:

- abogado,
- actor,
- agente de viajes,
- agente inmobiliario,
- asesor financiero,
- contable,
- educador de preescolar.
- empleado de oficina de atención al cliente,
- empleado del departamento de personal,
- enfermero,

- entrenador,
- especialista en marketing,
- especialista en RRPP,
- farmacéutico,
- fisioterapeuta,
- logopeda,
- maestro,
- mánager,
- médico,
- óptico,
- pedagogo,
- recepcionista,
- rehabilitador,
- representante comercial,
- restaurador,
- sacerdote,
- sanitario,
- terapeuta,
- trabajador de asistencia social,
- vendedor.

Potenciales puntos fuertes y débiles

Los *defensores*, al igual que otros tipos de personalidad, tienen puntos fuertes y débiles potenciales. Este potencial puede ser gestionado de diferentes formas. La felicidad personal y la realización profesional de los *defensores* dependen de si aprovechan las oportunidades relacionadas con su tipo de personalidad y de si hacen frente a las amenazas que les acechan. He aquí un RESUMEN de estas oportunidades y amenazas:

Puntos fuertes potenciales

A los *defensores* les gustan las personas y se interesan sinceramente por sus problemas. Son muy empáticos. Son capaces de leer los sentimientos y emociones de otras personas y también de expresar los propios. Su ternura, su interés sincero y cuidado atraen a otras personas. Suelen creara su alrededor un ambiente sano y amistoso, y son perfectos en el trabajo en grupo. También son unos excelentes organizadores. Pueden trabajar a favor de objetivos comunes, son capaces de colaborar en armonía y se alegran sinceramente de los éxitos ajenos. Motivan a los demás a actuar, suscitan en ellos la confianza en sus propias fuerzas y saben sacar de ellos su potencial oculto.

También son trabajadores muy leales. Se centran más en la realización de las tareas que les son confiadas que en los beneficios personales (por eso cambian de trabajo en búsqueda de mejores condiciones con menos frecuencia que el resto). Los *defensores* se caracterizan por su laboriosidad, su carácter enérgico, su estabilidad y también su realismo, su pragmatismo y su carácter previsible. Les interesan los hechos y las cosas concretas. Les atraen las soluciones efectivas y prácticas que resuelven problemas reales o facilitan de forma tangible la vida de alguien.

Son capaces de acabar lo que empiezan. Al confiarles una tarea se puede estar seguro de que se comprometerán totalmente en su realización. A los *defensores* se les dan bien las tareas que requieren cumplir procedimientos rígidos, considerar una gran cantidad de datos y realizar acciones reiteradas.

Puntos débiles potenciales

Su orientación hacia la ayuda a los demás y su poca asertividad hacen que no siempre sean capaces de prestar atención a sus necesidades y defender sus propios intereses. También son susceptibles a los engaños, la manipulación y el chantaje emocional. Tienen tendencia a evitar las conversaciones difíciles (aunque necesarias). No saben cortar las relaciones tóxicas y dañinas y tienen tendencia a culparse de los fracasos en las relaciones. Les cuesta afrontar las situaciones de crisis y son extraordinariamente sensibles a las críticas. Llevan mal el trabajo en solitario y dependen de los elogios y el reconocimiento de otras personas. Ante la hostilidad o la indiferencia pueden perder la confianza en sí mismos.

No les va bien en áreas de actividad que son totalmente nuevas para ellos. Se apegan a las soluciones ya conocidas y comprobadas, lo que puede provocar en ellos cierto escepticismo ante los experimentos y los métodos de acción innovadores. Son poco flexibles, de ahí que en situaciones que requieren decisiones rápidas e improvisación se sientan inseguros, como si perdieran el suelo bajo los pies. También tienen problemas para delegar tareas u obligaciones, y tienden a querer realizar los deberes en lugar de los demás, o bien tratan de ayudarles a la fuerza. A pesar de su carácter abierto hacia las personas, los *defensores* a menudo son escépticos ante puntos de vista distintos a los suyos. En estas situaciones se sienten incómodos. También tienen tendencia a negar prematuramente y rechazar todo lo que para ellos es nuevo y extraño. Un cierto dogmatismo y la incapacidad para percibir el carácter complejo de los fenómenos a menudo los caracteriza.

Su lealtad hacia las personas hace que suelan ser parciales. Les cuesta aceptar que sus familiares, amigos o colaboradores puedan equivocarse o ser culpables. Al concentrarse en las necesidades actuales, los *defensores* pueden no percibir los retos futuros, y al centrarse en problemas particulares, pueden perder de vista su contexto más amplio.

Desarrollo personal

El desarrollo personal de los *defensores* depende del grado en que utilizan su potencial natural y se sobreponen a los problemas resultantes de los puntos débiles relacionados con su tipo de personalidad. Los siguientes consejos prácticos constituyen un decálogo característico del *defensor*.

No realices por los demás lo que deberían hacer ellos

Quieres ayudar a las personas, pero si los sustituyes en todo nunca aprenderán cosas nuevas, mientras que tú siempre estarás sobrecargado. Al ayudar a los demás permíteles asumir la responsabilidad por su propia vida, cometer errores y sacar de ellos conclusiones para el futuro.

Deja algunos asuntos a su curso natural

No puedes tenerlo todo controlado. No eres capaz de dominar cada asunto. Así que deja los menos importantes a su curso natural. Ahorrarás mucha energía y evitarás la frustración.

No temas las opiniones e ideas de otras personas

Una actitud abierta a los puntos de vista de los demás no tiene por qué significar abandonar los propios. No temas las ideas y opiniones que son diferentes a las tuyas. Antes de rechazarlas, piensa bien en ellas e intenta comprenderlas.

Mira los problemas desde una perspectiva más amplia

Esfuérzate siempre por ver un contexto más amplio. Intenta mirar los problemas desde otro ángulo, a través de los ojos de otras personas. Busca las opiniones de los demás, considera diferentes puntos de vista. Ten en cuenta diferentes aspectos del asunto del que te encargas.

No temas los conflictos

Incluso en el círculo de las personas más próximas, a veces se produce una diferencia de opiniones. Sin embargo, los conflictos no necesariamente deben ser destructivos; ¡suelen ayudar a descubrir y solucionar los problemas! Por lo tanto en situaciones de conflicto no escondas la cabeza bajo la arena, sino que expresa abiertamente tu punto de vista y tus impresiones relacionadas con una determinada situación.

Aprende a decir «no»

Cuando no estés de acuerdo con algo, no tengas miedo a decirlo. Cuando no puedas aceptar otra tarea, simplemente recházala. Aprende a decir «no», en especial cuando sientas que alguien abusa de tu ayuda o intenta que lo sustituyas.

No tengas miedo a las nuevas experiencias

Cada semana o cada mes prueba algo nuevo. Visita lugares en los que todavía no hayas estado, habla con gente que todavía no conoces, encárgate de tareas que no hayas realizado antes. Esto te proporcionará muchas ideas valiosas y hará que percibas el mundo desde una perspectiva más amplia.

Sé mejor contigo mismo

Trata de ayudarte a ti mismo de la misma forma en la que te preocupas por la felicidad y el buen estado de ánimo de otras personas. Sé más indulgente contigo mismo. Intenta alejarte a veces de las obligaciones y hacer algo por puro placer, relax, diversión.

No tengas miedo a las críticas

No temas expresar tus opiniones críticas ni aceptar las críticas de otros. La crítica puede ser constructiva y no tiene por qué significar un ataque a las personas o un socavamiento de sus valores.

Acepta la ayuda de otras personas

Supones que tu función es la de ayudar a las personas y normalmente ellos buscan apoyo en ti. Sin embargo, cuando tengas un problema ¡no dudes en pedir ayuda a los demás y aprovecharla! La capacidad de aceptar la ayuda que te ofrecen es igual de valiosa que la habilidad para prestarla.

Personas conocidas

La lista de personas conocidas que se corresponden con el perfil de *defensor* incluye, entre otros, los siguientes nombres:
- **Louis Burt Mayer**, realmente Eliezer Meir (1882 - 1957), empresario estadounidense de origen judío, distribuidor y productor de cine, cofundador de la productora de cine Metro-Goldwyn-Mayer;
- **Ray Kroc** (1902 - 1984), empresario estadounidense, fundador de McDonald's Corporation, conocido como «el rey de las hamburguesas»;
- **Sam Walton** (1918 - 1992), empresario estadounidense, fundador de Wal-Mart (actualmente la mayor red de ventas en el mundo);
- **Mary Tyler Moore** (1936 - 2017), actriz de cine estadounidense (entre otras películas, *Gente corriente*);
- **Bill Clinton** (n. 1946), cuadragésimo segundo presidente de los Estados Unidos;
- **Danny Glover** (n. 1946), actor de cine estadounidense (entre otras películas, *Arma letal*), productor y director;
- **Sally Field** (n. 1946), actriz de cine estadounidense (entre otras películas, *Cinco hermanos*);
- **Eddie Murphy** (n. 1961), actor de de variedades y de cine estadounidense (entre otras películas,

Superdetective en Hollywood), productor, guionista y director;
- **Lars Ulrich** (n. 1963), batería danés, cofundador del grupo Metallica;
- **Björk Guðmundsdóttir** (n. 1965), cantante islandesa, autora de textos, compositora y actriz;
- **Geri Halliwell**, realmente Geraldine Estelle Halliwell (n. 1972), vocalista inglesa de origen hispano-sueco, cofundadora del grupo Spice Girls;
- **Elvis Stojko** (n. 1972), patinador artístico canadiense, medallista olímpico y tres veces campeón del mundo;
- **Linda Park** (n. 1978), actriz estadounidense de origen coreano (entre otras películas. *Star Trek: Enterprise*);
- **Samaire Armstrong** (n. 1980), actriz de cine y televisión estadounidense (entre otras series, *The O.C.*).

Director (ENTJ)

TIPOLOGÍA DE PERSONALIDAD ID16™©

La personalidad a grandes rasgos

Lema vital: *Os diré lo que hay que hacer.*

Independiente, activo y decidido. Racional, lógico y creativo. Percibe un contexto más amplio de los problemas analizados y es capaz de prever las futuras consecuencias de las acciones humanas. Se caracteriza por el optimismo y un sensato sentido de su propio valor. Es capaz de transformar conceptos teóricos en planes de actuación concretos y prácticos.

Visionario, mentor y organizador. Tiene unas capacidades de liderazgo innatas. Su fuerte personalidad, su criticismo y su estilo directo a menudo intimidan a los demás y provocan problemas en sus relaciones interpersonales.

Tendencias naturales del *director.*

- Fuente de energía vital: mundo exterior.
- Asimilación de información: intuición.
- Toma de decisiones: razón.
- Estilo de vida: organizado.

Tipos de personalidad similares:
- *Innovador*
- *Estratega*
- *Lógico*

Datos estadísticos:
- Los *directores* constituyen el 2-5% de la población.
- Entre los *directores* predominan claramente los hombres (70%).
- El país que se corresponde con el perfil de *director* es Holanda[7].

Código literal:
El código literal universal del *director* en las tipologías de personalidad de Jung es ENTJ.

Características generales

Los *directores* son independientes, activos y enérgicos. Se guían por su propia intuición y confían mucho en ella. Son personas con una mente lúcida. Son capaces de relacionar diversos hechos entre sí, y ver su dependencia mutua, extrayendo de ello generalizaciones acertadas. Analizan los problemas desde diferentes puntos de vista y los estudian desde una perspectiva más amplia.

Percepción y pensamientos

Perciben rápidamente las condiciones y circunstancias cambiantes. Son excepcionalmente lógicos y racionales, capaces de realizar una valoración objetiva e imparcial de la

---

[7] Esto no quiere decir que todos los habitantes de Holanda pertenezcan a este tipo de personalidad, sino que la sociedad holandesa, en su conjunto, tiene muchas características del *director*.

situación. Piensan a largo plazo. Tienen en cuenta diferentes escenarios posibles y son capaces de prever las consecuencias a largo plazo de las acciones emprendidas. Por lo general, son optimistas. Creen en sus posibilidades y suponen que podrán hacer lo que emprenden. Sin embargo, no son soñadores, sino que son conscientes del esfuerzo que debe ponerse en la realización de las tareas. Se preparan en serio para el trabajo y no les gusta la improvisación.

Decisiones

Son capaces de transformar las teorías y los conceptos generales en planes de actuación concretos. Son visionarios. La visión que tienen les da energía y les motiva para el trabajo. Cuando tienen que tomar alguna decisión les gusta tener tiempo para reflexionar. Consideran diferentes posibilidades y eligen las que les parecen más lógicas y racionales. Una vez tomada la decisión, pasan rápido a la acción.

A los ojos de los demás

Son percibidos por los demás como personas con una personalidad fuerte: son enérgicos, resueltos y decididos. Son generalmente valorados por su seriedad y laboriosidad. Sin embargo, a menudo son vistos como personas a las que resulta difícil acercarse y a las que es difícil conocer. A muchos les intimida (e incluso les desanima) su carácter directo. Algunos los consideran demasiado críticos y exigentes. A veces, sus familiares y sus colaboradores se quejan de que «es difícil contentarlos completamente».

Brújula interior

Los *directores* son muy independientes. No se guían por las ideas dominantes ni por las tendencias vigentes. Sus propias reflexiones y conclusiones son para ellos más importantes que las opiniones de otras personas. Para ellos, no tiene importancia si sus convicciones son compartidas por los demás. Están extraordinariamente apegados a sus propios principios y puntos de vista. Presentan sus valoraciones y puntos de vista como algo evidente.

Normalmente suponen de antemano que tienen razón (a menudo, realmente es así). Sin embargo, son capaces de verificar sus puntos de vista a la luz de nuevos datos o de circunstancias cambiantes. Les gustan los retos. Sin embargo, les aburren las acciones repetitivas y rutinarias. Por lo general son muy indagadores. Cuando les interesa alguna idea intentan profundizar en ella y comprenderla bien. También piensan en las posibilidades de emplearla en la práctica. Normalmente, ya en su juventud tienen numerosos intereses y con el paso de los años enriquecen y sistematizan sus conocimientos, creando su mapa del mundo interior específico, que les permite comprender la realidad y los fenómenos que se producen en ella.

Organización

Tienen unas enormes ansias de saber. Ellos mismos se hacen preguntas y buscan respuestas. Perciben fácilmente las relaciones causa-efecto y los principios generales que rigen el mundo y el comportamiento de las personas. Los argumentos racionales suelen convencerlos. En los conceptos, no toleran la incoherencia lógica. En los sistemas tampoco toleran las contradicciones internas, y en las organizaciones no aceptan la superposición de competencias y la ineficiencia. Tienen una extraordinaria afición por el orden y no les gusta el despilfarro ni el caos.

Por lo general son perfeccionistas y son capaces de irlo perfeccionando todo, sin parar. Utilizan el tiempo de forma muy efectiva y son capaces de hacer varias cosas a la vez (por ejemplo, leer un libro y ver la televisión al mismo tiempo). Cuando emprenden alguna tarea, intentan llevarla a cabo de la mejor forma posible. No son capaces de realizar conscientemente tareas por debajo de sus posibilidades. Llevar un asunto hasta el final y terminar el trabajo con éxito les proporciona una gran sensación de satisfacción y libertad (ya que les permite dedicarse a otras tareas).

Ante los demás

Los *directores* son extraordinariamente independientes, asertivos y resistentes a los intentos de manipulación, a la presión del entorno y a la crítica por parte de otras personas. Son capaces de decir «no» y no dejan que nadie se aproveche de ellos. Si están convencidos de algo, para ellos no tiene ninguna importancia lo que piensen los demás al respecto (incluidos las personalidades eminentes y las autoridades que cuenten con un reconocimiento generalizado).

Suelen no mostrar comprensión por las opiniones que son contrarias a las suyas. También perciben con dificultad los sentimientos de los demás. No son conscientes de que a menudo hieren con sus comentarios críticos y excesivamente fuertes.

Descanso

Los *directores* son titanes del trabajo y, por lo general, no son capaces de relajarse. Normalmente, son incapaces de descansar pasivamente. Incluso cuando no están físicamente activos su mente trabaja intensamente. Siguen analizando nuevas posibilidades e ideas, reflexionando sobre cómo llevarlas a cabo. Les gusta aprender cosas nuevas y ampliar sus horizontes, así que en su tiempo libre complementan de buen grado sus conocimientos y consiguen nueva información.

Ante situaciones de estrés

Bajo el efecto de un estrés prolongado, a veces pierden la confianza en sí mismos y se vuelven muy críticos con sus propios logros. Entonces, se sienten abrumados por una avalancha de obligaciones y temen perder el control de la situación. Para descargar la tensión, pueden recurrir a sustancias estimulantes o similares.

Aspecto social de la personalidad

Los *directores* raramente demuestran sus emociones, y a la hora de hacer elogios son más bien parcos. Pueden parecer fríos, cerrados e inaccesibles. Sin embargo, en realidad pueden abrirse ante aquellos en quienes confían.

También suelen ser muy sentimentales y emocionales, aunque no dejan que esto se note. A las personas que les rodean les cuesta darse cuenta del aspecto sentimental de su personalidad (¡e incluso creer en su existencia!).

Los *directores* valoran, sobre todo, la compañía de personas inteligentes y competentes, de las que pueden aprender algo. Respetan a los que son capaces de demostrar la razón de sus afirmaciones, disputar y defender con firmeza sus propias convicciones. Por otra parte, a menudo ignoran a las personas que no asumen ese reto. No comprenden que no todos comparten su afición por las disputas y la confrontación. Les parece, erróneamente, que la incapacidad para expresar abiertamente las propias convicciones y la falta de espíritu luchador para defender el propio punto de vista demuestran que dicha persona carece de sus propias opiniones.

Esperan de los demás un comportamiento racional y sensato. Tampoco pueden entender a las personas que no se guían por la lógica. No les gusta repetirse y no intentan convencer de sus puntos de vista a aquellos que de antemano los rechazan, sin intentar ni siquiera entenderlos. Valoran mucho la libertad, por esa razón evitan las relaciones que limitan su independencia. Ellos mismos proporcionan libertad a los demás y no son dominantes.

Entre amigos

A pesar de lo que puedan pensar muchas personas, a los *directores* les importan mucho las buenas relaciones con otras personas. No obstante, suponen que estas relaciones deberían servir para algún fin concreto (por ejemplo, para solucionar problemas, realizar tareas, ayudar a otros a descubrir su potencial).

Estar entre personas da energía a los *directores*. Entablan amistad preferentemente con aquellos que comparten sus puntos de vista y convicciones o que amplían sus horizontes, proporcionando nueva información y experiencias. También son percibidos por los demás como conversadores interesantes. Las reuniones con ellos a menudo inspiran y motivan a la gente a actuar. Sin embargo, a algunos les intimida su seguridad en sí mismos, su criticismo y su determinación a la hora de expresar sus propios puntos de vista (dicha determinación a menudo es vista como un signo de arrogancia). Normalmente dicen lo que piensan, sin tomar en consideración los sentimientos de otras personas ni las circunstancias. Al hacer preguntas a los demás, también suelen ser directos, lo que desconcierta a muchos de sus interlocutores.

Algunos, abrumados por sus afirmaciones categóricas, no son capaces de exponer en su presencia sus puntos de vista o reflexiones. Por otra parte, los *directores* se sienten a gusto en presencia de otras personalidades fuertes, incluso si no están de acuerdo con ellas. Valoran a las personas que son capaces de articular claramente sus convicciones y no temen la confrontación. Hacen amistad más frecuentemente con *innovadores*, *estrategas*, *administradores* y otros *directores*. Sin embargo, les cuesta entenderse con *artistas*, *presentadores* y *protectores*.

En el matrimonio

Como maridos/esposas los *directores* tratan con seriedad sus obligaciones. En su matrimonio, normalmente adoptan el papel de líderes y guardianes de la familia. Demuestran su entrega no tanto a través de gestos afectuosos y palabras tiernas y cálidas como de acciones concretas: son gente de acción.

Por lo general, son poco sensibles a los sentimientos de sus parejas y no son conscientes de sus necesidades emocionales. Pueden amarlas sinceramente y al mismo tiempo no darse cuenta en absoluto de sus sentimientos, emociones y experiencias. Sin embargo, pueden cambiar esto con un poco de esfuerzo. ¡En las relaciones con personas de carácter romántico este esfuerzo es absolutamente necesario! Ellos mismos, los *directores*, no tienen unas necesidades emocionales demasiado grandes. Les gusta saber que son importantes para sus parejas y que son amados por estas, pero normalmente no esperan de ellas palabras afectuosas, cumplidos ni una confirmación frecuente de su amor y afecto. Un fuerte elemento cohesivo en sus relaciones es su entrega y su sentido de responsabilidad por la familia.

El rasgo característico de sus relaciones matrimoniales es el respeto mutuo y el apoyo al desarrollo. Los *directores* aprecian las relaciones que son para ellos un apoyo y una inspiración, por eso abandonan al cónyuge cuando la relación deja de cumplir sus expectativas. Otra posible amenaza para sus relaciones es la frecuente adicción al trabajo que ellos, *los directores*, suelen tener. Normalmente alcanzan éxitos profesionales y son trabajadores solicitados. Casi siempre están fuera de casa y cuando están con la familia suelen estar absortos en los asuntos del trabajo, lo que normalmente conduce a diversas tensiones. Para las parejas románticas y sentimentales es un gran problema su actitud positiva hacia la confrontación, las disputas y la crítica (como factores que fomentan el autodesarrollo y al aprendizaje).

Los candidatos naturales a maridos/esposas de los *directores* son personas de tipos de personalidad afines: *innovadores*, *estrategas* o *lógicos*. Sin embargo, la experiencia muestra que las personas pueden crear relaciones exitosas y felices también a pesar de una evidente disconformidad tipológica. Aún más, ciertas diferencias entre los cónyuges pueden aportar dinámica a estas relaciones y ayudar al desarrollo personal. A los *directores* esta perspectiva les parece por lo general más atractiva que la visión de una relación armoniosa, en la que siempre reina el acuerdo y una comprensión completa y mutua.

Como padres

Como padres los *directores* tratan con seriedad su función. Ayudan a sus hijos a comprender el mundo, les enseñan a pensar por sí mismos y de forma independiente y se preocupan mucho por su desarrollo y su educación. Sin embargo, son muy exigentes con ellos. Esperan también respeto, obediencia y el cumplimento de las reglas establecidas por ellos. En casos extremos adoptan una postura categórica o se convierten en dictadores domésticos. Normalmente no escatiman críticas con sus hijos, mientras que son sobrios en elogios. A menudo, no se dan cuenta de sus necesidades emocionales.

Normalmente se impacientan ante sus errores e infracciones reiteradas. A veces, no perciben que sus expectativas superan las posibilidades de sus hijos y que sus notas mediocres no se deben únicamente a la pereza y a su ligereza. Sus hijos normalmente intentan cumplir con las expectativas de los padres y evitar las infracciones para no exponerse a sus regaños. El período de la adolescencia suele ser un momento crítico: los jóvenes dejan entonces de aceptar los principios de los *directores* y normalmente empiezan a protestar contra su disciplina y sus normas. A ellos mismos les cuesta aceptar la cada vez mayor independencia de los hijos.

Los *directores* que consiguen evitar los errores arriba indicados son unos padres perfectos para sus hijos y son una gran autoridad para ellos. Ayudan también en su desarrollo y les animan a conocer el mundo, a adquirir conocimientos, a asumir los retos, gracias a lo cual sus hijos llegan a ser personas responsables, creativas e independientes, que no temen los retos complicados.

Trabajo y carrera profesional

La carrera profesional es un elemento importante en la vida de los *directores*. Normalmente se entregan mucho a su trabajo y a menudo ascienden hasta los puestos más altos.

Los *directores* perciben rápidamente los nuevos retos y problemas (también potenciales) y les hacen frente de buen grado. Piensan globalmente y a largo plazo. Son visionarios: marcan objetivos que luego realizan con ahínco. Al buscar soluciones normalmente adoptan una perspectiva a largo plazo: con sus pensamientos van más allá de la situación actual y son capaces de prever los factores que pueden aparecer en el futuro. Todo esto, junto con su seriedad, responsabilidad y capacidad para trabajar duro, hace que sean unos trabajadores deseables. Son capaces de poner toda su energía en la realización de las tareas en las que creen. Sin embargo, no pueden implicarse en el trabajo en proyectos que les parecen irreales, confusos o incoherentes.

Superiores

Valoran a los superiores competentes y objetivos, que cuentan con logros concretos y garantizan a sus subordinados la libertad necesaria en la realización de las tareas asignadas.

En equipo

Al trabajar en equipo, normalmente toman la iniciativa y asumen la responsabilidad de mejor grado que los demás. Por esa razón, son percibidos como líderes naturales. Arrastran tras de sí a los demás con facilidad. Son capaces de motivarlos y prepararlos para alcanzar los objetivos marcados. Contagian a las personas su optimismo y su confianza en el éxito. Son capaces de sacar lo mejor de los demás y les ayudan a aprovechar todo su potencial (su ayuda no consiste, sin embargo, en dar a las personas soluciones ya hechas o hacer las cosas por ellos).

Son unos excelentes mentores y entrenadores. Ayudan a los demás a ver los objetivos a largo plazo y traducirlos en planes de actuación a corto plazo. Como superiores hacen ver a sus subordinados los cambios que se producen en el entorno y les muestran los desafíos del futuro. Normalmente, permiten a las personas que se valgan por sí mismas cuando les encargan tareas difíciles. Como jefes procuran alcanzar una alta eficacia de las empresas o departamentos de los que son responsables.

Tareas

Una vez han iniciado ya algún proyecto, y han establecido la forma de realizarlo y han seleccionado buenos ejecutores, suelen retirase para dedicarse a otras tareas. Se les da bien resolver problemas complejos, de los que otros querrían huir lo más lejos posible. Son también buenos estrategas y son capaces de determinar con acierto las prioridades.

Empresa

Se sienten bien en corporaciones y empresas que garantizan posibilidades de ascenso, que emplean reglas o normas claras y remuneran a sus trabajadores por logros concretos. Sin embargo, no se encuentran a gusto en empresas en las que el cumplimiento de las reglas marcadas o de los procedimientos detallados es más importante que las ideas creativas y los resultados del trabajo.

Estilo de trabajo

Son unos mánager ideales en campos que requieren capacidades de organización y un planeamiento estratégico (por ejemplo, la creación de nuevos sistemas, la implantación de nuevas soluciones, la organización de equipos, la gestión de una compañía en fase de transformación). Son capaces de coordinar al mismo tiempo muchas empresas y proyectos diferentes.

DIRECTOR (ENTJ)

A menudo, llegan hasta los escalafones más altos en la jerarquía de la empresa (a menudo son directores, de ahí la denominación de este tipo de personalidad). Les gusta trabajar con personas en las que se puede confiar, que cumplen las tareas que les son encomendadas y comparten su entusiasmo y su pasión por el trabajo. No toleran, sin embargo, la pasividad, el marasmo y la falta de compromiso. Son impacientes con aquellos que no son capaces de seguir su ritmo, se retrasan en la realización de las tareas y cometen continuamente los mismos errores. Son capaces de valorar su trabajo de forma muy directa (en ocasiones ruda), sin tener en cuenta que pueden ofenderlos o herirlos. También despiden rápidamente a los trabajadores que no cumplen con sus expectativas. Raramente se preocupan por los sentimientos de las personas. Les importa más tomar las decisiones adecuadas que la aceptación del entorno. Les irrita el desorden, el despilfarro, la burocracia excesiva y los procedimientos demasiado complejos.

Los *directores* ven los problemas de forma objetiva, privada de sentimientos y emociones. No se apegan a soluciones concretas y están dispuestos a abandonarlas cuando dejan de ser útiles. Para ellos, no tiene mayor importancia quién las introdujo o cuánto tiempo han sido empleadas. Son capaces de eliminar — fríamente — cualquier solución poco práctica o inefectiva. Pueden eliminar de un solo golpe los métodos tradicionales de trabajo o costumbres. Cuando están convencidos de sus ideas pueden intentar realizarlas a «cualquier precio», es decir, violando procedimientos y sin preocuparse del coste humano.

Profesiones

El conocimiento del perfil de personalidad propio y de las preferencias naturales es una ayuda inestimable a la hora de elegir la carrera profesional óptima. La experiencia muestra que los *directores* pueden trabajar con éxito y sentirse realizados en diferentes campos, aunque su tipo de personalidad los predispone de forma natural para profesiones tales como:

- administrador,
- analista de créditos,
- analista de sistemas informáticos,
- CEO,
- científico,
- coach,
- coordinador de proyecto,
- director artístico,
- director de desarrollo,
- director de marketing,
- director ejecutivo,
- empleado de la administración estatal,
- empresario,
- escritor,
- especialista en recursos humanos,
- informático,
- inversor,
- juez,
- jurista,
- mánager,
- músico,
- periodista,
- planificador,
- político,
- psicólogo,
- reportero.

Potenciales puntos fuertes y débiles

Los *directores*, al igual que otros tipos de personalidad, tienen potenciales puntos fuertes y débiles. Este potencial puede ser gestionado de diferentes formas. La felicidad personal y

DIRECTOR (ENTJ)

la realización profesional de los *directores* dependen de si aprovechan las oportunidades relacionadas con su tipo de personalidad y de si hacen frente a las amenazas que les acechan. He aquí un RESUMEN de estas oportunidades y amenazas:

Puntos fuertes potenciales

Los *directores* tienen un sano sentido de su propio valor y unas capacidades de liderazgo naturales. Son capaces de contagiar a los demás su optimismo y su confianza en el éxito. Están llenos de energía y entusiasmo por el trabajo. Pueden implicarse totalmente en la realización de las tareas de las que están convencidos. Su concepción de lo que hay que hacer les proporciona energía, por eso pueden trabajar duramente para llevarlo a cabo. Una actitud positiva hacia las tareas y los problemas es lo que más los caracteriza: son conscientes de las dificultades posibles que pueden aparecer, pero creen que pueden superar los desafíos. Tratan responsablemente sus obligaciones; cuando emprenden un nuevo trabajo, se puede estar seguro de que lo realizarán. Les interesan las nuevas ideas y propuestas, están abiertos a nuevas soluciones: son capaces de asimilarlas y utilizarlas para la realización de sus propias tareas.

Son independientes, activos y creativos. Son capaces de transformar las teorías y los conceptos generales en planes de actuación concretos. Tratan con seriedad el trabajo realizado y esperan lo mismo de los demás. Se concentran en lo esencial del asunto tratado, y no se distraen con aspectos secundarios. Son capaces de realizar un análisis frío y objetivo de los hechos y datos, libre de emociones y prejuicios. Pueden gestionar eficazmente el dinero y otros recursos. Están bien organizados y son muy trabajadores, directos y francos, gracias a lo cual los demás no tienen que adivinar cuál es su opinión sobre un determinado tema. Dicen lo que piensan. Son buenos oradores: hablar en público o las discusiones no son para ellos ningún problema.

Por lo general, les interesa el desarrollo, la adquisición de conocimientos y el autoperfeccionamiento en diferentes campos de la vida. Gracias a su personalidad fuerte y asertiva se saben mover en situaciones difíciles o de conflicto y encontrar una solución. Son capaces de terminar una amistad si se vuelve incómoda o destructiva. Están abiertos a la crítica constructiva. Les gusta el orden. Son unos perfectos organizadores y coordinadores del trabajo de otras personas. También son capaces de crear sistemas efectivos y que funcionan debidamente. Son también unos buenos estrategas y determinan con acierto las prioridades.

Puntos débiles potenciales

Los *directores* buscan la confrontación. Su afición por las polémicas y disputas agrias hace que sean percibidos como unos interlocutores difíciles y críticos. Su fuerte personalidad a menudo intimida a otras personas, e incluso les causa miedo. Al discutir con otros intentan demostrar plenamente sus razones y «aplastar» al adversario. Raramente son capaces de dar la razón (aunque sea parcialmente) a la otra parte. Les cuesta entender las necesidades de los demás, especialmente si son diferentes a las suyas propias. Por lo general, son insensibles a los sentimientos y reacciones de los demás. También tienen dificultades para expresar sus sentimientos y se sienten incómodos en situaciones que requieren interpretar las emociones ajenas. A menudo también les cuesta escuchar a los demás. Tienen tendencia a criticar cualquier opinión que no sea conforme con sus puntos de vista.

Como se exigen mucho a sí mismos, fijan también unos estándares muy altos para los demás. Sin embargo, para muchas personas esto representa un listón demasiado alto. Al llamar la atención a los demás acerca del despilfarro, la negligencia u otras infracciones suelen ser muy severos, e incluso rudos. Son además muy parcos en elogios cuando las cosas van bien. No valoran la importancia de animar positivamente a los demás mediante incentivos, elogios y premios. Toman la iniciativa de forma natural y comparten de mala gana la responsabilidad con otros. A menudo, toman decisiones precipitadas y prematuras. Aspiran a dominar sobre los demás, y en casos extremos llegan a ser dogmáticos y categóricos (a veces humillan a otras personas). En situaciones de estrés pueden montar en cólera y mostrar otros comportamientos agresivos. También pueden reaccionar ante situaciones de estrés comiendo demasiado o abusando del alcohol.

El dogmatismo, una actitud extremadamente racionalista ante la vida y la incapacidad para percibir las necesidades de las demás personas son características que a menudo causan problemas a los *directores*, lo cual los puede llevar a algún tipo de aislamiento social: son valorados en el trabajo, pero les faltan amigos. Al no comprender los motivos de esta situación, a veces empiezan a sospechar que los demás conjuran o tienen malas intenciones. Las personas que no pueden (o no quieren) ajustarse a sus ideas y planes también suelen ser una fuente de su frustración.

Desarrollo personal

El desarrollo personal de los *directores* depende del grado en que utilizan su potencial natural y se sobreponen a las amenazas relacionadas con su tipo de personalidad. Los siguientes consejos prácticos constituyen un decálogo característico del *director*.

Reconoce que puedes equivocarte

Los asuntos pueden ser más complejos de lo que te parecen. Recuerda que no siempre debes tener la razón. Ten esto en cuenta, antes de que empieces a acusar a otras personas o les reproches sus errores.

Critica menos

No todo el mundo es capaz de aceptar una crítica constructiva. En el caso de muchas personas, la crítica abierta actúa de forma destructiva. Los estudios demuestran que el elogio de los comportamientos positivos (aunque sean pocos) motiva más a las personas que la crítica de los comportamientos negativos.

Elogia

Aprovecha cualquier ocasión para valorar positivamente a los demás, para decirles algo agradable y elogiarlos por algo que han hecho. En el trabajo evalúa a los demás no solo por las tareas realizadas, sino también por quiénes son. ¡Notarás la diferencia y te sorprenderá!

No intentes dominarlo todo

Tu deseo de ejercer el control sobre todos los asuntos solo te llevará a la frustración. Vela por las cosas más importantes y deja a los demás (o a su propio curso) los asuntos de menor importancia.

Escucha a los demás

Muestra interés a los demás, incluso si no estás de acuerdo con ellos o estás convencido de que no tienen razón. No respondas hasta que no las hayas escuchado. La capacidad de escuchar a los demás puede revolucionar tus relaciones con las personas.

No culpes a los demás de tus problemas

¡Los problemas pueden ser provocados no solo por los demás, sino también por ti mismo! Tú también cometes faltas y errores. Tú también puedes ser la causa de un problema.

Trata a los demás «con humanidad»

Las personas no quieren ser tratadas solo como ejecutores de tareas. Desean que se perciban sus emociones, sentimientos y pasiones. Al tratar con los demás, intenta ponerte en su situación y comprender lo que experimentan, qué les apasiona, qué les inquieta, de qué tienen miedo.

Controla las emociones

Si sientes que puedes explotar, procura relajarte, rebajar la tensión, pensar durante un momento en otra cosa. Las explosiones de ira no te ayudan ni a ti, ni a las personas que te rodean.

Sé más tolerante

Trata de ser más paciente con los demás. Recuerda que no puede encargarse la misma tarea a todo el mundo, ya que no todos están capacitados para las mismas áreas. Si a algunos no se les da bien el trabajo encargado, no siempre es un síntoma de su mala voluntad o pereza.

Aprende a descansar

Los momentos de descanso no son un tiempo perdido. No deberías sentirte culpable al dejar de lado el trabajo y descansar o hacer algo por puro placer. Gracias al descanso, al relajarte regenerarás tus fuerzas y serás más efectivo en el trabajo.

Personas conocidas

La lista de personas conocidas que se corresponden con el perfil de *director* incluye, entre otros, los siguientes nombres:

- **Jack London**, realmente John Griffith Chaney (1876 - 1916), escritor estadounidense (entre otras obras, *Martin Eden*), naturalista y romántico;

- **Franklin Delano Roosevelt** (1882 - 1945), trigésimo segundo presidente de los Estados Unidos;
- **Edward Teller** (1908 - 2003), físico húngaro de origen judío, miembro de Manhattan Engineer District, el programa estadounidense para la construcción de la bomba atómica;
- **Benny Goodman** (1909 - 1986), músico de jazz estadounidense, clarinetista, el «rey del swing»;
- **Richard M. Nixon** (1913 - 1994), trigésimo séptimo presidente de los Estados Unidos;
- **Margaret Thatcher** (1925 - 2013), política, primera ministra de Gran Bretaña en los años 1979 - 1990, la *Dama de Hierro*;
- **Patrick Stewart** (n. 1940), actor británico de teatro y cine (entre otras películas, *Star Trek);*
- **Harrison Ford** (n. 1942), actor de cine estadounidense (entre otras películas, *Indiana Jones*);
- **Hillary Clinton** (n. 1947), activista política estadounidense, esposa de Bill Clinton, expresidente de los Estados Unidos;
- **Al Gore** (n. 1948), cuadragésimo quinto vicepresidente de los Estados Unidos;
- **Bill Gates** (n. 1955), empresario y filántropo estadounidense, cofundador de la empresa Microsoft, una de las personas más ricas del mundo;
- **Whoopi Goldberg** (n. 1955), actriz de cine estadounidense (entre otras películas, *Ghost, más allá del amor*);
- **Steve Jobs** (1955 - 2011), empresario estadounidense, cofundador de la empresa Apple;
- **Quentin Tarantino** (n. 1963), director, guionista y productor de cine estadounidense (entre otras películas, *Kill Bill*).

Entusiasta (ENFP)

TIPOLOGÍA DE PERSONALIDAD ID16™©

La personalidad a grandes rasgos

Lema vital: *¡Podemos hacerlo!*

Enérgico, entusiasta y optimista. Es capaz de disfrutar de la vida y piensa a largo plazo. Dinámico, ingenioso y creativo. Le gustan las personas y aprecia las relaciones sinceras y auténticas. Cálido, cordial y emocional. Soporta mal la crítica. Tiene el don de la empatía y percibe las necesidades, los sentimientos y los motivos de los demás. Los inspira y los contagia con su entusiasmo.

Le gusta estar en el centro de los acontecimientos. Es flexible y capaz de improvisar. Es propenso a tener ocurrencias idealistas. Se distrae con facilidad y tiene problemas para llevar los asuntos hasta el final.

Tendencias naturales del *entusiasta*:

- Fuente de energía vital: mundo exterior.
- Asimilación de información: intuición.
- Toma de decisiones: corazón.
- Estilo de vida: espontáneo.

Tipos de personalidad similares:
- *Consejero*
- *Idealista*
- *Mentor*

Datos estadísticos:
- Los *entusiastas* constituyen el 5-8% de la población.
- Entre los *entusiastas* predominan las mujeres (60%).
- El país que se corresponde con el perfil de *entusiasta* es Italia[8].

Código literal:
El código literal universal del *entusiasta* en las tipologías de personalidad de Jung es ENFP.

Características generales

Los *entusiastas* aman la vida y son capaces de disfrutar de cada momento. Les gusta estar donde pasa algo. Por lo general, son optimistas: miran con esperanza al futuro y creen en las personas. Les gustan los cambios y las nuevas experiencias. Desean conocer constantemente nuevas ideas, descubrir nuevos lugares y encontrarse con gente nueva.

Se esfuerzan por estar en el centro de los acontecimientos y necesitan el contacto con la gente. Condenados a la soledad y apartados del mundo caen en el marasmo. Aprecian las buenas relaciones con otras personas y anhelan la aprobación del entorno. Sin embargo, no la buscan a toda costa, (por ejemplo, actuando en contra de sus convicciones). No les gusta estar controlados, ser

---

[8] Esto no quiere decir que todos los habitantes de Italia pertenezcan a este tipo de personalidad, sino que la sociedad italiana, en su conjunto, tiene muchas características del *entusiasta*.

comprobados, clasificados o sometidos a presión. Ellos mismos también respetan la libertad y la independencia de los demás.

Percepción y pensamientos

Los *entusiastas* sienten curiosidad por el mundo y buscan continuamente nuevas inspiraciones. Normalmente les interesan las ideas nuevas y las ocurrencias innovadoras. Asimilan con facilidad los conceptos complejos y las teorías abstractas. Abordan los problemas y las tareas de forma creativa, a menudo incluso innovadora. Perciben las relaciones entre hechos y fenómenos concretos, llegan a las soluciones más rápidamente que los demás. A veces encuentran en los acontecimientos y circunstancias que los rodean significados e indicios ocultos. Normalmente son originales, no convencionales, ingeniosos y orientados al futuro. Les caracteriza también un optimismo y un entusiasmo extraordinarios (de ahí el nombre de este tipo de personalidad).

Su actitud inspira a los demás y les da confianza en el éxito. Los *entusiastas* normalmente están firmemente convencidos de que los proyectos que emprenden acabarán con éxito. No les desalientan los obstáculos ni las contrariedades. Conscientes de las oportunidades que se presentan, están dispuestos a asumir el riesgo y tomar un camino todavía no explorado, solo para aprovecharlas (les pesan en la conciencia las oportunidades perdidas).

Actitud ante los demás

Los *entusiastas* son capaces de influir en el comportamiento de otras personas e incluso de manipularlas. Normalmente utilizan estas habilidades de forma positiva, por ejemplo, animando a los demás a descubrir sus talentos, motivándolos a actuar o reforzando su confianza en sí mismos.

Al resolver un problema son capaces de llegar hasta el fondo, sin dejarse engañar por apariencias o ilusiones. Les caracteriza una extraordinaria empatía. Interpretan los sentimientos, las emociones e incluso los motivos ocultos de otras personas. Aún más, a menudo son capaces de describir su situación, sentimientos y necesidades mejor que ellas mismas. Suele ocurrir que asumen el papel de «representantes» de otras personas. A muchas personas sus extraordinarias habilidades interpersonales (por ejemplo, la capacidad de penetrar en los secretos y misterios ajenos) les parece algo casi mágico. Sin embargo, no hay en ellos nada sobrenatural: los *entusiastas* simplemente tienen una intuición más desarrollada que los demás y son unos excelentes observadores, prestan atención no solo a las palabras, sino también a las señales no verbales.

Ayudar a las personas supone para ellos una enorme alegría. Se alegran sinceramente al ver que otros — gracias a su ayuda — empiezan a sacar provecho de sus posibilidades y adquieren más confianza en sus propias fuerzas. Experimentan, sin embargo, desánimo cuando sus esfuerzos no dan resultados y cuando las personas no quieren o no son capaces de aprovechar su propio potencial.

Piensan a menudo en los demás. Por lo general, no sirven para ermitaños, ya que las demás personas son parte de su vida. Por lo general, interpretan perfectamente las emociones y sentimientos de la gente, ¡incluso a distancia! Cuando leen cartas o correos electrónicos de amigos son capaces de ponerse en su situación e imaginarse lo que viven y cómo se sienten. A menudo ponen en primer lugar las necesidades de los demás.

A los ojos de los demás

Su cordialidad, ternura e interés sincero actúan como un imán sobre las personas. Sin embargo, a algunos les irrita su locuacidad, su optimismo (a veces percibido como ingenuidad), su falta de puntualidad y su informalidad.

Es cierto que los *entusiastas* no siempre cumplen sus promesas. Sin embargo, no se trata de una acción consciente o — como algunos creen — un menosprecio intencionado de otras personas. Los *entusiastas* nunca hacen promesas con la intención de no cumplirlas. No obstante, los nuevos retos les absorben y excitan de tal modo que son capaces de olvidar las obligaciones anteriores y entregarse por completo a las nuevas tareas (hasta que aparezcan las siguientes). Esta actitud hace que a veces se les coloque la etiqueta de personas poco serias, caóticas y poco concretas.

A ellos, a su vez, les irrita la falta de naturalidad. Les cuesta entender los motivos por los que algunas personas intentan aparentar ser quienes no son. La pasividad, el escepticismo y el pesimismo crónico de los otros los sacan de sus casillas. No entienden a las personas que siempre se quejan de todo y son críticos ante cualquier nueva ocurrencia o idea.

Decisiones

Antes de tomar una decisión buscan de buen grado las opiniones de otras personas, escuchan sus consejos y aprovechan su experiencia. Normalmente tienen en cuenta la opinión de los expertos y de autoridades generalmente reconocidas. Actúan basándose en su intuición (normalmente infalible) y tienen una capacidad perfecta para percibir la situación. Siempre reflexionan sobre cómo serán recibidas sus decisiones por el entorno y cómo influyen en las demás personas. No son capaces de tomar decisiones sin tener en consideración el «factor humano» y no confían en las personas que afirman basarse únicamente en los datos y hechos puros y duros.

Organización

La fuerza que los empuja a actuar es su entusiasmo. A menudo ven el mundo de color de rosa y no perciben las posibles amenazas que pueden llegar, por lo que no pocas veces se implican en empresas peligrosas y emprenden acciones arriesgadas. Son excepcionalmente espontáneos y flexibles. Por lo general no dedican demasiado tiempo a la reflexión y la preparación: cuando les viene alguna idea a la cabeza pasan rápidamente a la acción. Suelen manejar mejor asuntos con varios pequeños proyectos que con una gran tarea que requiera un trabajo sistemático y de muchos meses. Por lo general tampoco les gustan las acciones rutinarias y repetitivas (por ejemplo, trabajos de oficina, limpieza, hacer la compra). Los ven como una limitación, una carga y una pérdida de tiempo (que podría destinarse a actividades más excitantes y creativas).

Por lo general, no son buenos organizadores ni planificadores. Actúan más bien por impulsos. También a menudo tienen problemas para aprovechar el tiempo de forma efectiva y gestionar el dinero. Su situación financiera suele ser inestable. No pocas veces ocurre que gastan cantidades importantes en objetos de lujo y luego piden prestado dinero para comprar lo más básico. También utilizan las tarjetas de crédito más que los demás.

Comunicación

Los *entusiastas* son buenos oradores. Cuando están en un grupo toman la palabra de buen grado. Las apariciones en público no suelen ser por lo general ningún problema para ellos. Son capaces de explicar cuestiones complicadas de forma clara y comprensible, sirviéndose a menudo de historias curiosas y pintorescos ejemplos. Tienen también el don de la persuasión y son capaces de convencer a los demás de sus razones.

Cuando están entre amigos, les gusta contar chistes e historias divertidas de su vida (a menudo las adornan). Sus narraciones están llenas de emoción y entusiasmo. Muchos oyentes envidian sus aventuras y su vida pintoresca e interesante. A menudo los *entusiastas* no se dan cuenta de que son capaces de dominar totalmente una discusión o simplemente no dejan que los demás tomen la palabra (incluso cuando caen en soltar un monólogo, pueden tener la impresión de que conversaron estupendamente con alguien). Otro problema suele ser su locuacidad: son capaces de hablar por los codos durante horas, algo que para algunos suele ser difícil de soportar.

Ante situaciones de estrés

Una frecuente fuente de estrés para los *entusiastas* son las situaciones de conflicto y la indiferencia o las críticas por parte de otras personas. Una tensión prolongada hace que a veces se vuelvan obstinados o empiecen a sospechar que los demás tienen malas intenciones. Por suerte, son capaces de relajarse perfectamente. Al pasar al «modo de diversión y descanso», se olvidan totalmente de los problemas y obligaciones.

Normalmente prefieren las formas de descanso activo. También les gustan mucho las reuniones familiares y de amigos, y de hecho ellos mismos las organizan de buen grado. A veces intentan descargar el estrés recurriendo a las sustancias estimulantes o buscando intensas emociones sensoriales.

Aspecto social de la personalidad

Los *entusiastas* entablan rápidamente nuevas amistades. Son muy abiertos y es sencillo acercarse a ellos. Incluso después de haberlos tratado por poco tiempo uno tiene la sensación de conocerlos desde hace mucho tiempo. En los contactos con los demás son muy flexibles y se esfuerzan por hacer frente a sus necesidades (a veces descuidando las suyas). Todo esto hace que los demás se sientan muy a gusto en su compañía.

A los mismísimos *entusiastas* también les gusta mucho estar entre personas. Les importan el reconocimiento, la aceptación y el interés de los demás. Tratan las relaciones con las personas con un extraordinario entusiasmo. Son capaces de divertir a los demás, colmarlos de halagos e incluso coquetear con ellos. Sin embargo, son sensibles y tienen una empatía extraordinaria. Saben cómo comportarse en una determinada situación y son capaces de adaptarse a las circunstancias y al estado emocional de otras personas.

Les gusta conocer a otras personas y desean tener vínculos verdaderos y perfectos con ellas. Tienen tendencia a buscar un ideal (por ejemplo, un amigo ideal o un buen candidato a marido/esposa). Les importan mucho las buenas relaciones con otras personas y hacen todo lo que está en sus manos para evitar los conflictos. Por lo general, no son capaces de hacer daño conscientemente a otras personas. Aún más, incluso les cuesta expresar opiniones críticas sobre las ideas ajenas o llamar a los demás la atención sobre un comportamiento inadecuado (normalmente prefieren dejar pasar el problema, reprimiendo en su interior las emociones negativas).

Soportan muy mal la indiferencia y el silencio de los demás. No entienden ese comportamiento y no son capaces de soportarlo (normalmente — de forma totalmente injusta — suponen que una falta de reacción por parte de los demás indica hostilidad).

Entre amigos

Los *entusiastas* valoran las relaciones auténticas y sinceras. Conocer a nuevas personas, conversar con los amigos, pasar el tiempo juntos: todo esto constituye la esencia de sus vidas. Cuando están separados de la gente su vida pierde color y sabor.

«Descifran» rápidamente a los demás. A veces, tras solo unos minutos de conversación ya saben que los otros «están en otra onda» y no serán capaces de entenderse con ellos.

Las relaciones con las personas son para ellos un asunto de la máxima importancia. Normalmente tienen muchos amigos y son el alma del grupo. Los demás pasan de buen grado el tiempo con ellos, ya que los *entusiastas* rebosan energía positiva y humor. Son también muy cordiales: muestran cariño a los demás, respetan su individualidad y tienen en cuenta sus necesidades. Sus amistades son muy intensas, pero suelen durar poco. Cuando conocen a personas nuevas, les dedican completamente su atención y su energía, olvidándose a veces de los viejos amigos.

Por lo general, expresan abiertamente sus sentimientos y no escatiman elogios a los demás. Les cuesta entablar una amistad con personas que no exteriorizan sus emociones y no dicen lo que piensan. Los *entusiastas* a menudo perciben ese comportamiento como una síntoma de rechazo. Un entorno frío y hostil, que no puedan abandonar (por ejemplo, en el trabajo) supone para ellos una enorme incomodidad y una carga. Para ellos la mejor forma de reaccionar al estrés es pasar el tiempo con los amigos y la familia.

Los *entusiastas* están casi siempre rodeados de personas y tienen muchos amigos. Sin embargo, la mayoría de estas relaciones tienen un carácter superficial. Atraen su atención tantos asuntos y se distraen tan fácilmente que incluso sus amigos más próximos suelen tener la impresión de que nunca pueden tenerlos completamente para ellos. Normalmente los *entusiastas* tienen solamente unos pocos amigos realmente íntimos. Más frecuentemente son *consejeros*, *idealistas*, *presentadores* u otros *entusiastas*. Menos frecuentemente, *inspectores*, *administradores* y *pragmáticos*.

En el matrimonio

Como maridos/esposas los *entusiastas* son muy entregados y unas parejas solícitas. Aportan a la relación cariño, entusiasmo, energía, creatividad y sentido del humor. Les importan mucho la felicidad y el buen estado de ánimo de sus parejas. Hacen frente a sus necesidades, les muestran mucho cariño y no escatiman palabras y gestos de afecto.

Ellos mismos también necesitan cariño, cercanía y aceptación. Siempre controlan el estado de las relaciones mutuas y se percatan rápidamente de los problemas. Es fácil herirlos, ya que sufren muy intensamente con cualquier observación sarcástica o comentario poco halagador, e incluso la indiferencia de parte de los más cercanos los hiere. No les gusta tratar los asuntos difíciles y desagradables, e intentan evitar a toda costa los conflictos y las peleas. Prefieren sufrir a decirle a la pareja que algo les desagrada. A menudo tampoco son capaces de cortar relaciones dañinas y tóxicas.

Cuando aparecen problemas en el matrimonio los *entusiastas* sufren mucho por ese motivo y se sienten responsables de los mismos. Cuando la relación se rompe y los cónyuges se separan, a menudo se acusan de no haber hecho todo lo posible para salvar la relación. Por lo general tratan con seriedad sus obligaciones, aunque puede que ellos sean la causa de problemas en el matrimonio. Su afición por los cambios y los experimentos, sus sueños de un amor perfecto y su aversión por la rutina pueden llevarles a buscar experiencias fuera de la relación. Este peligro existe especialmente cuando sus parejas no comparten sus pasiones, su entusiasmo ni su curiosidad por el mundo. Lo que influye en la duración de sus relaciones es, sin embargo, su solicitud por los más próximos y sus valores profundamente enraizados.

Los candidatos naturales a maridos/esposas de los *entusiastas* son personas de tipos de personalidad afines: *consejeros*, *idealistas* o *mentores*. En estos matrimonios es más fácil crear una comprensión mutua y unas relaciones armoniosas. Sin embargo, la experiencia muestra que las personas pueden crear relaciones exitosas y felices también a pesar de una evidente disconformidad tipológica. Aún más, las diferencias entre los cónyuges pueden aportar dinámica a estas relaciones y ayudar al desarrollo personal (a muchas personas esta perspectiva les parece más atractiva que la visión de una relación armoniosa, en la que siempre reina el acuerdo y una plena comprensión mutua).

Como padres

Como padres los *entusiastas* tratan con seriedad sus obligaciones. Se preocupan por el desarrollo de los hijos y

ENTUSIASTA (ENFP)

les transmiten los valores en los que ellos mismos creen. Los envuelven con cariño, les dan confianza en sus propias fuerzas y no escatiman con ellos afecto ni elogios. A veces los hijos (en particular los mayores) se sienten simplemente desconcertados por el amor y el afecto mostrado por sus padres *entusiastas* (sobre todo, ante compañeros de su misma edad). Sin embargo, en los momentos difíciles aprecian que pueden contar con su apoyo anímico y emocional

La aversión innata de los *entusiastas* por las acciones rutinarias y repetitivas hace que para ellos sea todo un reto el hecho de ayudar a los hijos en acciones prácticas cotidianas (por ejemplo, a la hora de hacer los deberes). En la mayoría de los casos, la preocupación por el bien de los hijos hace que, a pesar de todo sean capaces también de obligarse a hacer esas tareas que menos les gustan.

Los *entusiastas* son unos excelentes compañeros de juegos para sus hijos (normalmente ellos mismos tienen algo de niños en su interior), les encantan los juegos, las aventuras y todo tipo de experimentos. Así que el tiempo empleado jugando juntos no es solo una atracción para los niños, sino también para los mismos *entusiastas*. Un problema en las relaciones con los hijos es a su vez su tendencia a ser inconsecuentes y variables. Un día pueden ser muy tolerantes e indulgentes, mientras que al día siguiente son severos e impacientes. Esta actitud hace que a veces los hijos no sean capaces de entender el modelo que guía los comportamientos de los padres y pierdan la sensación de estabilidad y seguridad. Los *entusiastas* a menudo también tienen problemas para disciplinar a los hijos y hacerles cumplir sus obligaciones. Sin embargo, esto no se refiere a las situaciones en las que el comportamiento de los hijos infringe los principios profesados por los padres. Entonces, no hay que esperar mucho a su reacción. Los *entusiastas* están convencidos de que existen límites que no se pueden transgredir.

Los hijos adultos de los *entusiastas* recuerdan agradablemente los juegos despreocupados con ellos y la atmósfera cálida y cordial del hogar familiar. También los valoran porque respetaron sus elecciones, les mostraron apoyo y les enseñaron a preocuparse por los demás.

Trabajo y carrera profesional

Los *entusiastas* ejercen con éxito diferentes profesiones, totalmente alejadas unas de otras. Normalmente tienen una amplia experiencia profesional, muchos de ellos cambian de trabajo con relativa frecuencia, e incluso cambian a un sector profesional totalmente diferente varias veces a lo largo de la vida. Les atrae más un trabajo que brinde la posibilidad de crear, experimentar y solucionar problemas. Sin embargo, no soportan la burocracia, la jerarquía, las tareas rutinarias, así como las acciones repetitivas y los procedimientos rígidos. Se encuentran mal en un entorno corporativo frío, jerárquico y formalizado.

Tareas

Les gusta realizar tareas que les permitan expresar de forma práctica sus convicciones y hacer realidad los valores con los que se identifican. Se sienten a gusto en instituciones cuya actividad es útil para la sociedad y proporciona cambios tangibles y positivos en la vida de la comunidad local, el país o el mundo. Les gusta ser conscientes de que su actividad influye en la vida de otras personas y es útil para resolver problemas. Cuando trabajan en tareas en las que creen, no es necesario controlarlos ni motivarlos, ya que ponen toda su energía en el trabajo. A su vez, es difícil movilizarlos para trabajar en tareas que les aburren o no son conformes con su escala de valores. Tampoco les gusta el trabajo individual. Para ellos la peor combinación es un trabajo «estático» en solitario, que requiera una concentración prolongada en una sola tarea. En cambio, les gusta el trabajo en equipo y el movimiento, la diversidad y los cambios frecuentes.

Capacidades y retos

Son muy eficientes en tareas que requieran habilidades interpersonales, ingenio, flexibilidad y capacidad de improvisación. Les gusta estar donde pasa algo. Normalmente son un apoyo para los demás trabajadores. Hacen frente de buen grado a sus necesidades y son capaces de crear compromiso. Por lo general son muy ingeniosos y creativos, aunque se aburren rápidamente: les cuesta continuar las tareas empezadas si en el horizonte aparecen nuevos proyectos más fascinantes. A menudo tienen problemas con la organización del tiempo; también les cuesta establecer las prioridades, concentrarse y centrar la atención en las tareas que deben realizar. Se distraen fácilmente: les ocurre que a la hora de atraer su atención normalmente ganan los estímulos más intensos y más recientes. Les irrita la unificación y la burocracia. A veces se rebelan abiertamente contra los procedimientos penosos y las normas — en su opinión — irrealizables. Soportan muy mal el marasmo, la inmovilidad y la pasividad.

Al trabajar en equipo, los *entusiastas* valoran una atmósfera sana y amistosa. Se ven confundidos en situaciones de conflicto y lucha por la influencia o el poder. No entienden a las personas que al luchar por sus intereses son capaces de perjudicar a los demás. No son capaces de concebir los motivos de tales actuaciones: ese no es su mundo.

Superiores

Les gustan los superiores que son flexibles y están abiertos a soluciones innovadoras, así como aquellos que muestran a sus subordinados una dirección concreta, pero que al mismo tiempo les dejan libertad en la realización de las tareas, respetando su estilo de trabajo individual. Son partidarios de los principios democráticos de gestión. Valoran a los jefes que tienen en cuenta la opinión de los trabajadores y les permiten participar en la toma de decisiones importantes para la empresa.

Los *entusiastas* también tienen capacidades naturales de liderazgo. Pueden inspirar a otras personas, atraerlas y motivarlas a actuar. Les contagian entusiasmo y suscitan confianza en el éxito de los proyectos conjuntos. Les ayudan a ver los problemas desde una perspectiva más amplia y a percibir futuras posibilidades. Su liderazgo se basa en un conocimiento adecuado de las predisposiciones humanas y en la confianza (no son partidarios de un control estricto). Son capaces de asignar las diferentes tareas a los empleados adecuados: saben quién puede encargarse mejor de un determinado trabajo.

Como jefes normalmente gestionan la empresa o el departamento con ayuda de otras personas. Evitan la burocracia innecesaria y prefieren un estilo natural e informal. A menudo, consultan con sus subordinados las decisiones más importantes. Sin embargo, su problema suele ser la incapacidad para disciplinar a los trabajadores más mediocres. También a menudo no son capaces de cumplir sus promesas (lo que provoca la frustración de sus subordinados). Los jefes *entusiastas* son más efectivos cuando pueden contar con la ayuda de asistentes, que asuman las obligaciones administrativas, velen por el cumplimiento de los plazos y les ayuden a gestionar el tiempo.

Profesiones

El conocimiento del perfil de personalidad propio y de las preferencias naturales es una ayuda inestimable a la hora de elegir la carrera profesional óptima. La experiencia muestra que los *entusiastas* pueden trabajar con éxito y sentirse realizados en diferentes campos, aunque su tipo de personalidad los predispone de forma natural para profesiones tales como:

- actor,
- agente de seguros,

- asistente social,
- científico,
- consejero,
- consultor,
- diplomático,
- director artístico,
- diseñador de interiores,
- empresario,
- escritor,
- logopeda,
- mánager,
- mediador,
- músico,
- organizador de eventos,
- periodista,
- pintor,
- político,
- profesor,
- psicólogo,
- psiquiatra,
- redactor,
- reportero,
- representante comercial,
- sacerdote.

Potenciales puntos fuertes y débiles

Los *entusiastas*, al igual que otros tipos de personalidad, tienen potenciales puntos fuertes y débiles. Este potencial puede ser gestionado de diferentes formas. La felicidad personal y la realización profesional de los *entusiastas* dependen de si aprovechan las oportunidades relacionadas con su tipo de personalidad y de si hacen frente a las amenazas que les acechan. He aquí un RESUMEN de estas oportunidades y amenazas:

Puntos fuertes potenciales

Los *entusiastas* son enérgicos y optimistas. Tienen una actitud positiva hacia las demás personas y son sensibles a sus necesidades. Emanan ternura y cordialidad, gracias a lo cual — de forma natural — atraen a las personas y hacen que los demás se sientan bien en su compañía. Son capaces de interpretar las emociones humanas, los sentimientos y motivos (también los ocultos) y reconocer rápidamente con quién están tratando. Tienen una excelente intuición. En las relaciones interpersonales demuestran tener mucho tacto y una sensibilidad extraordinaria: saben cómo comportarse en una determinada situación y son más bien conciliadores. Aceptan a las demás personas y respetan su individualidad y su independencia. Son tolerantes, flexibles y soportan muy bien los cambios.

Son capaces de improvisar y reaccionar rápidamente ante nuevas circunstancias. Son íntegros, brillantes y creativos. Asimilan rápidamente conceptos complejos y teorías abstractas. Son buenos oradores, capaces de expresar sus propios pensamientos de forma comprensible y tienen el don de la persuasión. No se desaniman por las contrariedades ni los obstáculos. No temen los experimentos y solucionan los problemas de forma innovadora. Piensan globalmente, son capaces de percibir las relaciones entre fenómenos individuales y ven los problemas desde una perspectiva amplia. Tienen unas capacidades de liderazgo innatas. Son capaces de motivar e inspirar a la gente y de contagiarles su optimismo, entusiasmo y confianza en el éxito. Sacan lo mejor de los demás y les ayudan a aprovechar todo su potencial. También son capaces de aceptar la ayuda de los demás y aprovechar su experiencia.

Puntos débiles potenciales

Los *entusiastas* a menudo tienen problemas para determinar las prioridades y concentrarse en las tareas que realizan. Normalmente empiezan el trabajo con entusiasmo, pero se distraen fácilmente y les cuesta acabarlo. A veces les puede ocurrir que no cumplan las promesas hechas, no respeten los plazos establecidos o se retrasen en la realización de las tareas. También tienen problemas con la gestión del tiempo y la planificación. No se les da del todo bien realizar la tareas diarias y repetitivas en la vida privada (por ejemplo, limpiar, hacer la compra); tampoco son partidarios de las obligaciones rutinarias en el trabajo (por ejemplo, preparar informes, redactar memorias).

No son capaces de valorar y utilizar la crítica constructiva, normalmente la ven como un ataque a su persona o un socavamiento de sus valores. Dependen mucho de la valoración de las personas y soportan mal las observaciones negativas y los comentarios sarcásticos. Intentan evitar a toda costa los conflictos y las conversaciones desagradables: normalmente prefieren silenciar el problema a hacerle frente.

Tienen dificultades para expresar opiniones críticas y para llamar la atención a los demás. Reprimen en su interior las emociones negativas. Al centrarse en las necesidades de los demás a menudo se olvidan de las propias. Suelen ser crédulos y a veces son utilizados por los demás. Su entusiasmo y tendencia a ver el mundo de color de rosa les lleva a veces a perder de vista la realidad, a menospreciar los peligros y a una tendencia excesiva al riesgo.

Desarrollo personal

El desarrollo personal de los *entusiastas* depende del grado en que utilizan su potencial natural y se sobreponen a las amenazas relacionadas con su tipo de personalidad. Los siguientes consejos prácticos constituyen un decálogo característico del *entusiasta*.

Concéntrate

Define tus prioridades e intenta acabar lo que empezaste. Concéntrate en las tareas más importantes y no dejes que te distraigan asuntos de menor importancia. Al hacer esto, evitarás la frustración y conseguirás hacer más cosas.

Sé más práctico

Tienes una tendencia natural a crear propuestas idealistas, que suelen estar alejadas de la vida. Piensa en sus aspectos prácticos: en cómo realizarlas en el mundo real e imperfecto en el que vivimos.

No tengas miedo a las críticas

No temas expresar tus opiniones críticas ni aceptar las críticas de otros. La crítica puede ser constructiva y no tiene por qué significar un ataque a las personas o un socavamiento de sus valores.

No culpes a los demás de tus problemas

Eres tú el que tiene más influencia sobre tu vida y eres tú el más competente para solucionar tus problemas. No te detengas ante las contrariedades externas. Concéntrate en tus puntos fuertes y utiliza todo tu potencial.

Deja de mejorar y empieza a actuar

En lugar de pensar en cómo mejorar lo que planeas hacer, simplemente hazlo. En caso contrario pasarás el resto de tu vida perfeccionando tus planes. Es mejor hacer algo bueno (no necesariamente perfecto) que no hacer nada.

Piensa en ti

Piensa acerca de tus propias necesidades y encuentra tiempo para reflexionar sobre tu propia vida. No dejes que te utilicen, y aprende a decir no. Si quieres ayudar eficazmente a otras personas también tienes que preocuparte por ti mismo.

No temas los conflictos

Incluso en el círculo de las personas más próximas a veces se producen conflictos. Sin embargo, no tienen por qué ser destructivos: ¡suelen ayudar a identificar y solucionar problemas! En las situaciones de conflicto no escondas la cabeza bajo la arena, sino que expresa abiertamente tu punto de vista y tus sentimientos relacionados con una determinada situación.

Pregunta

No supongas que el silencio de otras personas significa indiferencia u hostilidad. Si de verdad quieres saber lo que piensan, pregúntales.

No temas las ideas y opiniones que son diferentes a las tuyas

Antes de rechazarlas, piensa bien en ellas e intenta comprenderlas. Una actitud abierta a los puntos de vista de los demás no tiene por qué significar abandonar los propios.

Expresa las emociones negativas

No reprimas en tu interior la ira y la rabia. Si te irrita una determinada situación o comportamiento de otras personas, simplemente dilo. Les ayudarás así a comprender lo que te desagrada y tú mismo evitarás la autodestrucción y las reacciones incontroladas y violentas.

Personas conocidas

La lista de personas conocidas que se corresponden con el perfil de *entusiasta* incluye, entre otros, los siguientes nombres:

- **Joseph Haydn** (1732 - 1809), compositor austriaco del periodo del clasicismo, el primero de los llamados tres clásicos vieneses;
- **Mark Twain**, realmente Samuel Langhorne Clemens (1835 - 1910), escritor estadounidense de origen escocés (entre otras obras, *El príncipe y el mendigo*);
- **Edith Wharton** (1862 - 1937), escritora estadounidense (entre otras obras, *La edad de la inocencia*);
- **James Dobson** (n. 1936), psicólogo cristiano estadounidense y autor de numerosos libros (entre otros, *Lo que cada esposa querría que su marido supiera sobre las mujeres*);
- **Cher**, realmente Cherilyn Sarkisian LaPierre (n. 1946), cantante y actriz de cine estadounidense de origen armenio-indio;
- **Jonathan Pryce**, realmente Jonathan Price (n. 1947), actor de cine galés (entre otras películas, *Piratas del Caribe*);
- **James Woods** (n. 1947), actor de cine estadounidense (entre otras películas, *Salvador*), guionista y director;
- **Gregg Henry** (n. 1952), actor de teatro y cine estadounidense (entre otras películas, *Doble cuerpo*), músico, vocalista y autor de letras;
- **Carrie Fisher** (1956 - 2016), actriz estadounidense (entre otras películas, *La guerra de las galaxias*) y escritora;
- **Damon Hill** (n. 1960), expiloto de carreras británico y campeón del mundo de Fórmula 1;
- **Heather Locklear** (n. 1961), actriz de televisión y cine estadounidense (entre otras series, *Dinastía*);
- **Sandra Bullock** (n. 1964), actriz de cine estadounidense (entre otras películas, *Mientras dormías*) y productora;

ENTUSIASTA (ENFP)

- **Keanu Reeves** (n. 1964), actor de cine canadiense (entre otras películas, *Matrix*);
- **Jason Statham** (n. 1972), actor de cine inglés (entre otras películas, *Transporter*).

Estratega (INTJ)

TIPOLOGÍA DE PERSONALIDAD ID16™©

La personalidad a grandes rasgos

Lema vital: *Esto puede perfeccionarse.*

Independiente, marcado individualismo, con una enorme cantidad de energía interna. Creativo e ingenioso. Visto por los demás como competente y seguro de sí mismo y, a la vez, como distante y enigmático. Mira cada asunto desde una perspectiva amplia. Desea perfeccionar y ordenar el mundo que le rodea.

Bien organizado, responsable, crítico y exigente. Es difícil sacarlo de sus casillas, pero también es difícil satisfacerlo totalmente. Por lo general, tiene problemas para interpretar los sentimientos y emociones de otras personas.

Tendencias naturales del *estratega*:

- Fuente de energía vital: mundo interior.
- Asimilación de información: intuición.
- Toma de decisiones: razón.
- Estilo de vida: organizado.

Tipos de personalidad similares:
- *Lógico*
- *Director*
- *Innovador*

Datos estadísticos:
- Los *estrategas* constituyen el 1-2% de la población.
- Entre los *estrategas* predominan claramente los hombres (80%).
- El país que se corresponde con el perfil de *estratega* es Finlandia[9].

Código literal:
El código literal universal del *estratega* en las tipologías de personalidad de Jung es INTJ.

Características generales

Los *estrategas* son personas independientes, inteligentes y creativas con un rico interior. Su mundo está lleno de reflexiones, ideas y ocurrencias. Valoran el conocimiento y las competencias. Al analizar algún problema buscan más allá, bajo la superficie de los asuntos: son capaces de percibir aspectos que son invisibles para los demás. Se concentran en el futuro y no les gusta mirar hacia atrás. Los demás los perciben como personas «profundas» con grandes conocimientos.

---

[9] Esto no quiere decir que todos los habitantes de Finlandia pertenezcan a este tipo de personalidad, sino que la sociedad finlandesa, en su conjunto, tiene muchas características del *estratega*.

Percepción y pensamientos

Normalmente son estrategas de primer nivel (de ahí la denominación de este tipo de personalidad). «Monitorizan» continuamente el mundo que les rodea buscando nuevas ideas. Son personas con una mente lúcida. Asocian diferentes hechos y datos concretos y descubren relaciones entre ellos. Hacen generalizaciones acertadas. Perciben rápidamente las condiciones y circunstancias cambiantes. Son conscientes de cómo puede desarrollarse una determinada situación. Tienen la habilidad de prever potenciales problemas y amenazas. Cuando alguna nueva idea surge en su mente empiezan inmediatamente a reflexionar sobre cómo ponerla en práctica. Nunca dejan de «monitorizar» el entorno y, en la medida en la que les van llegando nuevos datos, son capaces de verificar las estrategias anteriormente elegidas.

Los *estrategas* tienen la capacidad de realizar un análisis frío, objetivo e imparcial de los acontecimientos. Son excepcionalmente lógicos y racionales. Se guían por su propia intuición y confían mucho en ella. Presentan sus valoraciones y puntos de vista como algo evidente. Normalmente suponen de antemano que tienen razón (a menudo es realmente así). Les gusta resolver problemas complejos de naturaleza teórica. Sin embargo, las acciones repetitivas y rutinarias les fatigan.

Estudios

Por lo general, son muy indagadores. Cuando les interesa alguna idea intentan profundizar en ella y comprenderla en su totalidad. Ya desde su juventud tienen numerosos intereses y con el paso de los años sistematizan sus conocimientos, creando en su mente su mapa del mundo específico, que les permite comprender la realidad y los fenómenos que se producen en ella. Se caracterizan por su hambre de conocimientos y por su deseo de comprender el mundo. Aprenden solos, haciéndose preguntas y buscando respuestas para ellas. Analizan las relaciones causa-efecto entre fenómenos individuales y reflexionan acerca de los principios generales que rigen el comportamiento de las personas.

Les convencen los argumentos racionales. No toleran la incoherencia lógica en los conceptos, las contradicciones internas en los sistemas ni el solapamiento de competencia e ineficiencia en las organizaciones. A pesar de sus amplios conocimientos y buena orientación en el mundo, son conscientes de sus deficiencias. Si no conocen algo, no aparentan ser expertos y reconocen abiertamente su ignorancia. También suelen aprender de sus propios errores, para luego sacar conclusiones para el futuro.

Organización

Los *estrategas* tienen afición por el orden y no toleran el despilfarro ni el caos. Por su carácter, son perfeccionistas, y son capaces de mejorar y perfeccionar ilimitadamente aquello de lo que se ocupan. Sin embargo, también son extremadamente pragmáticos. Cuando perciben nuevas tareas en el horizonte pueden renunciar a mejorar algo que ya funciona bien, para entregarse a los nuevos retos.

Cuando se ocupan de algo, se esfuerzan por hacerlo a la perfección. No son capaces de realizar conscientemente tareas por debajo de sus posibilidades. Llevar los asuntos hasta el final supone para ellos una satisfacción, y acto seguido se sienten liberados, por lo que eso les permite concentrarse totalmente en nuevos retos.

Decisiones

Por lo general les gusta tener tiempo para tomar decisiones, pensar bien en las diferentes opciones y meditar sus posibles consecuencias. Se sienten incómodos en situaciones que requieren una actuación rápida o improvisación.

Los *estrategas* son muy independientes. A veces simplemente parecen «incompatibles» con el entorno. Las opiniones y las conductas de otras personas prácticamente no influyen en su comportamiento. A menudo, sorprenden con sus decisiones a los demás, ya que no se guían por las opiniones más ampliamente profesadas ni por las tendencias del momento. Sus propias reflexiones y las conclusiones a las que han llegado son para ellos más importantes que las opiniones de otras personas.

Su inquebrantable confianza en sí mismos (¡la más fuerte de entre todos los tipos de personalidad!) suele ser erróneamente percibida como arrogancia, prepotencia o menosprecio hacia los demás.

Resolución de problemas

Los *estrategas* son capaces de percibir los problemas en su totalidad, en un contexto amplio. Los analizan desde diversos ángulos y diferentes perspectivas. No tienen reparos para rechazar informaciones sin importancia, para así concentrarse en datos más relevantes, realizando un análisis objetivo y lógico de los mismos.

Piensan en el futuro: tienen en consideración los diferentes escenarios posibles que se pueden dar, y son capaces de prever las consecuencias a largo plazo de diferentes acciones (o bien la falta de efectos). A veces, a los demás les es difícil seguirles, ya que los *estrategas* a menudo están absortos en la resolución de problemas que todavía no han aparecido. Algunas veces también ponen en práctica ideas tan rebuscadas y - a primera vista - extrañas, que los demás se preguntan cómo es posible pensar algo así. Además, son muy flexibles: toman en consideración los posibles cambios de la situación, y tienen en cuenta nuevas premisas, para luego verificar sus puntos de vista o ideas anteriores.

Comunicación

Su mente está llena de conceptos, ideas e imágenes, que solo ellos pueden entender. En su forma original «en bruto» serían ininteligibles para el entorno, pero los *estrategas* son capaces de «traducirlas» de alguna forma al mundo exterior, presentándolas en forma de sistemas coherentes y ordenados. Demuestran sus razones de forma eficaz y muy convincente, a veces forzando un poco los hechos (para que se ajusten mejor a un sistema coherente).

Saben explicar las teorías complejas mediante imágenes y las ilustran claramente, y con ejemplos sencillos; también tienen la habilidad de convertir las ideas generales en estrategias a largo plazo, listas para ser aplicadas.

Pasión

Los *estrategas* desean mejorar la realidad, arreglar el mundo y ayudar a las personas. Lo hacen no solo ofreciendo soluciones para los problemas, sino también planteando preguntas que incitan a las personas a pensar y les inspiran a actuar, a cambiar de actitud o la forma de ver el mundo. Si están convencidos de algún proyecto, son capaces de entregarse completamente al mismo, sin escatimar energías, ni tener en cuenta el tiempo que deben dedicar a ello, y renunciando al descanso. Les sorprende que no todos compartan su entusiasmo. Les cuesta, a su vez, implicarse en algo de lo que no están convencidos.

Normalmente ven el mundo como una materia a la que puede darse forma y se puede transformar según diversas concepciones e ideas. La posibilidad de «materializar» las ideas y de transformar la realidad supone para ellos una enorme satisfacción. A menudo, son autores de numerosas soluciones efectivas y planes de actuación. Cuando ya han elaborado e implementado con éxito algún sistema, lo delegan de buen grado a otros, mientras que ellos mismos se encargan de otros retos.

Ante situaciones de estrés

Una fuente de problemas para los *estrategas* puede ser su incapacidad para descansar y hacer frente al estrés. En situaciones estresantes pueden comportarse de una forma que no es natural para ellos y que se manifiesta del siguiente modo: distrayéndose, prestando atención a los detalles, volviéndose minuciosos, repitiendo mecánicamente ciertas acciones (por ejemplo, ordenar o limpiar algún objeto). También pueden intentar descargar la tensión recurriendo a sustancias estimulantes.

Aspecto social de la personalidad

Los *estrategas* raramente demuestran sus emociones y son más bien parcos a la hora de hacer elogios. Los demás los perciben como reservados, severos y conservadores. Sin embargo, en realidad son sensibles y se preocupan por los demás, en particular de los más próximos. Su conservadurismo también es aparente. Los *estrategas* están, de hecho, muy abiertos a cualquier novedad, y durante toda su vida buscan activamente nuevas ocurrencias e ideas.

Sin embargo, es cierto que los contactos interpersonales suponen para ellos un desafío importante. Se pierden cuando deben interpretar las emociones y sentimientos de los demás. No perciben el sentido de los pequeños gestos, no les divierte coquetear ni flirtear con los demás. Tampoco tienen la necesidad de un contacto físico con sus interlocutores (por ejemplo, dar palmadas o tocarse). Prefieren la «comunicación a distancia» (por ejemplo, mediante el correo electrónico).

Esperan de los demás que se comporten de forma racional y sensata y que expresen sus pensamientos de forma directa. No les gusta repetirse. No intentan convencer de sus motivos a aquellos que de antemano los rechazan, sin intentar ni siquiera entenderlos. A menudo, suponen que aquello de lo que hablan debería ser evidente para todos. Suele ocurrir que al presentar alguna tesis, no explican de qué forma han llegado hasta ella. Normalmente culpan a los demás de no entender sus «atajos mentales». Su lado fuerte es, a su vez, su buena intuición y su disposición para «arreglar» las relaciones con las personas.

Entre amigos

La seguridad en sí mismos, los conocimientos y la inteligencia de los *estrategas* infunden normalmente respeto. Sin embargo, a menudo son vistos como personas a las que es difícil acercarse, a las que es difícil conocer y que mantienen a todos a distancia. A muchos les irrita que los *estrategas* sean tan «sabiondos», convencidos de que todo lo saben mejor que otros. Algunos, a su vez, temen su mente penetrante, pues piensan que son capaces de leer los pensamientos de la gente. Se sienten, por lo tanto, confusos en su presencia.

Aquellos que los conocen bien saben que en realidad no son personas tan serias ni severas como aparentan ser. Dentro de su grupo de amigos los *estrategas* son capaces de relajarse y pasarlo bien. También tienen un «profundo» sentido del humor y sus chistes y comentarios suelen ser no solo divertidos, sino también brillantes.

Sus amigos valoran su amistad y reconocen su ingenio y sus conocimientos. Los *estrategas* son normalmente unos amigos muy tolerantes, discretos y fieles. Para ellos, tiene mucha importancia la armonía en las relaciones con los demás. A veces, necesitan un cierto grado de libertad, su propio espacio; deben retirarse un poco, retroceder, estar a solas. Esto es una necesidad natural: de esta forma protegen su mundo interior. Sin embargo, esto no se debe a una aversión a la gente.

A los *estrategas* les gustan las reuniones gracias a las cuales pueden enterarse de algo nuevo. Valoran las conversaciones con personas que saben más que ellos o son expertos en un determinado campo. Hacen amistad más frecuenteme nte con *lógicos*, *directores*, *inspectores* y otros *estrategas*. Más raramente, con *presentadores*, *artistas* y *defensores*. Comentan de buen grado sus ideas con sus conocidos y analizan conjuntamente diversas teorías. Sin embargo, las reuniones sociales les cansan, así como las charlas superfluas, los chismes y los gestos corteses.

En el matrimonio

Los *estrategas* son muy independientes, y también desean proporcionar autonomía a sus maridos / esposas. Tratan muy seriamente sus obligaciones para con los familiares. Sus relaciones con los demás son normalmente sanas, duraderas y estables. Los *estrategas* siempre buscan nuevas ideas y desean perfeccionar su comprensión del mundo, lo que a veces los lleva a revalorizar las cosas de forma radical. Con el tiempo, puede también cambiar su modo de comprender sus obligaciones ante los demás.

Su vida transcurre principalmente en su interior: son personas con una gran imaginación. A veces, les cuesta conciliar sus imaginaciones y visiones idealistas con la imperfecta realidad. Por lo general, no tienen grandes necesidades emocionales y difícilmente las perciben en los demás. Normalmente no son efusivos, tampoco colman a sus parejas de cumplidos. Expresan su entrega mediante actos concretos, pero se sienten inseguros confusos en situaciones que requieren interpretar los sentimientos de otras personas o expresar los propios. Sus maridos / esposas pueden tener ciertas carencias en este aspecto. Sin embargo, los *estrategas* siempre aspiran a mejorar la realidad y perfeccionarse. Cuando adoptan esta postura en el matrimonio pueden hacer realmente mucho.

Los candidatos naturales a maridos / esposas de los *estrategas* son personas de tipos de personalidad afines: *lógicos*, *directores* o *innovadores*. En estos matrimonios es más fácil crear una comprensión mutua y unas relaciones armoniosas. Sin embargo, la experiencia muestra que las personas pueden crear relaciones exitosas y felices, también a pesar de una evidente disconformidad tipológica. Aún más, las diferencias entre los cónyuges pueden aportar dinámica a estas relaciones y ayudar al desarrollo personal (a muchas personas esta perspectiva les parece más atractiva que la visión de una relación armoniosa, en la que siempre reina el acuerdo y una plena comprensión mutua).

Las relaciones de los *estrategas* con otras personas son normalmente buenas, ya que por lo general no mantienen las malas relaciones. Cuando llegan a la convicción de que es necesario terminarlas, no tienen reparos para hacerlo. Esto también puede referirse a su relación matrimonial. Sin embargo, la separación o el divorcio no son para ellos en absoluto una experiencia tan dolorosa como podría parecerle a algunos.

Como padres

Los *estrategas* son unos padres muy entregados y concienzudos. Tratan con seriedad su papel de padres. Ayudan a sus hijos a comprender el mundo y les enseñan a pensar de forma independiente y crítica, así como a tomar decisiones de manera autónoma. Normalmente se preocupan mucho por su educación. Desean desarrollar su potencial y educarlos como personas inteligentes e independientes. Sin embargo, suele ocurrir que no valoran sus necesidades emocionales y - por lo tanto - no les muestran suficiente amor, cariño ni ternura. Si no desarrollan esta sensibilidad, pueden causar un cierto distanciamiento emocional entre ellos y sus hijos.

Los *estrategas* que consiguen evitar los errores arriba mencionados son unos padres perfectos y una gran autoridad para sus hijos. Contribuyen también a su desarrollo y les animan a conocer el mundo y a adquirir conocimientos, gracias a lo cual sus hijos normalmente llegan a ser personas responsables, creativas e independientes, que no temen los nuevos desafíos.

Trabajo y carrera profesional

Los *estrategas* son felices cuando pueden poner en práctica conceptos teóricos, así como sistematizar, ordenar y organizar el mundo. Son buenos candidatos para ser científicos, ingenieros e inventores. Se desenvuelven muy bien en cualquier puesto que requiera perspicacia, inteligencia e independencia.

En equipo

A los *estrategas* les gusta el trabajo en solitario, que les proporciona autonomía y no limita su libertad. Les irrita el control excesivo por parte de sus superiores. Valoran la privacidad y no les gusta que alguien altere su tranquilidad y les moleste. Sin embargo, prefieren trabajar junto con otras personas de talento. Se sienten mejor en un grupo flexible, privado de jerarquías rígidas.

Se centran en el objetivo, incluso cuando lo pierden de vista. Siempre respetan los plazos marcados y cumplen sus obligaciones. Las características de los *estrategas* que a menudo irritan a otros trabajadores son: su extrema independencia, el perfeccionismo, la impaciencia, el celo en la realización de las tareas, la seguridad en sí mismos y el convencimiento de que siempre tienen razón.

Empresas

No se encuentran a gusto en empresas en las que el cumplimiento de unas reglas establecidas o unos procedimientos detallados es más importante que las ideas creativas y los logros concretos. Valoran a los superiores que son competentes y confían en sus subordinados, dándoles un margen de libertad en la realización de las tareas confiadas.

Superiores

Los *estrategas* tienen capacidades de liderazgo naturales, pero si pueden, prefieren quedarse en un segundo plano, apoyando a los líderes. Sin embargo, no vacilan cuando la situación requiere que pasen a un primer plano, y lo hacen. A pesar de su falta de «ansias de poder», desempeñan a menudo puestos de dirección: son unos mánager ideales en campos que requieren capacidades organizativas y una planificación estratégica.

Como jefes, se preocupan de la alta eficacia de las empresas o departamentos de los que son responsables. Normalmente tienen unas exigencias elevadas y a veces dan la sensación de ser personas a las que es complicado satisfacer completamente.

Normalmente, pronto dejan a los subordinados valerse por sí mismos. Les ayudan a darse cuenta de los retos del futuro y las condiciones cambiantes. No toleran el desorden, el despilfarro, la pasividad y la falta de compromiso. Son capaces de eliminar - fríamente - cualquier solución poco práctica o inefectiva. Perciben las cosas de forma objetiva, sin carga sentimental o emocional. No se apegan a soluciones concretas y están dispuestos a abandonarlas cuando dejan de ser útiles. Para ellos, no tiene mayor importancia quién las introdujo o cuánto tiempo han sido empleadas.

Profesiones

El conocimiento del perfil de personalidad propio y de las preferencias naturales es una ayuda inestimable a la hora de elegir la carrera profesional más conveniente. La experiencia muestra que los *estrategas* pueden trabajar con éxito y sentirse realizados en diferentes campos, aunque su tipo de personalidad los predispone de forma natural para profesiones tales como:

- administrador,
- analista de sistemas informáticos,
- analista financiero,
- arquitecto,
- científico,
- coordinador de proyecto,
- director de investigación y desarrollo,
- director ejecutivo,
- diseñador de sistemas informáticos,

- diseñador,
- economista,
- escritor,
- especialista en evaluación de riesgos,
- especialista en planificación estratégica,
- fotógrafo,
- informático,
- ingeniero,
- inversor,
- juez,
- jurista,
- mánager,
- médico,
- planificador,
- político,
- profesor universitario,
- profesor,
- programador informático,
- psicólogo,
- redactor,
- técnico.

Potenciales puntos fuertes y débiles

Los *estrategas*, al igual que otros tipos de personalidad, tienen potenciales puntos fuertes y débiles. Este potencial puede ser gestionado de diferentes formas. La felicidad personal y la realización profesional de los *estrategas* dependen de si aprovechan las oportunidades relacionadas con su tipo de personalidad y de si hacen frente a las amenazas que les acechan. He aquí un RESUMEN de estas oportunidades y amenazas:

ESTRATEGA (INTJ)

Puntos fuertes potenciales

Los *estrategas* tienen una mente perspicaz y perciben fácilmente cosas que los demás no ven. Advierten rápidamente los principios generales que rigen el mundo y los esquemas repetidos de comportamientos humanos. Son unos excepcionales analistas y estrategas: son capaces de prever diversos escenarios en el desarrollo de las situaciones, también saben ver los problemas desde una perspectiva amplia y encontrar las mejores soluciones. Son muy independientes y resistentes a la crítica, aunque también pueden cambiar de opinión si ven la posibilidad de perfeccionamiento o de mejores soluciones. Trabajan insistentemente y dedican mucha energía a los asuntos que les importan. Gracias a esto normalmente consiguen los objetivos marcados.

Tienen naturaleza de inventores. La inteligencia, la capacidad para comprender teorías complejas, la lógica y la constancia les permiten encontrar nuevas soluciones o aplicar las existentes de forma nueva y creativa. Tienen un sano sentido de su propio valor. Se desenvuelven bien en situaciones conflictivas, son capaces de valorar los asuntos fríamente: de forma objetiva y sin emociones. Son responsables y tratan muy en serio sus obligaciones. Son capaces de liberarse de relaciones dañinas y tóxicas. Siempre están dispuestos a perfeccionarse, aprender algo nuevo y mejorar las relaciones con las demás personas.

Puntos débiles potenciales

Los *estrategas* tienen, por lo general, dificultades para interpretar los sentimientos y percibir las necesidades emocionales de otras personas. También les cuesta expresar sus propios sentimientos y emociones. Los demás los suelen ver como personas retraídas, insensibles y como personas que mantienen a la gente a distancia. A menudo, con su actitud molestan inconscientemente a los demás y crean tensiones en los contactos con otras personas. Estos problemas pueden conducir al autoaislamiento y el retraimiento. Los *estrategas* pueden entonces sentirse extraños entre las personas y culpar a los demás de los problemas que ellos mismos contribuyeron a crear. En situaciones de conflicto intentan solucionar los problemas con ayuda de argumentos lógicos, apelando al sentido común. No aprecian la importancia de las emociones y sentimientos humanos. Así, no comprenden que muchos problemas pueden ser solucionados prestando a los demás apoyo emocional, animándolos, consolándolos. Es una esfera en la que los *estrategas* se sienten inseguros.

A las personas que conviven con los *estrategas* y a sus compañeros de trabajo a menudo les cansa su continua aspiración a perfeccionarlo todo, su seguridad en sí mismos y la convicción de que siempre tienen razón. Las elevadas exigencias que tienen para con los demás, que a menudo son irreales, también pueden ser un problema. Los *estrategas* tienen un bajo umbral de tolerancia ante las infracciones de los demás y comentan críticamente sus acciones. Ven en todas partes deficiencias, defectos, inexactitudes y errores. Buscan incoherencias en los razonamientos de los demás y lagunas en sus argumentaciones. Su actitud crítica hace que a veces rechacen prematuramente las opiniones y sugerencias de otras personas. Una posible causa de los problemas de los *estrategas* puede ser también su tendencia natural a la adicción al trabajo y su incapacidad para relajarse.

Desarrollo personal

El desarrollo personal de los *estrategas* depende del grado en que utilizan su potencial natural y se sobreponen a los riesgos relacionados con su tipo de personalidad. Los siguientes consejos prácticos constituyen un decálogo característico del *estratega*.

Elogia a los demás

Señalar continuamente a los demás sus errores no les ayuda en absoluto. Sé más moderado en la crítica y más generoso a la hora de valorar y elogiar a las personas. Muestra a los demás afecto y aprovecha cualquier ocasión para decirles algo agradable. ¡Notarás la diferencia y te sorprenderá!

Deja algunos asuntos a su curso natural

No puedes tenerlo todo controlado. No eres capaz de dominar cada asunto. Así que deja los menos importantes a su curso natural. Ahorrarás mucha energía y evitarás la frustración.

Comprende que no hay que mejorarlo todo

Algunas cosas ya son suficientemente buenas. Otras, en cambio, no tiene sentido perfeccionarlas. Sé también más indulgente con los demás. No intentes arreglarlo todo.

No rechaces las ideas y opiniones de otras personas

Antes de juzgarlas como algo sin valor, piensa bien en ellas e intenta comprender qué tienen en mente los demás. No supongas que nadie conoce un determinado tema tan bien como tú.

Percibe las cosas positivas

No busques en todas partes errores, deficiencias o faltas. No te concentres únicamente en los defectos y las deficiencias. Percibe también los aspectos positivos de la vida, las cualidades de las diferentes situaciones y las buenas realizaciones de otras personas.

Deja que los demás tengan razón

Sé consciente de que los demás pueden tener parte e incluso toda (!) la razón. Reconoce que puedes equivocarte y aprende a conceder a otros la razón. (¡Atención! Al principio tus familiares y compañeros de trabajo pueden estar sorprendidos).

Acepta la ayuda de otras personas

Cuando tengas un problema, no dudes en pedir ayuda a los demás y aprovecharla, antes de que la situación se vuelva realmente grave.

Descansa

Intenta alejarte a veces de las obligaciones y hacer algo por puro placer, relax, diversión... Esto te permitirá volver a tus tareas con la mente fresca.

No te aísles de la gente

Posiblemente nunca llegarán a gustarte las reuniones sociales, los chismes, las charlas y los intercambios corteses de palabras amables. Sin embargo, tu vida será más rica si cuidas los contactos con los más próximos y te encuentras con personas con las que compartes pasiones e intereses.

Sonríe

Puede que lo sepas, pero como *estratega* a menudo tienes un semblante serio y amenazador. Aprende a controlar tu mímica y no asustes a la gente con una expresión excesivamente severa de tu rostro. Sonríe más. Algo pequeño, pero puede dar un gran resultado.

Personas conocidas

La lista de personas conocidas que se corresponden con el perfil de *estratega* incluye, entre otros, los siguientes nombres:
- **Isaac Newton** (1643 - 1727), físico, astrónomo, matemático y filósofo inglés; descubridor de la ley de gravitación universal;

Idealista (INFP)

TIPOLOGÍA DE PERSONALIDAD ID16™©

La personalidad a grandes rasgos

Lema vital: *Se puede vivir de otra manera.*

Sensible, leal, creativo. Desea vivir según los valores que profesa. Muestra interés por la realidad espiritual y ahonda en los secretos de la vida. Suele conmoverse por los problemas del mundo y está abierto a las necesidades de otras personas. Valora la armonía y el equilibrio.

Romántico: es capaz de demostrar amor, pero él mismo también necesita cariño y afecto. Interpreta perfectamente los motivos y sentimientos de otras personas. Crea relaciones sanas, profundas y duraderas. En situaciones de conflicto lo pasa mal, no sabe qué hacer. No resiste el estrés y la crítica.

Tendencias naturales del *idealista*:

- Fuente de energía vital: mundo interior.
- Asimilación de información: intuición.
- Toma de decisiones: corazón.
- Estilo de vida: espontáneo.

Tipos de personalidad similares:
- *Mentor*
- *Entusiasta*
- *Consejero*

Datos estadísticos:
- Los *idealistas* constituyen el 1-4% de la población.
- Entre los *idealistas* predominan las mujeres (60%).
- El país que se corresponde con el perfil de *idealista* es Tailandia[10].

Código literal:
El código literal universal del *idealista* en las tipologías de personalidad de Jung es INFP.

Características generales

Los *idealistas* son personas con mucha riqueza interior. Desean comprenderse a sí mismos y a los demás. Reflexionan y se preguntan por qué las personas se comportan como lo hacen y no de otra forma. A veces dan la sensación de estar distantes. Sin embargo, en realidad son muy abiertos a otras personas. Se interesan sinceramente por sus problemas y son capaces de implicarse de todo corazón en su resolución.

Desean armonía, procuran que haya paz e intentan suavizar los conflictos. En la vida, se guían por ideales (de ahí el nombre de este tipo de personalidad), que tienen para ellos la máxima importancia. Los objetivos vitales de los *idealistas* normalmente no se corresponden con los objetivos

---

[10] Esto no quiere decir que todos los habitantes de Tailandia pertenezcan a este tipo de personalidad, sino que la sociedad tailandesa, en su conjunto, tiene muchas características del *idealista*.

de la mayoría de la sociedad. Los bienes materiales, el poder o la influencia no les causan impresión.

Debido a los valores que profesan, a veces los *idealistas* se sienten solitarios o alienados, aunque casi nunca renuncian a sus propios ideales (incluso si deben pagar un alto precio por ello). Simplemente no tienen otra elección: deben ser ellos mismos. Una vida contraria a los valores que profesan no tiene sentido para ellos.

A los ojos de los demás

Son percibidos por los demás como modestos, agradables y siempre dispuestos a ayudar. Pueden parecer tímidos, distantes e indecisos. Suelen ser percibidos como personas que empiezan muchas cosas, pero que no son capaces de finalizarlas. Por otra parte, destacan por su sensibilidad natural por las necesidades y los sentimientos de los demás.

Los otros los ven como personas tranquilas, aunque en su interior casi nunca hay tranquilidad. Los *idealistas* se conmueven sinceramente con los problemas del mundo y son sensibles a las manifestaciones de injusticia. Creen que todo hombre tiene derecho a la felicidad y a ser él mismo. Desean la paz, la unidad y un mundo mejor. La fidelidad a sus ideales les exige asumir sacrificios, y un comportamiento no conforme con su escala de valores provoca en ellos un profundo sentimiento de culpa.

Percepción del mundo y prioridades

Los *idealistas* no dejan de entusiasmarse con la belleza del mundo. Siempre están asombrados y sorprendidos por la realidad que les rodea. Son capaces de ver y apreciar siempre el bien y la belleza. Les interesan el mundo y las personas. Miran hacia el futuro y tienen la necesidad de perfeccionarse y desarrollarse. Les gusta descubrir los secretos de la vida y ahondar en su sentido. No prestan demasiada atención a los asuntos materiales. Su principal necesidad es encontrar el sentido de la vida. Les atrae el mundo espiritual. Si no son personas creyentes, les atormenta una dolorosa sensación de vacío, sienten que les falta algo.

Tienen una necesidad interior de cambiar la realidad y ayudar a otras personas. Independientemente de su ocupación profesional (incluso si esta consiste precisamente en prestar ayuda a los demás) en su tiempo libre a menudo se implican en actividades sociales (por ejemplo, trabajan como voluntarios de organizaciones caritativas) o simplemente ayudan a sus amigos.

Persiguen infatigablemente la realización de los objetivos con los que se identifican. Son perseverantes buscando la verdad. Cada nueva información, antes de que sea introducida en su «base de datos» interior, es filtrada por su escala de valores. De esta forma, valoran si será útil en la búsqueda del sentido de la vida, para cambiar el mundo o para ayudar a las personas. Asocian la nueva información con aquello que habían aprendido y experimentado antes. Confían mucho en su intuición.

Decisiones

Toman las decisiones más con el corazón que con la cabeza. Lo más importante para ellos es cómo influirá una determinada decisión en su propia vida y en la vida de otras personas. Los argumentos de naturaleza puramente lógica no les convencen. Desconfían de las resoluciones tomadas exclusivamente sobre la base de datos puros y duros, de forma racional, impersonal. Antes de tomar alguna decisión, la meditan durante mucho tiempo y se preparan para ella.

Los *idealistas* perciben y valoran la individualidad de cada persona. Nunca imponen a los demás sus propias convicciones. A ellos mismos tampoco les gusta que alguien intente imponerles algo o ejercer presión sobre ellos.

Creatividad

Normalmente son personas muy originales e ingeniosas: el hecho de crear les proporciona una enorme alegría. El resultado final o la percepción de su obra por parte de los demás tiene para ellos menos importancia que el mismo trabajo en sí. Normalmente son percibidos como excepcionales y nada comunes, aunque no se esfuerzan en absoluto por ser originales (a menudo ni siquiera saben que son vistos así).

Percepción y pensamientos

Los *idealistas* están abiertos a nuevas ideas, y por lo general son flexibles. Cuando están en un grupo permiten que los demás tomen decisiones. A algunos les puede parecer que todo les da lo mismo. Sin embargo, si alguna decisión fuera contraria a sus convicciones, serían capaces — para sorpresa del entorno — de pasar rápidamente a la acción y protestar decididamente, e incluso de luchar en defensa de lo que consideran importante.

A veces, les cuesta adaptarse a las normas y formas generalmente aceptadas. También tienen tendencia a concentrarse en las informaciones conformes con su visión del mundo y a «no ver» o ignorar los datos que son contrarios a ella. Suele ocurrir que, al emplear este mecanismo defensivo, se cierran cada vez más en su mundo y pierden la capacidad de ver los problemas desde una perspectiva más amplia. Esta situación puede tener una influencia negativa sobre sus relaciones con las personas, haciendo que se encierren en sí mismos.

Organización

Los *idealistas* no suelen dedicar demasiado tiempo al aspecto exterior, ni les fascinan las novedades del mundo de la moda. También pueden dar la impresión de ser caóticos e informales. En realidad, sin embargo, tratan con seriedad su vida y sus obligaciones. Exigen mucho de sí mismos y desean perfeccionarse, aunque están tan absortos en la realización de sus visiones que suelen olvidarse de las acciones cotidianas y rutinarias (pueden no darse cuenta de que hay que ordenar el escritorio, vaciar la papelera, lavar el coche). Tampoco les gustan los trabajos administrativos y realizan de mala gana las tareas que requieren guiarse por la pura lógica y basarse únicamente en los datos. También tienen problemas para gestionar el tiempo y para organizarse.

Conscientes de estas dificultades, intentan poner en orden diferentes áreas de su vida. Normalmente retoman estos intentos varias veces (con diversos resultados). Cuando están en una situación complicada o de conflicto, no son capaces de actuar de forma racional. Entonces, sucede que, al no saber cómo actuar, hacen cualquier cosa solo para salir rápidamente de una situación problemática.

Comunicación

Los *idealistas* son normalmente parcos en palabras. Hablan cuando tienen algo que decir. No les gusta hablar de sí mismos. Por el contrario son capaces de describir de forma sencilla y comprensible conceptos difíciles y fenómenos complejos. Les gusta utilizar variopintas comparaciones y metáforas. Son conscientes del gran poder de las palabras y de cuánta influencia pueden ejercer sobre las personas.

Les gustan las conversaciones profundas en un grupo reducido. No les interesan las charlas superficiales, los chismes y las conversaciones sobre el tiempo u otras banalidades. No les gustan las multitudes y nos les gusta hablar en público.

Se sirven perfectamente de la palabra escrita. También son unos excelentes oyentes. Leen entre líneas y, apenas después de un primer encuentro, ya son capaces de decir mucho de una persona (raramente se equivocan). Las conversaciones con los *idealistas* a menudo ayudan a las personas a verbalizar sus propios sentimientos, pensamientos y necesidades.

Los *idealistas* que son capaces de utilizar bien el don de la empatía pueden ser mediadores eficientes. Al ayudar a los demás no intentan solucionar los problemas de forma lógica y racional (por ejemplo, analizando sus causas, buscando culpables), sino que ven una determinada situación a través del prisma de los sentimientos e intentan eliminar las malas sensaciones, suavizar las disputas y llegar a un compromiso.

Ante situaciones de estrés

La tendencia a la perfección combinada con la imposibilidad de poner en orden algunas áreas de la vida (por ejemplo, la organización del tiempo) es para ellos muchas veces una fuente de frustración. Por lo general no soportan el estrés. Este hace que pierdan la confianza en sus propias fuerzas y no estén en condiciones de tomar decisiones, o bien — todo lo contrario — empiecen a actuar de forma impulsiva e irreflexiva. A menudo, su forma preferida de pasar el tiempo libre es la actividad física.

Aspecto social de la personalidad

Los *idealistas* comprenden a las otras personas y reconocen sus sentimientos y motivos. Son amigos fieles y leales; también suelen ser unos perfectos oyentes. Les gusta ayudar a los demás y a menudo ponen las necesidades de estos en primer lugar. Les cuesta abrirse ante la gente. Incluso a sus allegados les cuesta adivinar lo que ocurre en su interior.

Unas relaciones sanas con sus allegados son muy importantes para ellos. Sin ellos, no pueden ser felices ni disfrutar plenamente de la vida. Consideran que una persona se conoce mejor a sí misma gracias a los demás. En las relaciones con los otros, le dan una gran importancia a los símbolos y los gestos, a veces también a comportamientos particulares e individuales. Si alguien actuó alguna vez de manera no conforme con los principios, puede ser — en su opinión — propenso a volver a actuar así en el futuro.

A menudo tienen tendencia a idealizar a las personas buenas, y a demonizar a las malas. Su mundo suele ser bipolar.

Entre amigos

Los *idealistas* hacen nuevas amistades poco a poco, pero sus vínculos acaban siendo profundos y duraderos. Muestran a los demás mucha ternura y son muy sensibles a sus sentimientos y necesidades. Les caracteriza una actitud de aceptación. Procuran edificar unas relaciones perfectas, y para ello ponen de su parte un gran empeño. Intentan evitar a cualquier costa los conflictos y las conversaciones desagradables, que podrían herir a alguien.

Su lealtad y apego a sus amigos (de los que normalmente tienen pocos) no se debilitan ni siquiera a pesar de una separación prolongada. Siempre están dispuestos a brindarles apoyo y son objeto de su tierna solicitud. Valoran los vínculos auténticos y profundos y sus amistades perduran a menudo a lo largo de toda la vida. Los amigos de los *idealistas* son con más frecuencia *mentores*, *entusiastas*, *artistas* y otros *idealistas*. Sin embargo, raramente entablan amistad con *administradores*, *inspectores* y *animadores*.

En el matrimonio

Los *idealistas* están hechos para el matrimonio y sus relaciones son extraordinariamente duraderas. Se quedan solteros por su propia elección menos frecuentemente que los demás. Son muy románticos y excepcionalmente fieles.

Para ellos, la familia es una de las cosas más importantes de la vida. Sueñan con tener relaciones perfectas, armoniosas y románticas con el cónyuge (a menudo les cuesta conciliar estas expectativas con la realidad). Obsequian a sus parejas con extraordinario respeto, admiración y confianza. Les colman de cumplidos y les muestran mucho cariño. Sin embargo, ellos mismos también necesitan enormemente su cercanía y afecto. Pero no son dominantes ni celosos. No importunan y no intentan poner límites a sus maridos/esposas, o hacerlos dependientes de ellos.

Intentan a cualquier precio apaciguar los conflictos matrimoniales y evitan los temas desagradables e irritantes (prefieren silenciar los problemas). Encajan todas las palabras críticas de forma muy personal. Incluso una pequeña observación o una broma pueden causarles un enorme dolor. Entonces, a los demás estas reacciones pueden parecerles exageradas e inadecuadas. Los *idealistas* tienen un umbral de tolerancia a la crítica extraordinariamente bajo y por esa razón es fácil herirlos. Esto puede ser un problema importante en sus relaciones con *estrategas*, *inspectores*, *directores* y *administradores*, para los cuales la crítica, el conflicto y la confrontación abierta son un elemento normal de las relaciones interpersonales.

Los candidatos naturales a maridos/esposas de los *idealistas* son personas de tipos de personalidad afines: *mentores*, *entusiastas* o *consejeros*. En estos matrimonios es más fácil crear una comprensión mutua y unas relaciones armoniosas. Sin embargo, la experiencia demuestra que las personas pueden crear relaciones exitosas y felices también a pesar de una evidente disconformidad tipológica.

Como padres

Los *idealistas* se encuentran perfectamente en el papel de padres. Tratan su responsabilidad de forma muy seria. Procuran para sus hijos un entorno amistoso y seguro, así como un ambiente cordial. Les muestran mucho cariño y los colman de elogios. Son excepcionalmente entregados, leales y cariñosos. Apoyan a los hijos y les ayudan sin importar la situación. En su educación, se sirven más de incentivos positivos (ánimos, premios) que de la crítica y la disciplina. Solo emplean medidas muy radicales cuando el comportamiento de los hijos atenta contra su propio sistema de valores. Sin embargo, prefieren dejar a los maridos/esposas la tarea de disciplinar a los hijos.

Los *idealistas* respetan la individualidad de los hijos y no les ponen limitaciones. Les permiten participar en la toma de decisiones familiares y cuentan con su opinión. Los niños educados principalmente por *idealistas* (por ejemplo, por padres solteros) pueden no tener claras, a veces, las reglas que rigen el mundo. Sin embargo, nunca les faltará el cariño, el apoyo, la confianza y el espacio necesario para su desarrollo. Y por eso, pasados unos años, valoran a sus padres por todas estas cosas.

Trabajo y carrera profesional

Los *idealistas* son capaces de hacer frente a diversas tareas al mismo tiempo, aunque no todas les proporcionan la misma satisfacción. Son más felices cuando pueden realizar un trabajo que refleja sus convicciones personales.

Éxito

El trabajo es para ellos algo más que ganar dinero. No perciben un ascenso o un buen sueldo como sinónimo de éxito. Para ellos, el verdadero éxito es comprender el sentido de la vida y la posibilidad de hacer realidad su vocación. Desean hacer algo que para ellos tenga un sentido profundo.

En equipo

Por lo general, son individualistas. Prefieren trabajar en solitario. Sin embargo, si es necesario pueden encontrar su lugar en un equipo. Se adaptan fácilmente a las nuevas situaciones, soportan bien los cambios y les gustan las ideas nuevas. Necesitan, sin embargo, algo de espacio privado; no les gusta cuando alguien les interrumpe, les molesta o viola su privacidad.

Cuando trabajan en grupo, contribuyen a que haya un buen ambiente, apoyan a los demás trabajadores y ayudan a alcanzar el consenso en el equipo. Por regla general promueven unos principios democráticos de toma de decisiones. Creen que el ánimo y la persuasión pueden conseguir más que la crítica abierta o la presión. Evitan a toda costa los conflictos en el equipo y se abstienen de criticar a sus compañeros de trabajo. Cuando deben llamarle la atención a alguien, lo hacen de forma tan delicada y diplomática, que el mensaje que quieren transmitir queda poco claro.

Empresas

El entorno óptimo de trabajo para los *idealistas* es aquel en el que pueden proceder de acuerdo con sus convicciones y realizar los objetivos en los que creen. Se encuentran a gusto en empresas que aceptan la individualidad de los trabajadores. Sin embargo, se ahogan en un entorno burocratizado, en el que la actividad de los trabajadores está restringida por numerosos procedimientos rígidos. Por lo general, no se les dan del todo bien las acciones rutinarias y repetitivas.

Se encuentran bien cuando trabajan en organizaciones sociales y en un entorno académico, mientras que son prácticamente incapaces de trabajar en cuerpos de seguridad o similares.

Superiores

Los *idealistas* valoran a los superiores que tienen principios morales, les gustan los enfoques creativos de las tareas, apoyan a sus subordinados y no están obsesionados con los procedimientos, plazos y formalidades. Les irrita el control excesivo, el abuso de poder, la burocracia inhumana, el hecho de tratar a la gente como piñones de una máquina y de colocar el beneficio y el rendimiento por encima del bien de los empleados.

Preferencias

Les sacan de sus casillas los estereotipos, la simplificación de la realidad y cualquier intento de unificación. Se encuentran muy a gusto en situaciones que requieren solucionar problemas complejos y difíciles. Sin embargo, no les gusta trabajar a contrarreloj. Los «plazos límite» hacen que se sientan atados y limitados.

Profesiones

El conocimiento del perfil de personalidad propio y de las preferencias naturales es una ayuda inestimable a la hora de elegir la carrera profesional óptima. La experiencia muestra que los *idealistas* pueden trabajar con éxito y sentirse realizados en diferentes campos, aunque su tipo de personalidad los predispone de forma natural para profesiones tales como:

- activista social,
- actor,
- artista,
- asistente social,
- bloguero,
- científico,
- coach,
- consejero,
- consultor,
- coordinador de proyecto,
- decorador,
- director artístico,
- diseñador de interiores,
- escritor,
- especialista en multimedia,
- especialista en relaciones laborales,
- fisioterapeuta,
- mediador,
- músico,
- periodista,
- preparador,
- profesor,
- psicólogo,

- psiquiatra,
- redactor,
- sacerdote.

Potenciales puntos fuertes y débiles

Los *idealistas*, al igual que otros tipos de personalidad, tienen potenciales puntos fuertes y débiles. Este potencial puede ser gestionado de diferentes formas. La felicidad personal y la realización profesional de los *idealistas* dependen de si aprovechan las oportunidades relacionadas con su tipo de personalidad y de si hacen frente a las amenazas que les acechan. He aquí un RESUMEN de estas oportunidades y amenazas:

Puntos fuertes potenciales

Los *idealistas* tienen en su interior un tierno y extraordinario cariño y gracias a ello «irradian calor» de buen grado a los demás. Por lo general, son sensibles y solícitos. Perciben las necesidades de los demás y son sensibles a cualquier manifestación de injusticia: desean actuar a favor de los que han sido perjudicados o utilizados. Su estable escala de valores, su extraordinaria empatía y su interés sincero por el destino de los demás los predisponen para la actividad social. Los *idealistas* son extraordinariamente fieles y leales. Son capaces de crear relaciones profundas, duraderas y estables. Sin embargo, no importunan ni ponen límites a los demás, sino todo lo contrario: les obsequian con su confianza y les proporcionan el espacio necesario para su desarrollo. Son excepcionalmente flexibles y soportan bien los cambios.

Se caracterizan por su tolerancia y carácter abierto hacia las personas; también hacia aquellas que son rechazadas por la mayor parte de la sociedad. Perciben el bien y el potencial positivo de cada persona. Tienen el extraordinario don de la empatía, gracias al cual son capaces de apoyar a los demás, darles ánimo y fortalecer su autoestima. Son muy buenos oyentes; perciben los sentimientos y los motivos de otras personas. Son capaces de crear compromiso y entendimiento (pueden hacer que cada parte se sienta satisfecha y esté convencida de haber conseguido el éxito). Asimilan fácilmente teorías y conceptos complejos, y al mismo tiempo son muy creativos y están abiertos a las vivencias espirituales y artísticas (a menudo, ellos mismos son artistas con talento). También son capaces de expresar bien sus pensamientos (sobre todo, por escrito).

Puntos débiles potenciales

Los *idealistas* tienen un umbral muy bajo de resistencia a la crítica (sobre todo por parte de sus allegados). Incluso las pequeñas observaciones desfavorables o las bromas sarcásticas pueden socavar su confianza en sí mismos y causarles un enorme dolor. A veces, ven alusiones críticas incluso allí donde no las hay. Su enorme lealtad y apego afectivo a las personas hacen que a menudo no puedan acabar relaciones dañinas o tóxicas. También tienen problemas para expresar opiniones críticas, llamar la atención a los demás y, a veces incluso presentar sus opiniones. Cuando deben llamarle la atención a alguien, normalmente lo hacen de forma tan delicada que los interlocutores les cuesta comprender lo que quieren decir. Lo pasan muy mal en situaciones de conflicto: pueden comportarse de forma irracional, o tomar decisiones repentinas y no meditadas.

Su severa autoevaluación y su fuerte necesidad de afirmación y de refuerzos positivos por parte de los demás les dificultan el poder funcionar en un entorno neutro o frío (y por lo tanto mucho más en un ambiente abiertamente desfavorable). En situaciones de estrés, no son capaces de reaccionar con la mente fría. Suelen tener también cierta tendencia a estar emocionalmente desequilibrados. Sus ideas, aunque muy creativas, son a veces irreales: a menudo no tienen en consideración las limitaciones existentes y las imperfecciones del mundo (por ejemplo, lo imprevisible del factor humano). Pueden tratar las opiniones contrarias a sus convicciones como un ataque contra su persona y sus valores. Tienen tendencia a aceptar únicamente la información que es conforme con sus puntos de vista. Al mismo tiempo, pueden silenciar la información que cuestiona su visión del mundo. Esto, a veces, lleva al autoaislamiento y a cerrarse en su propio mundo.

Desarrollo personal

El desarrollo personal de los *idealistas* depende del grado en que utilizan su potencial natural y se sobreponen a los riesgos relacionados con su tipo de personalidad. Los siguientes consejos prácticos constituyen un decálogo característico del *idealista*.

No temas los conflictos

Al encontrarte en una situación de conflicto no escondas la cabeza bajo la arena; en lugar de eso, más bien expresa tu punto de vista y tus sentimientos. A menudo los conflictos ayudan a descubrir y resolver problemas.

Mira los problemas desde una perspectiva más amplia

Intenta verlos tal como otras personas los ven. Considera diferentes puntos de vista y ten en cuenta diferentes aspectos del asunto tratado.

No fuerces a los demás a hacer suposiciones

Diles a las personas cómo te sientes, qué sufres y qué deseas. No dudes en expresar tus dudas, reservas y emociones. De esta forma ayudarás a tus compañeros de trabajo y tus familiares.

Sé más práctico
Tienes una tendencia natural a crear propuestas idealistas, que suelen estar alejadas de la vida. Piensa en sus aspectos prácticos: en cómo realizarlas en el mundo real e imperfecto.

Deja de mejorar y empieza a actuar
En lugar de pensar en cómo mejorar lo que planeas hacer, simplemente hazlo. En caso contrario, pasarás el resto de tu vida perfeccionando tus planes. Sin embargo, es mejor hacer algo bueno (no necesariamente perfecto), que no hacer nada.

No temas las ideas y opiniones que son diferentes a las tuyas
Antes de rechazarlas, piensa bien en ellas e intenta comprenderlas. Una actitud abierta a los puntos de vista de los demás no tiene por qué significar abandonar los propios.

No tengas miedo a las críticas
No temas expresar tus opiniones críticas ni aceptar las críticas de otros. La crítica puede ser constructiva y no tiene por qué significar un ataque a las personas o un socavamiento de sus valores.

No culpes a los demás de tus problemas
Eres tú el que tiene más influencia sobre tu vida y eres tú el más competente para solucionar tus problemas. No te concentres en las contrariedades externas. Concéntrate en tus puntos fuertes y utiliza tu potencial.

Encuentra tiempo para el placer
Esfuérzate por distanciarte de vez en cuando de las obligaciones y hacer algo por puro placer, relax, diversión... La actividad física y el contacto con el arte hacen que evites el agotamiento y seas más efectivo.

Sé mejor contigo mismo

Piensa si no te exiges demasiado a ti mismo y si tu autoevaluación no es demasiado severa (posiblemente lo es). Sé más indulgente contigo mismo e intenta ayudarte de la misma forma en la que te preocupas de la felicidad y el buen estado de ánimo de otras personas.

Personas conocidas

La lista de personas conocidas que se corresponden con el perfil de *idealista* incluye, entre otros, los siguientes nombres:
- **Laura Ingalls Wilder** (1867 - 1957), escritora estadounidense (autora de la serie *La casa de la pradera*);
- **Albert Schweitzer** (1875 - 1965), teólogo luterano alemán, filósofo, musicólogo y médico, fundador de un hospital en Gabón, ganador del Premio Nobel de la paz;
- **Alan Alexander Milne** (1882 - 1956), escritor inglés y autor de libros Infantiles (entre otros, *Winnie the Pooh*);
- **Carl Rogers** (1902 - 1987), psicólogo y psicoterapeuta estadounidense, uno de los principales representantes de la psicología humanista;
- **George Orwell** (1903 - 1950), publicista y escritor inglés (entre otras obras, *Rebelión en la granja*);
- **James Herriot**, realmente James Alfred Wight (1916-1995), médico veterinario británico y escritor (autor de la serie *Todas las criaturas grandes y pequeñas*);
- **John F. Kennedy** (1917 - 1963), trigésimo quinto presidente de los Estados Unidos;
- **Scott Bakula** (n. 1954), actor de televisión estadounidense (entre otras series, *Murphy Brown*);

- **Lisa Kudrow** (n. 1963), actriz estadounidense (entre otras series, *Friends*);
- **Julia Roberts** (n. 1967), actriz estadounidense (entre otras películas, *Pretty Woman*), ganadora de un Óscar;
- **Gillian Anderson** (n. 1968), actriz estadounidense (entre otras películas, *Expediente X*);
- **Megan Follows** (n. 1968), actriz canadiense entre otras películas, *Ana de las tejas verdes*);
- **Fred Savage** (n. 1976), actor estadounidense (entre otras series, *Aquellos maravillosos años*).

Innovador (ENTP)

TIPOLOGÍA DE PERSONALIDAD ID16™©

La personalidad a grandes rasgos

Lema vital: *Y si probamos a hacerlo de otra forma...*

Ingenioso, original e independiente. Optimista. Enérgico y emprendedor. Persona de acción: le gusta estar en el centro de los acontecimientos y resolver «problemas irresolubles». Tiene curiosidad por el mundo, y es propenso al riesgo y suele ser impaciente. Visionario, abierto a nuevas ideas y ocurrencias. Le gustan las nuevas experiencias y los experimentos. Percibe las relaciones entre acontecimientos concretos y piensa a largo plazo.

Espontáneo, comunicativo y seguro de sí mismo. Propenso a sobrevalorar sus propias posibilidades. Tiene problemas para llevar los asuntos hasta el final.

Tendencias naturales del *innovador*:

- Fuente de energía vital: mundo exterior.
- Asimilación de información: intuición.
- Toma de decisiones: razón.
- Estilo de vida: espontáneo.

Tipos de personalidad similares:
- *Director*
- *Lógico*
- *Estratega*

Datos estadísticos:
- Los *innovadores* constituyen el 3-5% de la población.
- Entre los *innovadores* predominan claramente los hombres (70%).
- El país que se corresponde con el perfil de *innovador* es Israel[11].

Código literal:
El código literal universal del *innovador* en las tipologías de personalidad de Jung es ENTP.

Características generales

Los *innovadores* son observadores, brillantes e ingeniosos. Se mueven libremente por el mundo de los sistemas complicados y las teorías complejas. Se caracterizan por tener un enfoque creativo de los problemas. Saben dividir su atención y compaginar varias cosas al mismo tiempo. Les interesa el mundo y los fenómenos que suceden en él. Les intrigan todos los misterios. Valoran las ideas y teorías que pueden aplicarse en acciones prácticas, por ejemplo, las que ayudan a resolver problemas concretos, facilitan la vida o permiten aumentar la eficiencia del trabajo. Sin embargo, les cuesta entender a las personas que se contentan con reflexiones puramente teóricas.

---

[11] Esto no quiere decir que todos los habitantes de Israel pertenezcan a este tipo de personalidad, sino que la sociedad israelí, en su conjunto, tiene muchas características del *innovador*.

INNOVADOR (ENTP)

Resolución de problemas

Al analizar los problemas adoptan una perspectiva amplia. Los miran desde diferentes ángulos y a menudo ven más cosas que los demás. Su análisis lo suelen hacer a varios niveles y sus reflexiones e ideas normalmente adoptan la forma de sistemas coherentes. En situaciones críticas (cuando los demás lo ven todo negro), los *innovadores* son capaces de percibir también las posibilidades y oportunidades. Sin embargo, en los momentos de euforia y satisfacción general, son capaces de prever riesgos y futuros problemas potenciales. Sus valoraciones son, por lo general, extraordinariamente acertadas.

Perciben de forma más clara que los demás la esencia de los problemas y obtienen una enorme satisfacción al resolverlos. Abordan las tareas de una forma innovadora, nada convencional. Por lo general buscan soluciones fundamentales, sistemáticas y de largo alcance, que dan en el clavo del problema. Les irritan las soluciones provisionales que enmascaran los problemas, o los dejan para más adelante, pero sin eliminar sus causas. Normalmente son exigentes con ellos mismos y con los demás. Ponen toda su energía en la realización de las tareas de las que están convencidos. No consideran ni escatiman el tiempo dedicado a ello.

Al encontrarse con un problema, los *innovadores* son capaces de comprender rápidamente su esencia y de emprender las acciones necesarias. Se guían por la lógica y por premisas objetivas y no se dejan engañar por las apariencias. Si se produce un cambio de las condiciones y circunstancias, también son capaces de reaccionar rápidamente a la nueva situación y corregir las decisiones anteriores. Al emprender una acción, a veces olvidan el llamado factor humano. Piensan si deberían proceder de determinada forma y si de hacerlo, sería una decisión racional; pero, con menos frecuencia se interesan por cómo será recibido su comportamiento por parte de los demás. Esta actitud hace que su actuación a veces sea percibida como inhumana o poco ética. Sin embargo, no se les puede acusar de actuar de forma irracional o ilegal.

Percepción del mundo

Los *innovadores* son capaces de percibir los principios generales que rigen el mundo y de establecer vínculos entre fenómenos concretos, que en apariencia no tienen nada en común. Unen en un todo diversos elementos aislados, formando sistemas coherentes. Distinguen también esquemas de comportamientos humanos repetitivos y son capaces de formular teorías que los describen. Perciben la vida como un rompecabezas: constantemente buscan los elementos que faltan y se alegran cuando las diferentes piezas empiezan a formar un todo. Descubrir lo desconocido supone para ellos una mayor satisfacción que los conocimientos y la experiencia que ya atesoran. Son capaces de aprovechar las experiencias de otras personas y los medios y herramientas disponibles (sin embargo, frecuentemente lo hacen de forma innovadora y no convencional). Por lo general son unos perfectos estrategas y planificadores.

Pensamientos

Los *innovadores* buscan la perfección. Piensan a largo plazo, reflexionan acerca de las necesidades existentes, los problemas por resolver y las varias posibilidades que se pueden presentar. Su mente constantemente trabaja con intensidad, también cuando descansan. Siempre sienten una tensión creativa y una intranquilidad característica. Desean mejorar y perfeccionar las soluciones existentes. Los nuevos retos les dan energía. Las nuevas ideas y teorías los estimulan, porque permiten ver los problemas actuales de otra forma. En todo lo que les rodea perciben oportunidades y posibilidades para el futuro.

INNOVADOR (ENTP)

Tareas

Independientemente de la profesión que ejerzan, por lo general se caracterizan por el enfoque creativo e innovador con el que afrontan las tareas. Les fascinan los nuevos descubrimientos y las soluciones técnicas pioneras. A menudo, son valientes innovadores (de ahí el nombre de este tipo de personalidad). Se apasionan rápidamente por nuevas ideas y son capaces de contagiar su entusiasmo a los demás, gracias a lo cual consiguen fácilmente compañeros de trabajo que les ayudan a realizar sus atrevidos proyectos y visiones. A veces, sobrevaloran sus posibilidades. Normalmente los nuevos desafíos los atraen con fuerza, debilitando así su entusiasmo por las tareas ya emprendidas anteriormente.

Un problema general de los *innovadores* es que se distraen rápidamente: les atraen tantas cosas y desean realizar tantas ideas que a veces no están en condiciones de llevarlas hasta el final. Esta situación a menudo conduce a su frustración y a un estado de irritación. También les ponen nerviosos las actividades rutinarias y obligaciones diarias, pues según ellos, los limitan y les arrebatan un tiempo valioso.

Pasión

A menudo los *innovadores* se interesan por las novedades de la técnica. Buscan, antes y con más ganas que los demás, los nuevos dispositivos que llegan al mercado (que todavía no han sido ampliamente introducidos). Son considerados unos expertos entre sus amigos. Cuando la mayoría de las personas llega a la conclusión de que merece la pena interesarse por algún nuevo aparato o dispositivo, los *innovadores* normalmente ya tienen una prolongada experiencia en su utilización. Aún más, normalmente no se limitan a utilizar las principales funciones de los dispositivos, sino que también descubren sus opciones más avanzadas e incluso intentan, por la vía de la experimentación, utilizar los equipos de forma no convencional (no prevista por el fabricante).

De ahí que suela ocurrir que, de este modo, destrozan los dispositivos (sobre todo, cuando son jóvenes), aunque también a menudo son capaces de mejorarlos, introduciendo valiosas innovaciones o añadiendo nuevas funciones. Con el tiempo, muchos *innovadores* se convierten no solo en racionalizadores, sino también en autores de proyectos, constructores e inventores. Su carácter innovador también se manifiesta mediante la creación de nuevos sistemas de organización del trabajo, nuevas ideas para los negocios y nuevos conceptos que explican fenómenos que ocurren en el mundo.

A los *innovadores* normalmente les gusta viajar, y les gusta conocer otros lugares, culturas diferentes y otras formas de ver el mundo. Por lo general, están abiertos a las soluciones atípicas, no estereotipadas y no convencionales. También se adaptan fácilmente a las condiciones cambiantes. Las nuevas experiencias son para ellos una inspiración y un impulso para actuar. No temen los experimentos y a menudo afrontan las tareas de forma totalmente nueva y original. Les cuesta entender a las personas que creen que, a la hora de resolver los problemas, es mejor ceñirse a métodos convencionales y comprobados.

Ante los cambios

A los *innovadores* les atraen los cambios. Les inspira la idea de un nuevo inicio: la posibilidad de empezar la vida de nuevo, de aprovechar nuevas oportunidades, de atrapar nuevas posibilidades. Con más frecuencia que los demás, revisan a fondo su escala actual de valores, se entregan a una nueva idea o reorientan totalmente su vida. Los *innovadores* no temen lo nuevo ni lo desconocido. No les molesta que nadie haya hecho antes lo que ellos hacen, o que pocas personas compartan sus ideas.

Les gusta ser los primeros y se sienten de maravilla desempeñando el papel de guías y precursores que marcan el camino, indican la dirección y dirigen a los demás hacia nuevos horizontes. No son de los que se rinden rápidamente. Perciben los obstáculos y las limitaciones como un reto y una aspiración para actuar. Les gusta implantar nuevos proyectos y soluciones pioneras. Tras implantarlas, a menudo las dejan al cuidado de otros, mientras ellos se encargan de otros problemas. Por lo general, les excitan más la fase inicial y de concepción del proyecto y su implantación, mientras que soportan mal un trabajo rutinario consistente en la realización de acciones repetitivas.

Actitud ante los demás

Los *innovadores* respetan a las demás personas. En especial a aquellas que son capaces de aceptar retos, luchar contra las contrariedades, hacer frente a las dificultades y pelear por una causa justa, exponiéndose de manera consciente a la crítica, la resistencia o la incomprensión del entorno. Valoran a las personas que tienen el coraje de introducir cambios impopulares (aunque necesarios), alterando el orden establecido y cuestionando el status quo. Sin embargo, les cuesta tolerar los errores ajenos y la negligencia. Son impacientes con los que tienen menos conocimientos y experiencia, o no son capaces de seguirles el paso.

A menudo no pueden entender que otras personas no perciban las cosas que a ellos les parecen evidentes. Tampoco son capaces de comprender a los que son pasivos y no generan iniciativas. La falta de entusiasmo la perciben — a menudo injustamente — como una manifestación de pasividad o pereza. Por lo general, no son capaces de mirar tranquilamente un trabajo mal hecho. En tales situaciones, llaman inmediatamente la atención a los demás, les señalan los errores e intentan corregir su comportamiento. También les irritan las decisiones irracionales e ilógicas de las demás personas.

A los ojos de los demás

Los *innovadores* son percibidos como personas decididas, fuertes y seguras de sus motivaciones. Normalmente, los demás también los ven como seres creativos, racionales y competentes. La gente sabe que ante problemas serios se puede contar con su ayuda y su consejo. Su seguridad en sí mismos, sin embargo, a menudo es percibida como arrogancia y prepotencia.

A muchas personas les irrita que a los *innovadores* les guste estar en el centro de atención, apostar por lo suyo y tener siempre la razón. Algunos también critican su falta de empatía, su frialdad, sus excesivas exigencias y su insensibilidad ante las necesidades de los demás. Su afición por los cambios y su continua persecución de novedades hace que algunos los vean como inconsecuentes, caóticos y poco perseverantes.

Comunicación

El punto fuerte de los *innovadores* es la comunicación verbal. Son capaces de describir problemas complejos y teorías difíciles de forma sencilla y comprensible. Se expresan de forma muy precisa, utilizando conscientemente determinadas palabras. Por lo general, se caracterizan por su seguridad en sí mismos. Incluso cuando están en minoría no dudan en expresar públicamente sus convicciones. En las discusiones, son tertulianos difíciles y polémicos, ya que son capaces de presentar de forma convincente e ingeniosa sus razones, y saben demostrar lo que es justo de sus puntos de vista.

Por lo general, les gusta discutir y polemizar, aunque sea por puro placer. También pueden responder rápidamente a las preguntas y rebatir argumentos. No temen la crítica, los conflictos ni una reacción desfavorable de los demás. Es difícil herirles o hacerles daño. Normalmente, tampoco se dan cuenta de que los demás tienen un nivel de tolerancia a la crítica más bajo que la suya, y a menudo los hieren inconscientemente con sus observaciones rudas. También pueden interrumpir a los demás y no dejarles acabar. Este comportamiento desconcierta y desanima a sus interlocutores menos seguros de sí mismos.

Ante situaciones de estrés

Normalmente los *innovadores* disfrutan del trabajo profesional. Sin embargo, su actitud entusiasta hacia las tareas realizadas a menudo altera el equilibrio entre el trabajo y el descanso. El cansancio y el estrés prolongado pueden hacer que se vuelvan obstinados, inflexibles, y que empiecen a realizar su plan a toda costa, «caiga quien caiga». Otra posible reacción al estrés es un exagerado miedo a las enfermedades y el sufrimiento, o también una sensación de soledad, abandono y alienación.

Aspecto social de la personalidad

Los *innovadores* son abiertos al mundo y a otras personas. Es relativamente fácil aproximarse y establecer contacto con ellos. Les gusta estar donde pasa algo. Soportan mal el aislamiento y la soledad prolongada. En los contactos con los demás, no suelen causar problemas, son más bien espontáneos y flexibles. Les gusta conocer a gente nueva y entablar nuevas amistades. Se sienten bien en el papel de anfitriones de una reunión.

Les encantan las sorpresas y la diversión espontánea y se adaptan fácilmente a la situación. Sin embargo, se pierden en el mundo de las emociones y sentimientos humanos. Las personas emocionales y sentimentales pueden verlos como seres distantes e insensibles. También se les puede acusar de tratar de forma instrumental a las personas (por ejemplo, percibir a los demás como una fuente de información o una herramienta para resolver problemas).

A los *innovadores* les gustan las disputas, los debates, y por lo general soportan bien la confrontación. Valoran a las personas que son capaces de luchar en defensa de sus ideas.

A menudo, esta actitud desalienta a los que no tienen ese tipo de necesidades. A su vez, los *innovadores* perciben las pocas ganas de confrontación de sus adversarios como una señal de debilidad o de no estar convencidos del todo de sus propios puntos de vista.

Entre amigos

A los *innovadores* les importan las relaciones buenas y cordiales con la gente. La esencia de sus vínculos de amistad radica en el intercambio de información, el hecho de compartir ideas y ocurrencias y la resolución conjunta de los problemas. Los encuentros con otras personas les proporcionan energía, les ayudan a desarrollarse y son para ellos una inspiración positiva.

A los *innovadores* les encantan las conversaciones inspiradoras con personas que son importantes para ellos y son capaces de discutir sobre cualquier cosa. Por lo general, no hay temas tabú para ellos y no tienen miedo a que la discusión pueda derivar hacia una dirección peligrosa (por ejemplo, incitarles a verificar sus anteriores convicciones). Les gusta pasar el tiempo con personas con unos intereses amplios, que les ayuden a ver los problemas desde otro ángulo y que — como ellos — no tengan miedo a las nuevas ideas y los retos. Ellos mismos también comparten de buen grado sus pensamientos y conocimientos. Su carácter abierto, su flexibilidad y espontaneidad los convierten en unos oradores agradables y una grata compañía para todos.

Los amigos de los *innovadores* son frecuentemente personas parecidas a ellos, que destacan por su inteligencia, ingenio y por su mente sagaz. A los demás les prestan atención principalmente cuando ellos muestran interés por sus ideas y pensamientos. Según la percepción de muchos *innovadores* la amistad debería enriquecer a las personas y ayudarles a desarrollarse; pero, si al contrario, ya no aporta nada, se puede dar por acabada. Entre sus amigos se pueden encontrar a *directores*, *lógicos*, *animadores* y otros *innovadores*. Más raramente a *protectores*, *defensores* y *artistas*.

En el matrimonio

Como maridos/esposas los *innovadores* tratan con seriedad sus obligaciones. Aportan a las relaciones humanas optimismo, entusiasmo y espontaneidad. Les gustan las nuevas experiencias y los experimentos: es difícil aburrirse con ellos. Demuestran su entrega no tanto mediante gestos de afecto y palabras cálidas, sino con acciones concretas: son personas de acción. Por lo general, son poco sensibles a los sentimientos de sus parejas y suelen no ser conscientes de sus necesidades emocionales. Pueden amarlos sinceramente, y al mismo tiempo no darse cuenta en absoluto de sus sentimientos, emociones y experiencias. Sin embargo, con un poco de esfuerzo pueden cambiar esto. ¡En relaciones con personas de carácter romántico, este esfuerzo es absolutamente necesario!

Los *innovadores* no tienen demasiadas necesidades emocionales. Les gusta saber que, en la vida, son importantes para su cónyuge o pareja, y que son queridos, pero normalmente no esperan de ellas palabras de afecto ni cumplidos, ni tampoco una asidua confirmación de su amor y cariño. Para las parejas románticas y sentimentales, la actitud de los *innovadores* hacia la confrontación y las disputas representa un gran problema. A menudo, ocurre que con sus observaciones o comentarios críticos los *innovadores* hieren a sus allegados, incluso sin sospechar que les están haciendo sufrir. Normalmente les gusta tener razón, y a menudo tienen problemas para reconocer errores y su debilidad. También tienen dificultades para expresar sus propios sentimientos y emociones.

En periodos de trabajo intenso o en situaciones de estrés llegan a ser parejas difíciles: pueden volverse obstinados, no tener en cuenta las necesidades de los demás o ejercer presión sobre ellos. Los *innovadores* se apasionan rápidamente por las nuevas ideas, y por eso pasan de inmediato a trabajar en tareas que despierten su entusiasmo. Son capaces de dedicarles toda su energía y su tiempo. Esto puede ser un problema en las relaciones, especialmente cuando sus parejas no comparten o no entienden sus pasiones. El entusiasmo de los *innovadores* puede referirse a asuntos relacionados con la vida familiar (tienen tendencia a tratar los problemas y tareas como proyectos que deben ser realizados). Sin embargo, sucede que su entusiasmo se acaba cuando aparecen en el horizonte nuevas tareas y retos más excitantes. Aunque sus decisiones son sinceras, suelen tener dificultad para mantener las promesas hechas y realizar las ideas por las que se entusiasmaron al principio. Una amenaza potencial para la estabilidad de sus relaciones es su característica necesidad de tener nuevas sensaciones y su afición por las aventuras y los experimentos. Los *innovadores* desean mantener una buena relación con su pareja, y en caso de dificultades, por lo general no buscan separarse, aunque cuando consideran que la relación se ha vuelto dañina y destructiva, pueden darla por acabada.

Los candidatos naturales para maridos/esposas de los *innovadores* son personas de tipos de personalidad afines: *directores*, *lógicos* o *estrategas*. En estos matrimonios, es más fácil crear una comprensión mutua y unas relaciones armoniosas. Sin embargo, la experiencia muestra que las personas pueden crear relaciones exitosas y felices, también a pesar de una evidente disconformidad tipológica. Aún más, las diferencias entre los cónyuges pueden aportar dinamismo a estas relaciones y ayudar al desarrollo personal (a muchas personas esta perspectiva les parece más atractiva que la visión de una relación armoniosa, en la que siempre reina el acuerdo y una plena comprensión mutua).

Como padres

Como padres, los *innovadores* comprenden perfectamente la curiosidad infantil por el mundo. En cierto sentido ellos mismos tienen algo de niño en su interior y nunca pierden la curiosidad infantil: les gustan los experimentos, las aventuras y los juegos. Intentan dar a sus hijos todas las experiencias y estímulos posibles. Organizan de buen grado diferentes excursiones y juegos aventurados, con los que ellos mismos se divierten tanto como sus hijos. Por lo general, les inculcan la habilidad de pensar de forma crítica e intentan educar a los hijos como personas independientes y autónomas, que sean capaces de valorar objetivamente los hechos y tomar decisiones racionales y lógicas.

Su carácter imprevisible puede llegar a ser un problema para la familia. A veces, hacen promesas a sus hijos o acuerdan algo con ellos que después les cuesta cumplir. También se distraen con facilidad: absorbidos por una nueva visión de algo, se entregan totalmente a su nuevo foco de interés para realizarlo, olvidando a veces las necesidades de sus hijos o las promesas anteriores. Los hijos adultos de los *innovadores* los valoran porque, en su día, respetaron su independencia, les apoyaron en el desarrollo de sus pasiones y les enseñaron a ser autónomos. Recuerdan también con agrado las excursiones y experimentos en familia, y todos los momentos valiosos pasados juntos jugando con sus padres *innovadores*.

Trabajo y carrera profesional

A los *innovadores* les gustan los trabajos que creen posibilidades de experimentar. Son perfectos en tareas pioneras y a menudo emplean métodos que otros no se atrevieron a probar. Buscan nuevas soluciones o emplean las ya existentes de forma innovadora, creando así una calidad totalmente nueva. Les gustan las «tareas irrealizables» y actúan de buen grado en la primera línea del frente.

Capacidades y retos

La existencia de problemas sin resolver y de posibilidades potenciales no aprovechadas los motivan enormemente. Un trabajo que requiera realizar acciones rutinarias, repetitivas y sistemáticas supone para ellos un gran problema. Por lo general, no les gustan las tareas que requieran una larga preparación, mientras que tienen una perfecta capacidad de improvisación y se adaptan rápidamente a las nuevas situaciones. Son capaces de hacer varias tareas al mismo tiempo y de conciliar diferentes obligaciones. Les gustan los experimentos y los cambios. Ante tareas nuevas y excitantes, a menudo olvidan las declaraciones y obligaciones anteriores. También tienen problemas para sistematizar y llevar los asuntos hasta el final.

En equipo

A los *innovadores* les gusta el trabajo en grupo. Normalmente tienen buenas relaciones con las personas y son bien valorados. Sin embargo, prefieren tareas que requieran un enfoque más creativo y la habilidad de solucionar problemas que empatía y capacidad para interpretar las emociones, sentimientos y necesidades humanas. Prefieren trabajar con personas que son expertos en sus campos y que están abiertos a los experimentos y a las soluciones creativas, innovadoras e incluso arriesgadas. Les cansa, sin embargo, el trabajo con personas a las que les gusta hacerlo todo «como siempre», prefieren los «métodos comprobados» y cumplen compulsivamente las instrucciones, directrices y reglamentos.

Tareas

Por lo general no soportan el pensamiento estereotipado ni las estructuras fosilizadas, rígidas y burocratizadas. No les convencen los argumentos basados en la tradición. Si ven alguna solución poco efectiva, tienen tendencia a rechazarla, independientemente de por quién fue introducida y cuánto tiempo ha sido empleada (esta actitud hace que se ganen en algunas ocasiones la opinión de peligrosos revolucionarios y elementos subversivos). Normalmente se someten de mala gana a todo tipo de reglamentos e instrucciones.

Las limitaciones de índole institucional y legal las tratan a menudo como obstáculos en el camino hacia el objetivo (si consideran que algún reglamento es inhumano y no tiene sentido, son capaces de ignorarlo conscientemente). A veces tratan de igual manera a las personas que les dificultan la realización de sus ideas. Cuando están convencidos de la necesidad de alguna actuación son capaces de ejercer presión sobre los que se encuentran en su camino. Su obstinación, aunque suele tener una influencia destructiva sobre los demás, a menudo determina de antemano su éxito.

Los *innovadores* se encuentran más a gusto en empresas que dan a los subordinados libertad en la realización de tareas, permiten experimentar, animan a buscar nuevas soluciones y apoyan la creatividad, la actividad creadora y la innovación. Les gusta estar en un entorno en el que se permite la discusión sobre cualquier tema y en el que todo el mundo puede expresar libremente sus propias convicciones.

Superiores

A los *innovadores* les gustan los superiores que garantizan a sus subordinados libertad de actuación. Valoran a los que se distinguen por sus conocimientos, experiencia, competencias y profesionalismo. Respetan a las personas que son verdaderos profesionales en su campo y no temen los experimentos (por ejemplo, a renunciar a los métodos de trabajo empleados hasta ahora a favor de soluciones más modernas e innovadoras). Prefieren a los jefes que valoran a los trabajadores teniendo en cuenta su creatividad, sus ideas, las tareas realizadas y los problemas resueltos y no la cantidad de papel escrito y la escrupulosidad en el cumplimiento de los procedimientos.

Ellos mismos valoran de forma similar a los subordinados. Como compañeros de trabajo prefieren elegir a personas que sean capaces de tomar decisiones por sí mismas, saben qué hay que hacer en una determinada situación y no necesitan tener constantemente instrucciones, directrices ni un control estricto. Les irritan los subordinados que deben ser llevados de la mano. No son de los que colman a los trabajadores de cumplidos para mejorar su estado de ánimo y hacer más agradable el trabajo. Sin embargo, son capaces de valorar sus logros y premiar los éxitos mensurables.

Los *innovadores* son unos líderes-visionarios naturales. Son capaces de marcar la dirección, de mostrar a los demás las posibilidades existentes, inspirarles, darles valor y contagiarles entusiasmo y suscitar confianza en el éxito. Sin embargo, como líderes necesitan un apoyo sólido por parte de asistentes o secretarios, que les sustituyan en las obligaciones prácticas y rutinarias.

Profesiones

El conocimiento del perfil de personalidad propio y de las preferencias naturales es una ayuda inestimable a la hora de elegir la carrera profesional óptima. La experiencia muestra que los *innovadores* pueden trabajar con éxito y sentirse realizados en diferentes campos, aunque su tipo de personalidad los predispone de forma natural para profesiones tales como:

- actor,
- agente inmobiliario,
- analista de créditos,
- analista de sistemas informáticos,
- artista,
- asesor financiero,
- científico,
- coordinador de proyecto,
- corredor,
- director artístico,
- empresario,
- escritor,
- especialista en logística,
- fotógrafo,
- ingeniero,
- inversor,

- jurista,
- músico,
- organizador de eventos,
- periodista,
- planificador,
- político,
- programador informático,
- representante comercial.

Potenciales puntos fuertes y débiles

Los *innovadores*, al igual que otros tipos de personalidad, tienen potenciales puntos fuertes y débiles. Este potencial puede ser gestionado de diferentes formas. La felicidad personal y la realización profesional de los *innovadores* dependen de si aprovechan las oportunidades relacionadas con su tipo de personalidad y de si hacen frente a las amenazas que les acechan. He aquí un RESUMEN de estas oportunidades y amenazas:

Puntos fuertes potenciales

Los *innovadores* son brillantes, creativos y optimistas. Son capaces de contagiar a los demás su entusiasmo y confianza en el éxito. Son lógicos, racionales e inmunes a la manipulación por parte de los demás. Asimilan con facilidad teorías y conceptos complejos. Tienen una curiosidad natural por el mundo y comprenden los fenómenos que se producen en él y los mecanismos que dirigen los comportamientos de las personas. Perciben las conexiones y las relaciones entre diferentes acontecimientos. Son capaces de ver los problemas desde otro ángulo. Advierten antes que los demás las posibilidades que se presentan y prevén peligros potenciales futuros. Son emprendedores y enérgicos. Son capaces de contagiar a los demás la confianza en el éxito y motivarlos a actuar.

Les gustan las nuevas propuestas y las ideas pioneras. Buscan de buen grado nuevas soluciones y métodos innovadores. Son capaces de resolver los problemas de forma no convencional y no estereotipada. Son excepcionalmente creativos y atrevidos. No temen los experimentos. Les gusta aprender cosas nuevas y aceptan nuevos retos; también les gusta resolver problemas complejos y no temen el riesgo. Son capaces de adaptarse a las nuevas situaciones y son muy flexibles. Les gusta la compañía de otras personas y el trabajo en grupo. Por lo general tienen unas excelentes habilidades comunicativas. Son capaces de expresar de forma clara sus pensamientos y de defender sus ideas. No temen la crítica y no tienen miedo a la confrontación. Soportan bien las situaciones difíciles y de conflicto. Aspiran al autoperfeccionamiento y ayudan de buen grado en el desarrollo de los demás.

Puntos débiles potenciales

La afición por los cambios y los experimentos, la persecución de novedades y la concentración en los estímulos más recientes y más intensos hacen que para los *innovadores* sea más sencillo empezar que llevar hasta el final los asuntos. También se distraen con facilidad y pierden el entusiasmo por el trabajo en las tareas comenzadas cuando en el horizonte aparecen nuevos problemas y retos. Como consecuencia, dejan muchas ideas interesantes aparcadas en la etapa de concepción, sin intentar siquiera ponerlas en práctica. También tienen problemas con la organización del tiempo, la autodisciplina, la toma de decisiones y a la hora de cumplir promesas y plazos. También les cuesta definir prioridades y poner en orden sus actividades. Por lo general, se les dan mal las tareas que requieren cumplir procedimientos rígidos y proceder según unas instrucciones.

También suele ser su problema el hecho de mostrar impaciencia ante las personas con menos experiencia, que necesitan consejos, instrucciones e indicaciones. Su valentía y su inquebrantable confianza en el éxito pueden empujarles a jugadas demasiado arriesgadas y a soluciones demasiado radicales. Tienen tendencia a sobrevalorar sus posibilidades y menospreciar sus limitaciones. Su incapacidad para percibir las emociones y los sentimientos de otras personas y los problemas para expresar los propios pueden conducir a problemas en las relaciones con sus allegados. Sus observaciones críticas, su actitud de confrontación, su tendencia a apostar por lo suyo y su afición por las disputas y polémicas pueden desalentar y herir a las personas más sensibles.

Desarrollo personal

El desarrollo personal de los *innovadores* depende del grado en que utilizan su potencial natural y se sobreponen a los riesgos relacionados con su tipo de personalidad. Los siguientes consejos prácticos constituyen un decálogo característico del *innovador*.

Aprende a gestionar el tiempo y establecer prioridades

El entusiasmo es tu principal motor de acción, pero los marcos temporales, el plan de trabajo y la lista de prioridades no tienen por qué limitar en absoluto la creatividad, impedir los movimientos y obstaculizar la realización de las tareas. ¡Todo lo contrario! Bien utilizados te ayudarán a alcanzar los objetivos deseados.

Sé más práctico

Piensa en los aspectos prácticos de tus teorías e ideas. Para aprovechar totalmente su potencial intenta persuadir de ellas a otras personas y reflexiona sobre las maneras de ponerlas en práctica. No permitas que los frutos de tu trabajo se queden en un cajón.

Acaba lo que empezaste

Empiezas nuevas cosas con entusiasmo, pero te cuesta acabar lo que empezaste antes. Intenta determinar qué es lo más importante para ti y cómo quieres hacerlo y a continuación pasa a la acción. Concéntrate en las prioridades y no dejes que te distraigan los asuntos menos importantes.

Reconoce que puedes equivocarte

Los asuntos pueden ser más complejos de lo que te parecen. La razón no siempre tiene que estar de tu parte. Ten esto en cuenta antes de empezar a acusar a otras personas o a reprocharles sus errores.

Critica menos

No todo el mundo es capaz de aceptar una crítica constructiva como tú. En el caso de muchas personas, la crítica abierta actúa de forma destructiva. Los estudios demuestran que el elogio de los comportamientos positivos (aunque sean pocos) motiva más a las personas que la crítica de los comportamientos negativos.

No rechaces las ideas y opiniones de otras personas

Cuando son contrarias con tus puntos de vista, no supongas de antemano que son erróneas. Antes de que las valores como faltas de valor, reflexiona bien sobre ellas e intenta comprenderlas.

Concéntrate en las cosas positivas

No te concentres en las faltas, errores y contradicciones lógicas. No cuestiones las buenas intenciones de otras personas. Aprende a percibir las cosas positivas y concéntrate en el lado bueno de la vida.

Sé más tolerante

Trata de ser más paciente con los demás. Recuerda que no puedes encargar la misma tarea a todo el mundo, ya que no todos están capacitados en los mismos campos. Si a algunos no se les dan bien las tareas, no siempre es un síntoma de su mala voluntad o pereza.

Recuerda las fechas y los aniversarios

Los encuentros acordados, los cumpleaños y aniversarios familiares pueden parecerte algo poco importante en comparación con los asuntos de los que te encargas. Sin embargo, para otros a menudo tienen una gran importancia. Si no eres capaz de recordar las fechas y los plazos, ¡apúntalos!

Elogia a los demás

Aprovecha cualquier ocasión para valorar positivamente a los demás, decirles algo agradable, elogiarlos por algo que han hecho. En el trabajo evalúa a los demás no solo por las tareas realizadas, sino también por quiénes son. ¡Notarás la diferencia y te sorprenderá!

Personas conocidas

La lista de personas conocidas que se corresponden con el perfil de *innovador* incluye, entre otros, los siguientes nombres:
- **Lewis Carroll**, realmente Charles Lutwidge Dodgson (1832 - 1898), escritor británico (entre otras obras, *Alicia en el país de las maravillas*) matemático, autor de unos 250 trabajos científicos en el campo de las matemáticas, la lógica y la criptografía;
- **Thomas Edison** (1847 - 1931), uno de los inventores más conocidos y más creativos del mundo, autor de más de mil patentes (entre otras,

la bombilla eléctrica y el fonógrafo), empresario y fundador de la revista científica «Science»;
- **Nikola Tesla** (1856 - 1943), inventor croata, poeta y pintor, autor de 112 patentes (entre otras, el motor eléctrico y la batería solar);
- **Theodore Roosevelt** (1858 - 1919), vigésimo sexto presidente de los Estados Unidos, ganador del Premio Nobel de la paz;
- **Buckminster Fuller** (1895 - 1983), constructor y arquitecto estadounidense, pionero de la arquitectura hi-tech y autor de la «cúpula geodésica»;
- **Walter Disney** (1901 - 1966), productor de cine estadounidense, director, guionista y animador; empresario y filántropo, creador de Disneyland y The Walt Disney Company;
- **Richard Phillips Feynman** (1918 - 1988), físico estadounidense, uno de los principales creadores de la electrodinámica cuántica, ganador del Premio Nobel de física;
- **Jeremy Brett**, realmente Peter Jeremy William Huggins (1933 - 1995), actor de cine y televisión inglés (entre otras series, *Las aventuras de Sherlock Holmes*);
- **John Marwood Cleese** (n. 1939), actor de comedia inglés, miembro del grupo Monty Python;
- **Roberto Benigni** (n. 1952), actor de teatro y de cine italiano, guionista y director (entre otras películas, *La vida es bella*);
- **James Francis Cameron** (n. 1954), director canadiense de cine de acción (entre otras películas, *Terminator*);
- **Tom Hanks**, realmente Thomas Jeffrey Hanks (n. 1956), actor estadounidense (entre otras películas, *Filadelfia*), director y productor de cine,

ganador de numerosos premios (entre otros, Oscar, Globo de Oro, Emmy);
- **Jamie Lee Curtis** (n. 1958), actriz de cine estadounidense (*Un pez llamado Wanda*) y autora de libros para niños;
- **Salma Hayek-Jiménez** (n. 1966), actriz de cine mexicana-estadounidense (entre otras películas, *Desperado*);
- **Celine Dion** (n. 1968), cantante canadiense con los mejores resultados de venta de álbumes de música de la historia.

Inspector (ISTJ)

TIPOLOGÍA DE PERSONALIDAD ID16™©

La personalidad a grandes rasgos

Lema vital: *Primero las obligaciones.*

Una persona con la que siempre se puede contar. Educado, puntual, cumplidor, concienzudo, responsable: «persona de confianza». Analítico, metódico, sistemático y lógico. Los otros lo ven como reservado, frío y serio. Aprecia la tranquilidad, la estabilidad y el orden. No le gustan los cambios. En cambio, le gustan los principios claros y las reglas concretas.

Trabajador y perseverante, es capaz de llevar los asuntos hasta el final. Perfeccionista. Quiere controlarlo todo. Parco en elogios. No aprecia el valor de los sentimientos y las emociones de otras personas.

Tendencias naturales del *inspector*:

- Fuente de energía vital: mundo interior.
- Asimilación de información: sentidos.
- Toma de decisiones: razón.
- Estilo de vida: organizado.

Tipos de personalidad similares:
- *Pragmático*
- *Administrador*
- *Animador*

Datos estadísticos:
- Los *inspectores* constituyen el 6-10% de la población.
- Entre los *inspectores* predominan los hombres (60%).
- El país que se corresponde con el perfil de *inspector* es Suiza[12].

Código literal:
El código literal universal del *inspector* en las tipologías de personalidad de Jung es ISTJ.

Características generales

Los *inspectores* son pacientes, perseverantes, concienzudos y trabajadores. Tienen una afición natural por el orden y la buena organización. Siempre les acompaña el sentido del deber. Les gustan las tareas claramente definidas y las instrucciones concretas. Perciben el mundo y su entorno como un sistema específico, cuya estabilidad y buen funcionamiento dependen del cumplimiento de las reglas y de la obediencia de los principios vigentes.

Organización

A los *inspectores* les gusta cuando todo funciona «como debe ser». Realizan una inspección continua de todo lo que les

---

[12] Esto no quiere decir que todos los habitantes de Suiza pertenezcan a este tipo de personalidad, sino que la sociedad suiza, en su conjunto, tiene muchas características del *inspector*.

rodea (de ahí la denominación de este tipo de personalidad). Perciben rápidamente las faltas, errores y defectos. Son capaces de llevar los asuntos hasta el final. Una tarea finalizada les proporciona satisfacción y les permite entregarse totalmente a otras obligaciones. No les gustan las obligaciones sin cumplir, las tareas por realizar ni las cuentas por pagar. Estas situaciones les quitan la paz y la tranquilidad.

Les gusta una vida ordenada y estable y disfrutan con las cosas pequeñas y sencillas. Gestionan bien su tiempo: a menudo, cumplen un plan del día fijo y determinado. Trabajan de forma ordenada y sistemática. Anotan las tareas a realizar y comprueban escrupulosamente que no se han dejado nada atrás. Raramente no están preparados para la tarea encargada, es poco frecuente cogerlos por sorpresa. Cuando tienen un plan de acción, el plan les hace sentirse seguros; entonces, están preparados para hacer frente a diversas obligaciones y retos. No les gustan los cambios, especialmente los que pueden afectar a sus vidas.

Les conviene un estilo de vida sencillo y natural. Aprecian la estabilidad, la seguridad y evitan los asuntos o proyectos arriesgados. Prefieren solucionar los problemas actuales, a ocuparse en prever los potenciales problemas del futuro. Les gustan las cosas concretas, perceptibles y tangibles.

Comunicación

Al discutir con otros, se refieren a los hechos, los puros datos y la lógica, lo que junto con su actitud de seguridad en sí mismos hace que sean capaces de convencer a los demás de sus razones (¡incluso cuando se equivocan!). De antemano, suponen que la razón está de su lado. Les cuesta admitir la idea de que pueden equivocarse, aunque sea en parte. Sin embargo, no intentan demostrar sus razones a cualquier precio. Si ven que esto puede llevar a un conflicto, pueden renunciar a la confrontación.

A los ojos de los demás

Son vistos por el entorno como personas responsables, sensatas, educadas y honradas, con las que siempre se puede contar. Su honestidad, formalidad y puntualidad hacen que sean respetados. Tienen fama de ser poco accesibles. Debido a su taciturnidad, no es fácil conocerlos ni adivinar lo que sienten y piensan. A menudo, los otros los ven como reservados, fríos y serios. Algunos se sienten incómodos en su presencia. A menudo, los *inspectores* hacen (inconscientemente) que los demás se sientan inferiores, e incluso se sientan culpables, lo que provoca en ellos mecanismos de defensa.

Otro problema puede ser su escepticismo y desconfianza ante nuevas propuestas e ideas. Esperan de los demás pruebas de que los cambios propuestos o las nuevas soluciones tienen sentido. Al hablar con *inspectores*, algunos se sienten como en un interrogatorio. A muchas personas también les irrita su perfeccionismo, su minuciosidad, sus ganas de ejercer el control sobre todo, y su convicción de que siempre tienen razón.

Estética

Los *inspectores* no tienen la necesidad de rodearse de lujos ni de seguir las últimas tendencias. Se concentran en los valores útiles de los objetos: prefieren cosas sencillas, prácticas y económicas de usar. Valoran su infalibilidad, durabilidad y resistencia. No les gustan las decoraciones rebuscadas, la suntuosidad ni las cosas insólitas. Sus casas, viviendas y lugares de trabajo suelen ser funcionales, están cuidados y amueblados con gusto. Los *inspectores* se visten de forma más bien tradicional y huyen de los experimentos y la extravagancia. No pueden entender a las personas que compran ropa u otros objetos solo porque están de moda.

Percepción y decisiones

Confían en sus cinco sentidos y no se guían por las emociones, las percepciones momentáneas ni los impulsos. Toman decisiones de forma racional y lógica, basándose en los «datos puros y duros» y los hechos. Son capaces de expresar de forma clara y convincente sus puntos de vista (tienen la habilidad de hacerlo por escrito). Su mundo interior es para ellos más importante que el mundo exterior. Normalmente, se sienten autosuficientes: suponen que los demás no tienen demasiado que ofrecerles. También les cuesta entender las opiniones y los comportamientos que son considerablemente diferentes a los suyos.

Descanso

Los *inspectores* se entregan al trabajo, aunque también saben encontrar tiempo para el descanso. Les ayuda a esto su buena organización. Afrontan el descanso de la misma forma que el resto de tareas. Su tiempo libre está bien organizado. Planifican sus vacaciones de forma consciente y bien pensada, dejando poco margen para las sorpresas o la improvisación.

Ante situaciones de estrés

Procuran protegerse, mediante medios naturales, de las situaciones de estrés. De hecho, se las arreglan mejor evitando el estrés, que soportándolo. En periodos de especial tensión, en su mente aparecen los peores escenarios: se imaginan la bancarrota de su empresa, la pérdida de trabajo, una enfermedad (propia o de sus familiares); se culpan de no haber hecho algo como se debía o se apodera de ellos una sensación de incompetencia, o bien a la hora de tomar decisiones se quedan paralizados. Sometidos a un estrés prolongado pueden perder el equilibrio y la paz de espíritu — tan característico en ellos — y la capacidad para valorar la situación fríamente y de forma lógica. A veces, también les invade la nostalgia.

INSPECTOR (ISTJ)

Aspecto social de la personalidad

Para los *inspectores*, en sus relaciones interpersonales, son importantes la responsabilidad y la lealtad. Muestran su afecto y cariño mediante actos. Por lo general, no perciben las necesidades emocionales de los demás. También les cuesta expresar sus propios sentimientos. Sin embargo, a menudo les salva su intenso sentido del deber; al ser conscientes de las necesidades de los demás y considerar que es su deber satisfacerlas, son capaces de mostrar interés y solicitud.

No son partidarios de reuniones de amigos, pero sí les gustan las celebraciones de carácter familiar. Mantener las tradiciones familiares tiene para ellos un gran valor. En el grupo familiar o entre amigos son capaces de bromear y entretener con su conversación a los demás. Son excepcionalmente leales, tanto con su empresa como con la familia y los amigos. A menudo, se implican en la vida local de su barrio o su localidad. El trabajo, el hogar y la comunidad local son los lugares más importantes para los *inspectores*.

Entre amigos

Se encuentran a gusto entre las personas, pero no les gusta ser el centro de atención. Por lo general, son parcos en palabras y las conversaciones intensas les agotan. Necesitan momentos de silencio y soledad para descansar y poder pensar en los asuntos corrientes.

Normalmente, los *inspectores* son vistos como personas muy serias, aunque sus amigos conocen su otra cara: los ven como aquellos que en el grupo de sus allegados son capaces de pasárselo bien y bromear. Las relaciones con los amigos son para ellos muy importantes, las cuidan solícitamente, ponen en ellas mucha energía y están dispuestos a sacrificarse si fuera necesario (aunque su familia siempre estará en el primer lugar). Hacen amistad más frecuentemente con *pragmáticos*, *administradores estrategas* y otros *inspectores*. Les irrita a su vez la actitud indolente de los *entusiastas, idealistas* y *consejeros*. Esta aversión es, por otra parte, correspondida (a ellos los *inspectores* les parecen demasiado reservados, rígidos y conservadores).

En el matrimonio

Los *inspectores* tratan la preocupación por los familiares, por su seguridad y necesidades materiales, como un deber incuestionable. Las obligaciones, las promesas y los compromisos son para ellos algo sagrado. De la misma forma, tratan las palabras de la alianza matrimonial: «hasta que la muerte nos separe». Normalmente sus matrimonios son para toda la vida.

Los *inspectores* no tienen unas necesidades emocionales demasiado grandes, no esperan de sus esposas/maridos palabras cálidas, cumplidos, gestos de afecto y por lo general, no perciben estas necesidades en los demás. Tienen problemas a la hora de expresar cariño y sentimientos. El amor y el afecto los expresan mediante acciones concretas y prácticas (los *inspectores* son de los que compran a sus seres queridos regalos prácticos). Los candidatos naturales a maridos/esposas de los *inspectores* son personas de tipos de personalidad afines: *pragmáticos, administradores* o *animadores*. En estos matrimonios, es más fácil crear una comprensión mutua y unas relaciones armoniosas. Sin embargo, la experiencia muestra que las personas pueden crear relaciones exitosas y felices también a pesar de una evidente disconformidad tipológica. Aún más, las diferencias entre los cónyuges pueden aportar dinámica a estas relaciones y ayudar al desarrollo personal (a muchas personas esta perspectiva les parece más atractiva que la visión de una relación armoniosa, en la que siempre reina el acuerdo y una plena comprensión mutua).

La laboriosidad y seriedad de los *inspectores* causa el respeto de sus familiares y del entorno. Sin embargo, sus éxitos profesionales tienen su coste: normalmente los *inspectores* tratan el trabajo como una de sus prioridades vitales. Tampoco son capaces de separarlo totalmente de la vida privada. Otro problema potencial en las relaciones con los familiares suele ser su carácter demasiado directo. Les suele ocurrir que hieren a sus parejas con sus observaciones críticas, sin siquiera darse cuenta de ello. Normalmente, no son capaces de ponerse en el lugar de los demás y prever que determinados comportamientos o palabras pueden desagradarles.

Los *inspectores* desean desempeñar de la mejor manera posible todos los papeles sociales (hijos, maridos/esposas, amigos, padres, compañeros de trabajo). El sentido del deber siempre les motiva a actuar; por ese motivo, el éxito en cada campo de sus vidas depende de si tratan un determinado asunto como un deber. Cuando consideran que la satisfacción de las necesidades emocionales de los familiares es su obligación, hacen todo lo posible para cumplirla de la mejor manera.

Como padres

Los *inspectores* son padres muy concienzudos y entregados. Están dispuestos a realizar sacrificios y hacen todo lo posible para que sus hijos se críen en un ambiente bueno y saludable, y para que no les falte de nada. Se esfuerzan por garantizarles un futuro seguro y estable. Tratan esto como un deber natural y se esfuerzan por cumplirla de la mejor forma posible. Enseñan a sus hijos a desempeñar papeles sociales y a respetar las normas y las tradiciones vigentes. Esperan de ellos respeto y no toleran la desobediencia ni la violación de las reglas establecidas. Por lo general, son muy exigentes y pueden ser severos. Consideran el empleo de la disciplina como un deber natural: como un recurso que ayuda a educar a los hijos como personas decentes y responsables.

Generosos en la crítica, los *inspectores* son al mismo tiempo parcos en elogios para con los hijos. Normalmente, tampoco perciben sus necesidades emocionales y tampoco les demuestran el cariño suficiente. Esto puede causar un distanciamiento entre padres e hijos, así como también serios problemas emocionales en los hijos. Por suerte, muchos *inspectores* — conscientes de las necesidades de sus hijos — procuran usar incentivos y otros «refuerzos positivos» como una de las tareas familiares más importantes y esto les motiva de forma natural a actuar.

Las normas y principios que los *inspectores* establecen en el hogar familiar, que implantan de forma consecuente, son a menudo percibidos por los hijos (sobre todo, en la adolescencia) como medios opresivos, aunque les proporcionan seguridad y les ayudan en su desarrollo social. Pasados los años, valoran a los padres *inspectores* porque les garantizaron un hogar seguro, les enseñaron a comportarse de forma responsable, se preocuparon por su futuro y siempre estuvieron dispuestos a sacrificarse por ellos.

Trabajo y carrera profesional

Los *inspectores* son capaces de realizar tareas que requieren seguir procedimientos complicados, cumplimentar formularios y tratar con una gran cantidad de datos numéricos. En primer lugar, ponen siempre las obligaciones. No son capaces de descansar o gozar de aquello que les gusta hacer, si antes tienen alguna tarea importante por hacer.

En equipo

Les gusta trabajar en solitario y ser valorados según sus propios logros. Si la situación lo requiere, sin embargo, pueden trabajar en grupo (preferentemente con personas que — al igual que ellos — estén bien organizados y deseen cumplir lo mejor posible sus obligaciones).

Valoran a los superiores que brindan apoyo a sus subordinados y les trasmiten indicaciones claras sobre la realización de las tareas. Como miembros del equipo se preocupan por un alto estándar del trabajo y prestan atención a los detalles y pormenores que pasan desapercibidos a los demás trabajadores. No pueden entender a las personas que no se implican en el trabajo y no se identifican con los objetivos de la empresa. Se sienten mal entre personas emocionales, quisquillosas, susceptibles o que pierden el tiempo en discusiones inútiles. Tampoco comprenden a los que infringen conscientemente los reglamentos, no mantienen su palabra, no devuelven las cosas prestadas, no cumplen las obligaciones o se pronuncian sobre temas de los que no tienen ni idea.

Estilo de trabajo

Los *inspectores* planifican escrupulosamente el trabajo y llevan consecuentemente los asuntos hasta el final. Persiguen insistentemente el objetivo, sin desanimarse por las contrariedades y dificultades que desalentarían a muchos otros. No son capaces de realizar conscientemente el trabajo por debajo de sus posibilidades. Tras finalizar una tarea a menudo se lamentan de no haberla realizado aún mejor.

Les gusta proceder según unas instrucciones que definan paso a paso qué hacer y cómo debe hacerse. Valoran positivamente los procedimientos comprobados y los métodos de acción ya probados. Al tratar de convencer a los demás de alguna solución a menudo hacen referencia a la tradición y a experiencias anteriores («esto siempre lo hemos hecho así»).

No les gustan las teorías abstractas ni los conceptos generales, de los que no se desprenden conclusiones claras y prácticas. Tampoco les gustan las tareas que son totalmente diferentes a lo que han hecho antes, y que no pueden solucionarse a partir de las experiencias anteriormente acumuladas. Soportan mal los cambios radicales. Prefieren los cambios graduales o evolutivos. Por lo general, son reacios a las novedades y los experimentos. Sin embargo, se dejan convencer por métodos o soluciones novedosas, especialmente si hay pruebas irrefutables de su eficiencia o si estas soluciones ya han sido comprobadas en otros lugares.

Tareas

Cuando se les confía alguna tarea se puede estar seguro de que la realizarán según las órdenes y a tiempo (normalmente incluso antes de tiempo). Las obligaciones, las promesas y los plazos son para ellos algo sagrado. Cuando trabajan en una tarea que les ha sido encargada, suelen no escatimar tiempo ni energías, incluso a costa de su salud. Sus superiores, compañeros de trabajo y contratantes saben que se puede confiar en ellos. Los propios *inspectores*, incluso cuando están sobrecargados de trabajo y agobiados, raramente rechazan aceptar más tareas.

Tratan el empeño que tienen que poner en sus obligaciones como algo totalmente normal. No aspiran a premios ni a elogios y no se jactan de sus logros. A menudo, ni siquiera se dan cuenta de que han hecho algo grande.

Como superiores

Su compromiso, laboriosidad y seriedad, a menudo les abren el camino hacia el ascenso. No pocas veces llegan hasta puestos de dirección. Como superiores establecen principios claros y asignan a sus subordinados tareas definidas con precisión. No toleran ninguna muestra de despilfarro ni ineficiencia. Les irrita la falta de solidez (el hacer las cosas de cualquier manera), de seriedad y la ligereza en la realización de las obligaciones. Ante trabajadores poco efectivos y flojos pueden tomar medidas radicales.

Empresas

Los *inspectores* se encuentran a gusto en instituciones con una larga tradición, con una posición consolidada y un orden establecido. Valoran las empresas que garantizan a los trabajadores seguridad y estabilidad financiera, que aprecian su entrega, esfuerzo y experiencia laboral. A menudo, se les puede encontrar en instituciones estatales, grandes corporaciones y servicios públicos.

Profesiones

El conocimiento del perfil de personalidad propio y de las preferencias naturales es una ayuda inestimable a la hora de elegir la carrera profesional más conveniente. La experiencia muestra que los *inspectores* pueden trabajar con éxito y sentirse realizados en diferentes campos, aunque su tipo de personalidad los predispone de forma natural para profesiones tales como:

- administrador,
- agricultor,
- analista de sistemas informáticos,
- archivista,
- auditor,
- aviador,
- bibliotecario,
- contable,
- controlador,
- detective,
- director ejecutivo,
- director financiero,
- empresario,
- especialista en logística,
- farmacéutico,
- informático,
- ingeniero,
- inspector,
- juez,
- jurista,
- mánager,
- mecánico,
- médico,
- militar,
- oficinista,

- policía,
- profesor de ciencias exactas,
- programador informático,
- revisor,
- técnico.

Potenciales puntos fuertes y débiles

Los *inspectores*, al igual que otros tipos de personalidad, tienen potenciales puntos fuertes y débiles. Este potencial puede ser gestionado de diferentes formas. La felicidad personal y la realización profesional de los *inspectores* dependen de si aprovechan las oportunidades relacionadas con su tipo de personalidad y de si hacen frente a las amenazas que les acechan. He aquí un RESUMEN de estas oportunidades y amenazas:

Puntos fuertes potenciales

Los *inspectores* tienen afición por el orden y respetan las tradiciones y los principios. Son cumplidores, leales e infalibles: tratan muy seriamente cualquier obligación. Se preocupan por la familia y están dispuestos a sacrificarse por los más próximos. Despiertan respeto por su seriedad, puntualidad y exactitud. Se dan cuenta rápidamente de las faltas, errores e infracciones. Son muy trabajadores; no se desaniman por las contrariedades y llevan los asuntos hasta el final. Gracias a esta actitud normalmente alcanzan los objetivos marcados. Son capaces de realizar trabajos que requieren cumplir numerosos procedimientos, procesar gran cantidad de datos y realizar muchas acciones rutinarias.

Son propensos a compartir sus conocimientos y experiencia con otras personas, ayudándolas de buen grado a solucionar sus problemas concretos. Expresan sus pensamientos de forma comprensible y efectiva y de convencer a otros de sus razones. Se desenvuelven bien en situaciones de conflicto. También están abiertos a la crítica constructiva por parte de otras personas: no les desagrada ni la tratan como un ataque a su persona y al mismo tiempo no se dejan disuadir fácilmente de sus convicciones y opiniones. Cuando es necesario, son capaces de disciplinar a los demás y llamarles la atención de forma abierta. Se les da bien gestionar el dinero.

Puntos débiles potenciales

Los *inspectores* tienen problemas para interpretar los sentimientos de otras personas y percibir sus necesidades emocionales. Por lo general, son parcos en elogios y tienen dificultades para expresar cariño y sentimientos. Su deseo de ordenar y comprobarlo todo suele ser molesto para sus compañeros de trabajo y familiares.

Suponen que siempre tienen razón, por lo que descartan prematuramente soluciones alternativas y otros puntos de vista. Les cuesta mirar los problemas desde una perspectiva más amplia y comprender puntos de vista distintos a los suyos. A menudo rechazan de antemano las opiniones de otras personas, sin intentar ni siquiera escucharlas. Ante los problemas tienen tendencia a culpar a los demás.

Soportan mal los cambios y las nuevas situaciones. Su afición natural por cumplir rígidamente las indicaciones, instrucciones y procedimientos suele ser una limitación en muchas situaciones. Cuando se encuentran con nuevas tareas que requieren un enfoque atípico, su tendencia a apoyarse en las experiencias anteriores y de las soluciones comprobadas se convierte en un obstáculo.

Desarrollo personal

El desarrollo personal de los *inspectores* depende del grado en que utilizan su potencial natural y se sobreponen a los riesgos relacionados con su tipo de personalidad. Los siguientes consejos prácticos constituyen un decálogo característico del *inspector*.

Sé más transparente y sincero

Diles a las personas cómo te sientes y qué experimentas. Expresa tus emociones. De esta forma ayudarás a tus compañeros de trabajo y tus familiares. Normalmente, cualquier cosa que digas será mejor que el silencio.

Mira los problemas desde una perspectiva más amplia

Intenta percibir un contexto más amplio, trata de mirar los problemas desde otro ángulo, a través de los ojos de otras personas. Busca la opinión de los demás, considera diferentes puntos de vista y ten en cuenta diferentes aspectos del tema.

Aprecia las ideas creativas

Basarse exclusivamente en hechos y datos puros y duros conlleva una serie de limitaciones. Muchos problemas solo pueden solucionarse gracias a ideas creativas, a métodos innovadores e incluso a la intuición.

Deja algunos asuntos a su curso natural

No puedes tenerlo todo controlado ni eres capaz de dominarlo todo. Deja los asuntos menos importantes a su curso natural. Aplaza las decisiones menos urgentes. Deja de reformar a la fuerza a los demás. Gracias a esto ahorrarás mucha energía y evitarás la frustración.

Critica menos, elogia más

Sé más comedido con las críticas y más generoso a la hora de valorar y elogiar a otras personas. Muestra a los demás cariño y aprovecha cualquier ocasión para decirles algo agradable. ¡Notarás la diferencia y te sorprenderá!

Ábrete a la gente

Abrirse a otras personas no tiene por qué significar renunciar a las convicciones e ideas propias. No supongas que los demás no tienen nada interesante que ofrecer. Antes de rechazar las ideas o puntos de vista ajenos, conócelos bien e intenta comprenderlos.

Trata a los demás «como personas»

Las personas no quieren ser vistas únicamente como partes de un sistema o piñones de una máquina. Desean que se perciban sus emociones, sentimientos y pasiones. Intenta ponerte en su situación y comprender lo que experimentan, qué les apasiona, qué les inquieta, a qué tienen miedo...

Piensa que el mundo no es en blanco y negro

Los asuntos pueden ser más complejos de lo que te parecen. Los problemas pueden ser provocados no solo por los demás, sino también por ti mismo (aunque sea en parte). La razón no siempre tiene que estar de tu lado. Ten esto en cuenta, antes de que empieces a acusar a otras personas o les reproches errores.

No te opongas a los cambios

No rechaces de antemano las ideas que pueden provocar un cambio o socavar el orden actual. Al hacer eso, dejas escapar oportunidades de desarrollo y te privas de muchas experiencias valiosas. Los cambios siempre conllevan cierto riesgo, pero normalmente es menor de lo que pensabas.

No «interrogues» a las personas

Cuando hables con otras personas, no las acribilles a preguntas. Algunos pueden tener la sensación de que los estás interrogando.

Personas conocidas

La lista de personas conocidas que se corresponden con el perfil de *inspector* incluye, entre otros, los siguientes nombres:
- **George Washington** (1732 - 1799), primer presidente de los Estados Unidos, considerado como el padre de la nación estadounidense;
- **John D. Rockefeller** (1839 - 1937), empresario y filántropo estadounidense, considerado como el hombre más rico de la historia;
- **George H. W. Bush** (1924 - 2018), cuadragésimo primer presidente de los Estados Unidos, padre del cuadragésimo tercer presidente — George W. Bush;
- **Isabel II**, realmente Elizabeth Alexandra Mary (1926 - 2022), reina de Gran Bretaña de la dinastía Windsor;
- **Warren Edward Buffett** (n. 1930), inversor en bolsa estadounidense, una de las personas más ricas del mundo;
- **Malcolm McDowell** (n. 1943), actor británico de cine y televisión (entre otras películas, *La naranja mecánica*);
- **Sting**, realmente Gordon Matthew Sumner (n. 1951), músico, compositor y vocalista inglés; bajista de The Police;
- **Condoleezza Rice** (n. 1954), política estadounidense, doctora en ciencias políticas, secretaria de estado en la administración del presidente George W. Bush;
- **Gary Alan Sinise** (n. 1955), actor, director y productor de cine estadounidense (entre otras series, *CSI: Nueva York*, actor y productor);
- **Jackie Joyner-Kersee** (n. 1962), atleta estadounidense, varias veces medallista, una de las

mejores deportistas en la historia del atletismo femenino;
- **Evander Holyfield** (n. 1962), boxeador estadounidense, considerado como uno de los mejores púgiles de los pesos pesados;
- **Rania Al-Abdullah** (n. 1970), esposa del rey de Jordania, Abdullah, activista social y una de las 100 mujeres más influyentes del mundo («Forbes»).

Lógico (INTP)

TIPOLOGÍA DE PERSONALIDAD ID16™©

La personalidad a grandes rasgos

Lema vital: *Lo más importante es conocer la verdad acerca del mundo.*

Original, ingenioso y creativo. Le gusta resolver problemas de índole teórica. Analítico, brillante y con una actitud entusiasta hacia las nuevas ideas. Es capaz de relacionar fenómenos concretos y deducir de ellos principios generales y teorías. Lógico, preciso e indagador. Percibe rápidamente los síntomas de incoherencia e inconsecuencia.

Independiente y escéptico ante las soluciones y autoridades establecidas. Tolerante y abierto a los nuevos retos. Se suele quedar absorto en sus reflexiones, a veces pierde el contacto con el mundo exterior.

Tendencias naturales del *lógico*:

- Fuente de energía vital: mundo interior.
- Asimilación de información: intuición.
- Toma de decisiones: razón.
- Estilo de vida: espontáneo.

Tipos de personalidad similares:
- *Estratega*
- *Innovador*
- *Director*

Datos estadísticos:
- Los *lógicos* constituyen el 2-3% de la población.
- Entre los *lógicos* predominan claramente los hombres (80%).
- El país que se corresponde con el perfil de *lógico* es la India[13].

Código literal:
El código literal universal del *lógico* en las tipologías de personalidad de Jung es INTP.

Características generales

Los *lógicos* son personas extraordinariamente creativas, no convencionales y originales. Saben relacionar hechos y experiencias individuales y crear a partir de ellos sistemas complejos y coherentes. Son insistentes buscadores de la verdad e investigadores de los principios que rigen el mundo.

La vida de los *lógicos* se desarrolla principalmente en su rico mundo interior. Exteriormente son a menudo minimalistas e intentan simplificar su vida. No les gusta tener demasiadas cosas y obligaciones. No tienen grandes necesidades, ni les gustan las extravagancias y su estilo de vida es extraordinariamente sencillo. Gracias a esta actitud

---

[13] Esto no quiere decir que todos los habitantes de la India pertenezcan a este tipo de personalidad, sino que la sociedad india, en su conjunto, tiene muchas características del *lógico*.

pueden concentrarse totalmente en los problemas que les preocupan.

Pensamientos

Los *lógicos* se caracterizan por su excepcionalmente alta independencia intelectual. A menudo cuestionan las opiniones generalizadas, ponen en duda las soluciones establecidas y perciben inexactitudes y lagunas en las teorías generalmente aceptadas. Desconfían de las autoridades y están muy apegados a sus propias opiniones. Sin embargo, cuando disponen de nuevos datos son capaces de verificar sus ideas y puntos de vista anteriores. Siempre se desarrolla en su interior una característica tormenta de ideas. Su mente trabaja continuamente a altas revoluciones.

Estudios

Les gusta resolver problemas de naturaleza lógica y ayudar a los demás a comprender los principios generales que rigen el mundo y el comportamiento de las personas. Son capaces de sistematizar los conocimientos en un todo lógico y darle una estructura coherente. Siempre les gusta aprender cosas nuevas y experimentar. Por lo general, son lógicos (de ahí el nombre de este tipo de personalidad) y teóricos, por eso les interesa más crear conceptos teóricos que aplicarlos en la práctica.

Soportan bien los cambios y por lo general son tolerantes y flexibles. Una excepción son las situaciones en las que alguien cuestiona sus convicciones o procede de forma que atenta contra sus principios. Entonces, no solo son capaces de oponerse, sino también de pelear por la defensa de sus razones. Tratan también con reservas los proyectos que no tienen una fundamentación racional.

Obstáculos

Normalmente les cansan las tareas diarias y rutinarias. No les gusta comprar ropa y cosméticos, pagar facturas, poner en orden y limpiar la casa. Ven estas acciones como ladronas de un tiempo valioso y — más o menos conscientemente — las descuidan. Les irritan las contradicciones lógicas, las declaraciones descuidadas o imprecisas y los argumentos extensos, pero con poco contenido.

Les cuesta entender a las personas que no comparten su entusiasmo por la búsqueda de la verdad sobre el mundo. Les irrita la pereza intelectual y la incompetencia. Les asombran las personas que no tienen necesidad de desarrollarse (por ejemplo, siguen siendo ignorantes, a pesar de haber trabajado muchos años en un determinado campo). No les impresionan los títulos universitarios, la posición o la fama de la gente. Valoran a su vez la competencia, el saber, la experiencia y la inteligencia. Les gusta la compañía de personas sinceras, abiertas y auténticas que — independientemente del campo profesional — sean buenas en lo que hacen.

A los ojos de los demás

Son percibidos por los demás como personas rectas y sinceras a las que, sin embargo, es difícil acercarse. En un primer contacto pueden parecer tímidos y distantes; sin embargo, entre amigos se sienten seguros, en particular cuando presentan sus puntos de vista o teorías. A veces, son vistos como personas informales, olvidadizas y no demasiado bien organizadas. Absortos en nuevas ideas, a menudo olvidan las declaraciones, compromisos y promesas anteriores. En general, a la gente le cuesta comprender las líneas generales de su pensamiento. A veces aparecen como unos sabelotodo y excesivamente críticos. Mientras, a otros les irrita que hilen tan fino y corrijan continuamente a todo el mundo.

Percepción y resolución de problemas

Los *lógicos* son personas con una mente lúcida, que se mueven perfectamente por el mundo de las teorías abstractas. Les gustan los nuevos retos y aprenden de buen grado cosas nuevas. Son excepcionalmente brillantes y a veces pueden tener ideas geniales. Tienen una actitud entusiasta hacia las nuevas ideas. La posibilidad de experimentar es para ellos más importante que la estabilidad y el sentimiento de seguridad. Les gustan las innovaciones y los enfoques no convencionales de los problemas. Tienen el excepcional don de advertir las hipotéticas posibilidades y de crear teorías nuevas (así como de derrumbar las antiguas). Piensan de forma atípica, nada estereotipada, por esa razón a menudo llegan a soluciones a las que no llegaron otros. Se caracterizan por su pensamiento global y su interés por las soluciones complejas y a largo plazo. Perciben los fenómenos concretos como partes de un todo mayor y ven las relaciones entre ellos.

Les convencen los argumentos lógicos y las decisiones basadas en fundamentos objetivos y racionales. Sin embargo, no les convencen las actuaciones realizadas sobre la base de sentimientos subjetivos o emociones. Saben definir con precisión los problemas y concentrarse en lo que es más importante. Descubren rápidamente cualquier imprecisión o incoherencia. Para ellos es más importante guiarse por la lógica y aspirar a la verdad objetiva que el buen estado de ánimo de alguien; por eso, consideran que no hay que basarse en las emociones, sentimientos o simpatías. Son excepcionalmente persistentes en las investigaciones y extraordinariamente objetivos. Buscan soluciones a los problemas, independientemente de que vayan a ser provechosas para ellos mismos o no. No abandonan las investigaciones ni siquiera cuando saben que el potencial descubrimiento puede costarles bastante (por ejemplo, poner patas arriba su actual visión del mundo).

Comunicación

Los *lógicos* se expresan de forma muy correcta, concisa y precisa (desde el punto de vista de la precisión en la descripción de la realidad y la definición de los problemas superan a todos los demás tipos de personalidad). Por lo general, son, sin embargo, muy poco habladores. Hablan principalmente cuando tienen algo importante que transmitir.

En otras situaciones raramente se comunican. Pueden incluso no hablar en absoluto durante mucho tiempo. No son de las personas a las que les gusta conversar para matar el tiempo o mantener un ambiente agradable.

No les dan gran valor a las formas, la urbanidad y los gestos corteses. Les cansan las reuniones ocasionales y de amigos. Les suelen ocurrir que cometen diferentes meteduras de pata o se comportan de forma poco delicada (lo que se suele interpretar erróneamente como aversión hacia la gente). Les cuesta escuchar tranquilamente declaraciones que — en su opinión — no tengan sentido o contengan información errónea. En esos casos tienen tendencia a corregir a los demás, lo que a veces causa tensiones en las relaciones con la gente y hace que sean vistos como los que «siempre lo saben todo mejor que nadie».

Son imbatibles en las discusiones, ya que es difícil hacer frente a su argumentación lógica y coherente. Prefieren hablar de los problemas de tipo teórico que les atraen. Sin embargo, no siempre encuentran a su alrededor a personas que compartan su afición por este tipo de investigaciones.

A veces se aíslan de la gente y evitan el contacto. Sin embargo esto no es — como algunos suponen erróneamente — una forma de demostrar distancia y superioridad ante los demás, sino su necesidad natural. Solo en silencio y en la soledad son capaces de concentrarse y regenerarse.

Ante situaciones de estrés

A menudo los *lógicos* se convierten en verdaderos expertos en los campos de los que se ocupan. Por lo general, están seguros de sí mismos y son conscientes de sus propias competencias, aunque también se dan cuenta de sus limitaciones, imperfecciones y carencias. Algunas veces, simplemente se sienten abrumados por la inmensidad de su propia ignorancia. A veces les atormenta el miedo a la derrota y a cometer errores.

En situaciones de estrés pierden la confianza en sí mismos, empiezan a reaccionar de forma desproporcionada a los impulsos o se vuelven extraordinariamente desconfiados y recelosos. Les encanta pasar el tiempo libre en casa. Leen mucho, también les gustan los juegos y entretenimientos lógicos. Su mente siempre trabaja intensamente, por eso incluso en los ratos libres piensan en los problemas que les interesan y continúan sus investigaciones.

Aspecto social de la personalidad

Los *lógicos* son personas con un interior muy rico, pero a menudo dan la impresión de estar ausentes del mundo exterior. Ampliar su grupo de amigos y desarrollar las relaciones con la gente no son sus prioridades. A los demás también les cuesta aproximarse a ellos y penetrar en su mundo.

A los *lógicos* no les gusta llamar la atención. Cuando se ven como el centro de atención del grupo, se sienten incómodos. Hacen nuevas amistades despacio y con cautela. Confían de mala gana en otras personas y raramente piden ayuda a los demás. Temen la dependencia y la pérdida de autonomía. Soportan bien la crítica y ellos mismos son capaces de expresar opiniones críticas dirigidas a otros. Sin embargo, si pueden, intentan evitar las situaciones conflictivas (aunque no a cualquier precio).

Normalmente tienen dificultades para interpretar las emociones y sentimientos de otras personas, y también para expresar los suyos. Expresar afecto y mostrar cariño se les da mejor por escrito que en el contacto directo. Todo esto, en combinación con su escepticismo natural, su criticismo, su desconfianza y su tendencia a corregir a los demás, no les facilita el poder construir relaciones con la gente. Los *lógicos* se pierden en situaciones que requieren expresar sentimientos o mostrar afecto en público. También se sienten perdidos ante las tensiones y los conflictos: al no comprender el valor de las emociones humanas heridas y los sentimientos ofendidos, intentan referirse a la lógica, analizar la situación y determinar las causas racionales de los problemas.

Entre amigos

Los *lógicos* se sienten a gusto entre personas que comparten sus intereses o son expertos en una determinada materia. También les gusta estar entre personas para los que son una autoridad y con los que pueden compartir reflexiones. Consideran que las relaciones con otras personas deben servir para algo, por ejemplo, para adquirir conocimientos o buscar la verdad sobre el mundo. Se sienten inseguros en el mundo de las emociones y los sentimientos y en los contactos interpersonales intentan guiarse principalmente por la lógica. Esta actitud limita considerablemente su campo de visión y hace que puedan herir inconscientemente con su comportamiento a otras personas (por ejemplo, al no advertir que habría que mostrar gratitud a alguien o valorar sus esfuerzos; al no comprender que alguien pueda sentirse decepcionado o desanimado).

Normalmente solo tienen algunos amigos o conocidos más cercanos, aunque las relaciones con ellos son extraordinariamente profundas y duraderas. Hacen amistad más frecuentemente con *estrategas*, *innovadores*, *pragmáticos* y con otros *lógicos* que compartan sus pasiones e intereses. Menos frecuentemente, con *defensores*, *protectores* y *presentadores*.

En el matrimonio

Aunque los *lógicos* no están inclinados a establecer nuevas amistades y no les importa la popularidad ni la simpatía de las demás personas, la vida solitaria no les parece en absoluto algo ideal. Como maridos/esposas son excepcionalmente leales, fieles e invariables. Tratan sus responsabilidades de forma muy seria. Ellos mismos son minimalistas y por lo general no tienen grandes exigencias. No les va del todo bien con las obligaciones domésticas diarias y tienen tendencia a olvidar las reuniones acordadas, las fechas y los aniversarios.

Por lo general, son muy tolerantes y garantizan una gran libertad a sus parejas. Ellos esperan lo mismo de su cónyuge. Con su ingenio, imaginación y rica vida interior aportan a la relación pasión y entusiasmo. Sin embargo, a veces les cuesta conciliar sus ideas y visiones con la realidad. El principal problema en las relaciones con los *lógicos* es su incapacidad para percibir los sentimientos y las necesidades emocionales de sus esposas/maridos (a menudo erróneamente advertida como una falta de interés). Los *lógicos* pueden amarlos sinceramente y al mismo tiempo no darse cuenta en absoluto de sus sentimientos, emociones y vivencias. En situaciones difíciles y críticas pueden buscar las causas racionales de los problemas o intentar solucionarlos de forma lógica, sin darse cuenta de que sus esposas/maridos simplemente desean sentir su solicitud, ternura y amor. Ellos mismos no tienen esas necesidades, por lo que suelen sorprenderse de que alguien espere eso de ellos. Esto puede llevar a problemas en el matrimonio.

A veces, los *lógicos* reprochan a sus parejas que exageran o que tienen unas exigencias desmesuradas. Sometidos a presión pueden abandonar la relación, considerando que la situación les ha superado, que su esposa/marido tiene unas expectativas demasiado altas o que no los acepta. Estas experiencias hacen que a veces prefieran la soledad. Los candidatos naturales a maridos/esposas de los *lógicos* son personas de tipos de personalidad afines: *estrategas*, *innovadores* o *directores*. En estos matrimonios es más fácil crear una comprensión mutua y unas relaciones armoniosas. Sin embargo, la vida muestra que las personas pueden crear relaciones exitosas y felices también a pesar de una evidente disconformidad tipológica. Aún más, las diferencias entre los cónyuges pueden aportar dinámica a estas relaciones y ayudar al desarrollo personal (a muchas personas esta perspectiva les parece más atractiva que la visión de una relación armoniosa, en la que siempre reina el acuerdo y una plena comprensión mutua).

Como padres

Como padres los *lógicos* son muy leales con sus hijos. Desean educarlos como personas independientes, que se guíen por la lógica y sean capaces de hacer juicios racionales y autónomos. Respetan su individualidad, cuentan con sus opiniones y les permiten participar en la toma de decisiones relativas a la vida familiar. Normalmente no ponen limitaciones a los hijos y les dan un buen margen de libertad y espacio para poder desarrollarse.

Su elasticidad, carácter abierto y tolerancia pueden provocar efectos secundarios no deseados: a veces sus hijos tienen problemas para distinguir los comportamientos buenos de los malos, y los deseables de los censurables. A menudo los *lógicos* también tienen dificultades para satisfacer las necesidades afectivas de sus hijos. Suele ocurrir que sus hijos — intentando llamar la atención — recurren a comportamientos radicales y no deseables. Pasados los años los hijos valoran a los *lógicos* principalmente por haberles enseñado a ser independientes, por la libertad y el respeto a sus decisiones y elecciones.

Trabajo y carrera profesional

La pasión de los *lógicos* es el trabajo en proyectos pioneros e innovadores. Les gusta penetrar en áreas donde todavía nadie ha llegado. Se caracterizan por su lealtad a las empresas para las que trabajan y por su alto estándar de trabajo. Son capaces de valorar rápidamente las competencias ajenas. Son muy exigentes con ellos mismos y con las demás personas. Les irrita cualquier despilfarro, negligencia y pereza.

Superiores

Valoran en los superiores el conocimiento, la experiencia, la inteligencia y una mente abierta. Tan solo esperan de ellos que proporcionen a sus subordinados un espacio en el que puedan actuar libremente y no les molesten.

A ellos mismos no les gusta dirigir a los demás, ni controlar, disciplinar o dar órdenes. A pesar de eso, ejercen una gran influencia sobre los demás y suponen una inspiración para ellos, ya que son una inagotable fuente de nuevas ideas y no tienen miedo a asumir riesgos.

Pasiones y retos

A los *lógicos* no les gustan las tareas rutinarias y se desenvuelven mal en puestos que requieran disponibilidad y el cumplimiento de reglas rígidas y procedimientos burocráticos. Tratan muy seriamente sus obligaciones, pero en ocasiones descuidan cuestiones formales y oficiales (por ejemplo, relativas a la elaboración de informes). Prefieren solucionar problemas complejos de naturaleza teórica, que requieran un pensamiento lógico.

Les apasiona más la preparación de proyectos que la realización de los mismos. Prefieren dejar los aspectos organizativos y prácticos a los demás.

En equipo

Los *lógicos* prefieren trabajar en solitario. No les gusta ser controlados ni supervisados. Necesitan autonomía e independencia. En ocasiones simplemente se obsesionan por su privacidad. Aprecian la tranquilidad y el silencio (son más felices cuando pueden trabajar a distancia desde casa). Sin embargo, son capaces de organizar con eficiencia el trabajo de un grupo de personas si esto es necesario para la resolución de algún problema importante.

LÓGICO (INTP)

Se sienten relativamente bien en equipos que no tienen una estructura jerárquica formal, sino que constituyen un grupo de expertos entusiastas unidos de forma libre y entregados a algún asunto. Valoran positivamente un entorno tolerante que garantice una gran libertad de actuación y espacio para la realización de conceptos creativos e innovadores.

Profesiones

El conocimiento del perfil de personalidad propio y de las preferencias naturales es una ayuda inestimable a la hora de elegir la carrera profesional más conveniente. La experiencia muestra que los *lógicos* pueden trabajar con éxito y sentirse realizados en diferentes campos, aunque su tipo de personalidad los predispone de forma natural para profesiones tales como:

- analista,
- arqueólogo,
- arquitecto,
- asesor financiero,
- científico,
- detective,
- director artístico,
- economista,
- escritor,
- especialista en estrategias,
- especialista en evaluación de riesgos,
- especialista en investigación y desarrollo,
- especialista en sistemas informáticos,
- filósofo,
- fotógrafo,
- historiador,
- informático,
- ingeniero,

- inversor,
- jurista,
- lingüista,
- matemático,
- músico,
- perito,
- planificador,
- productor de cine,
- profesor universitario,
- programador,
- químico,
- traductor.

Potenciales puntos fuertes y débiles

Los *lógicos*, al igual que otros tipos de personalidad, tienen potenciales puntos fuertes y débiles. Este potencial puede ser gestionado de diferentes formas. La felicidad personal y la realización profesional de los *lógicos* dependen de si aprovechan las oportunidades relacionadas con su tipo de personalidad y de si hacen frente a las amenazas que les acechan. He aquí un RESUMEN de estas oportunidades y amenazas:

Puntos fuertes potenciales

Los *lógicos* son personas extraordinariamente inteligentes, creativas e ingeniosas. Pueden relacionar hechos y experiencias individuales y crear a partir de ellos sistemas complejos y coherentes. No son convencionales, son más bien originales y tienen una actitud entusiasta hacia las nuevas ideas y puntos de vista. Tienen una extraordinaria capacidad de concentración y no se dejan distraer: es difícil sacarlos de una tarea importante para ellos. Son capaces de poner toda su energía en la resolución del problema que les ocupa. Se caracterizan por su extraordinariamente alta independencia intelectual. Las opiniones de otras personas no les importan demasiado. Si alguna opinión les parece lógicamente incoherente e irracional, la rechazan, sin tener en cuenta si tras ella está alguna autoridad reconocida o es profesada por la mayoría de la gente.

Son capaces de hacer un excelente uso de sus experiencias: no solo de los éxitos, sino también de los fracasos. Son persistentes y normalmente se ponen el listón muy alto, gracias a lo cual a menudo se convierten en auténticos expertos en los campos de los que se ocupan. Se mueven fácilmente por el mundo de los conceptos abstractos y complejos. Tienen la capacidad de asimilar teorías complejas y también el don de desarrollar pensamientos lógicos y racionales. Perciben muy rápidamente cualquier incoherencia, inconsecuencia y contradicción lógica. Son extraordinariamente meticulosos y lógicos, y al mismo tiempo tolerantes, flexibles y abiertos. Proporcionan a los demás libertad e independencia. Tienen un talento matemático natural y la capacidad de expresarse de forma precisa y concisa. Tienen tendencia a tomar decisiones rápidamente y soportan bien las críticas de otras personas.

Puntos débiles potenciales

Los *lógicos* son extraordinariamente lógicos, pero su lógica puede convertirse en subjetiva y selectiva. Tienen tendencia a concentrarse en informaciones que están relacionadas con el objeto de su interés, o que constituyen una confirmación de sus opiniones y experiencias. Al mismo tiempo pueden rechazar los juicios y los argumentos que no son conformes con su propia experiencia o que no están basados en la lógica. Pueden simplemente ignorar a las personas que viven y perciben el mundo de forma diferente a ellos. A menudo, solo se ocupan de aquello con lo que se sienten a gusto y les interesa: esto puede llevar a limitar sus experiencias y contactos con las personas, e incluso al autoaislamiento. Los *lógicos* tienen dificultades para expresar sus sentimientos y no perciben las necesidades emocionales de otras personas. Pueden herirlas, sin darse cuenta de ello en absoluto.

A veces, pueden ser informales, poco puntuales, olvidadizos y despistados. Llevan mal las obligaciones diarias rutinarias y la puesta en práctica de las ideas teóricas. Sometidos a situaciones de estrés, pueden reaccionar de forma desproporcionada a los estímulos y perder la seguridad en sí mismos. Si no tienen la posibilidad de realizar sus pasiones, pueden adoptar una actitud negativa y crítica hacia el mundo que los rodea, que expresan cuestionando las intenciones sinceras de otras personas, corrigiendo a los demás de forma enfermiza y criticando todo lo que no sea conforme con su punto de vista.

Desarrollo personal

El desarrollo personal de los *lógicos* depende del grado en que utilizan su potencial natural y se sobreponen a los riesgos relacionados con su tipo de personalidad. Los siguientes consejos prácticos constituyen un decálogo característico del *lógico*.

Interésate por las personas

Intenta ponerte en su lugar. Considera qué les sucede, qué les apasiona, qué les intranquiliza y a qué tienen miedo. Pregúntales por su estado de ánimo, cómo les van las cosas, interésate por sus necesidades y opiniones. Muéstrales cariño y sé más generoso con los elogios. ¡Notarás la diferencia y te sorprenderá!

Aprende a planificar el tiempo y a establecer prioridades

El entusiasmo es tu principal motor de acción, pero los plazos temporales, el plan de trabajo y la lista de prioridades no tienen por qué limitar la creatividad, impedir los movimientos y obstaculizar la realización de las tareas.

¡Todo lo contrario! Bien empleados te ayudarán a alcanzar los objetivos deseados.

Permite que la gente se equivoque

Sé más comedido a la hora de criticar y corregir a los demás. Corregir continuamente a los demás, sus declaraciones da una mala impresión. Si el tema no tiene importancia, deja que los demás se equivoquen y tergiversen los hechos. Nadie va a sufrir por eso, y tú ahorrarás bastante energía.

Habla más

Comparte con los demás tus pensamientos e ideas. Expresa tus emociones y di cómo te sientes y lo que te pasa. De esta forma ayudarás a tus compañeros de trabajo y familiares. Normalmente, cualquier cosa que digas será mejor que el silencio.

Ensancha tu mundo

Prueba cosas que vayan más allá del mundo de tus intereses actuales. Visita lugares en los que todavía no hayas estado, habla con gente a la que todavía no conocías, encárgate de tareas relacionadas con áreas de las que aún no te hayas ocupado. Esto te proporcionará muchas ideas valiosas y hará que percibas el mundo desde una perspectiva más amplia.

No rechaces las ideas y opiniones de otras personas

Cuando sean contrarias a tus puntos de vista, no supongas de antemano que son erróneas. Antes de juzgarlas como algo sin valor, piensa bien en ellas e intenta comprenderlas. La capacidad de escuchar a los demás puede revolucionar tus relaciones con las personas.

Recuerda las fechas y los aniversarios

Los encuentros acordados, los cumpleaños y aniversarios de familiares pueden parecerte algo poco importante en comparación con los asuntos que te ocupan. Sin embargo, para otros a menudo tienen una importancia colosal. ¡Si no eres capaz de recordar fechas y plazos, anótalos!

No te aísles

Posiblemente nunca te gusten los chismes, las charlas y las reuniones de amigos. Sin embargo, cuida los contactos con tus amigos más próximos y encuéntrate con gente a la que le guste discutir sobre los temas que te interesan. También puedes conocer gente en internet (por ejemplo, utilizando grupos de discusión, portales sociales o foros especializados).

Sé más práctico

Piensa en los aspectos prácticos de tus teorías e ideas. Para aprovechar totalmente su potencial, intenta convencer de ellas a otras personas y reflexiona sobre las maneras de ponerlas en la práctica. No permitas que los frutos de tu trabajo se queden solo en el papel.

Concéntrate en las cosas positivas

No te concentres en las deficiencias, los errores y las contradicciones lógicas. No cuestiones las buenas intenciones de otras personas. Aprende a percibir las cosas positivas y concéntrate en el lado bueno de la vida.

Personas conocidas

La lista de personas conocidas que se corresponden con el perfil de *lógico* incluye, entre otros, los siguientes nombres:
- **Blaise Pascal** (1623 - 1662), matemático, físico, filósofo y apologista francés;

LÓGICO (INTP)

- **Adam Smith** (1723 - 1790), pensador y economista escocés (entre otras obras, *Una investigación sobre la naturaleza y causas de la riqueza de las naciones*);
- **James Madison** (1751 - 1836), cuarto presidente de los Estados Unidos, signatario de la Constitución de los Estados Unidos;
- **Charles Darwin** (1809 - 1882), biólogo inglés, autor de la teoría de la evolución;
- **William James** (1842 - 1910), filósofo estadounidense, psicólogo, precursor de la psicología humanista y la fenomenología;
- **Carl Gustav Jung** (1875 - 1961), psiquiatra y psicólogo suizo, creador de la psicología analítica;
- **Albert Einstein** (1879 - 1955), nacido en Alemania en el seno de una familia judía, uno de los mayores físicos teóricos de todos los tiempos, creador de la teoría de la relatividad, coautor de la teoría onda-corpúsculo de la luz (Premio Nobel por su descripción del efecto fotoeléctrico);
- **Dwight David Eisenhower** (1890 - 1969), general estadounidense y trigésimo cuarto presidente de los Estados Unidos;
- **Gregory Peck** (1916 - 2003), actor de cine estadounidense (entre otras películas, *Los cañones de Navarone*);
- **George Soros** (n. 1930), financiero estadounidense de origen húngaro-judío, especulador de divisas y filántropo;
- **Bob Geldof**, realmente Robert Frederick Zenon Geldof (n. 1951), vocalista irlandés, autor de letras de canciones y activista social;
- **J.K. Rowling**, realmente Joanne Murray, (n. 1965), escritora inglesa, autora de la serie *Harry Potter*;

- **Eldrick «Tiger» Woods** (n. 1975), jugador de golf estadounidense, considerado uno de los más sobresalientes representantes de esta disciplina en la historia.

Mentor (INFJ)

TIPOLOGÍA DE PERSONALIDAD ID16™©

La personalidad a grandes rasgos

Lema vital: *¡El mundo puede ser mejor!*

Creativo, sensible, adelantado a su tiempo, capaz de ver las posibilidades que los demás no ven. Idealista y visionario orientado a la ayuda a las personas. Concienzudo, responsable y al mismo tiempo amable, solícito y amistoso. Se esfuerza por entender los mecanismos que rigen el mundo y trata de ver los problemas desde una perspectiva más amplia.

Excelente oyente y observador. Se caracteriza por una extraordinaria empatía, por su intuición y la confianza en las personas. Es capaz de interpretar los sentimientos y las emociones. Soporta mal la crítica y las situaciones de conflicto. Puede parecer enigmático.

Tendencias naturales del *mentor*:

- Fuente de energía vital: mundo interior.
- Asimilación de información: intuición.
- Toma de decisiones: corazón.
- Estilo de vida: organizado.

Tipos de personalidad similares:
- *Idealista*
- *Consejero*
- *Entusiasta*

Datos estadísticos:
- Los *mentores* constituyen aproximadamente el 1% de la población y son el tipo de personalidad menos frecuente.
- Entre los *mentores* predominan claramente las mujeres (80%).
- El país que se corresponde con el perfil de *mentor* es Noruega[14].

Código literal:
El código literal universal del *mentor* en las tipologías de personalidad de Jung es INFJ.

Características generales

Los *mentores*, a pesar de ser el tipo de personalidad menos frecuente, tienen una enorme influencia sobre el destino de otras personas, e incluso del mundo. Perciben cosas que no son evidentes para los demás: ven relaciones entre diversos acontecimientos concretos y saben descubrir las pautas que hay en los comportamientos humanos. Cuando trabajan en la resolución de algún problema, analizan la situación desde diferentes puntos de vista y perspectivas. Normalmente son capaces de prever el desarrollo potencial de los acontecimientos y perciben las oportunidades potenciales y riesgos relacionados con una determinada situación.

---

[14] Esto no quiere decir que todos los habitantes de Noruega pertenezcan a este tipo de personalidad, sino que la sociedad noruega, en su conjunto, tiene muchas características del *mentor*.

También son conscientes de la existencia de otro mundo, que solo puede ser percibido a través de la intuición o gracias a la fe. La dimensión espiritual de la vida es para ellos, a menudo, más importante que la material, la realidad percibida a través de los sentidos.

Brújula interior

Son idealistas por naturaleza. Normalmente se caracterizan por su muy elevado estándar moral y su comportamiento ético. A menudo, reflexionan sobre cómo deberían aprovechar su potencial vital. Desean perfeccionarse y ayudar a otras personas a encontrar su lugar en el mundo. Creen que ayudar a los demás y defender a los más débiles y a los que no son capaces de cuidar por sí mismos de sus intereses es una obligación obvia de cada persona. Desean perfeccionar el mundo, solucionar sus problemas, y ayudar a la gente a crecer o desarrollarse. Creen que si todos intentaran comprender a los demás, la vida sería más fácil y el mundo mucho mejor. Se involucran en tareas para solucionar un problema existente que debe ser resuelto, pero no lo hacen para ser reconocidos ni por los honores. Son visionarios y al mismo tiempo activistas: no se limitan a las ideas, sino que intentan ponerlas en práctica.

Se sienten como si siempre estuvieran de servicio; en cualquier momento están dispuestos a ponerse manos a la obra para defender a los que se encuentran en un aprieto. Normalmente, su vida se guía por un objetivo claro: tienen una muy fuerte convicción acerca de lo que es importante y lo que debe hacerse. A la hora de realizar sus visiones pocas cosas son capaces de detenerlos.

A menudo hacen referencia a diferentes teorías o ideas. Les atrae el mundo espiritual. Les gusta el mensaje de los símbolos y las metáforas. Muchos comportamientos y costumbres generalmente aceptados les parecen completamente absurdos. Les cuesta entender que los demás no vean esto.

Percepción

Los *mentores* desean comprender mejor el mundo y reflexionan sobre el sentido de la vida. Les absorben las cuestiones de naturaleza filosófica y/o religiosa. Son unos atentos observadores. Intentan «adaptar» cualquier nueva información y nuevos datos que les llegan, a la imagen del mundo que tienen en su interior. Si alguna información concreta no se ajusta a la imagen del mundo, admiten que esta puede requerir una transformación.

Este proceso interior e invisible para los demás se produce en ellos durante toda su vida. Su mente siempre trabaja a altas revoluciones y analiza escrupulosamente los nuevos datos. En el mundo actual, en el que las personas son bombardeadas con una cantidad cada vez mayor de información, los *mentores* suelen estar sobrecargados. A menudo, intentan arreglárselas con tanta acumulación de información y de datos, tratando de lograr algún tipo de simplificación: ignoran ciertos datos similares a aquellos que ya asimilaron en algún momento.

A los ojos de los demás

Los demás los ven como personas amigables, cálidas y simpáticas. Despiertan un respeto general por su sabiduría y su enfoque creativo ante los problemas. Sin embargo, es difícil conocerlos a fondo y penetrar en su interior, porque son personas con una personalidad compleja y una poderosa intuición. Pueden parecer misteriosos y enigmáticos. Tienen un mundo propio que protegen de los demás. Solo dejan entrar en él a los más próximos. ¡Sin embargo, son capaces de sorprenderlos incluso a sus allegados! Aún más, algunos aspectos de su personalidad constituyen un misterio incluso para ellos mismos.

Más de una vez los *mentores* se hacen a un lado, ya que necesitan soledad y silencio para regenerar sus fuerzas. Sin embargo, no mantienen a las personas a distancia. Todo lo contrario, les muestran cariño y un interés sincero. Rodean con un especial cuidado a los más próximos. Siempre se esfuerzan para no herir ni perjudicar a nadie.

Comunicación

Normalmente se valen perfectamente de la palabra hablada y escrita. Son capaces de expresar de forma comprensible sus pensamientos, y se comunican perfectamente con los demás. A menudo, tienen aversión a las apariciones en público. Sin embargo, si tienen que hablar lo hacen bastante bien. Son también unos excelentes oyentes y observadores. No solo interpretan las palabras, sino también los gestos y los sentimientos de los demás. Normalmente son capaces de dominar la lengua. Son conscientes del gran poder que tienen las palabras. Pueden guardar silencio si consideran que así será mejor.

Los *mentores* son generosos con los elogios, y a ellos mismos también les gustan los cumplidos de parte de los demás. Sin embargo, soportan mal la crítica y a menudo la reciben como un ataque personal. También les irritan la burocracia y el formalismo excesivos, pero tampoco les gusta el trato demasiado familiar (por ejemplo, tocarse y dar palmadas durante una conversación).

Pensamientos

A menudo, reflexionan acerca del objetivo de su vida y acerca de cómo les gustaría realizarlo. Revisan las prioridades anteriores y las formulan nuevamente. A menudo sienten una inquietud interior. Tienen muchas ideas y nunca son capaces de realizarlas todas. No pocas veces se culpan de no haber aprovechado totalmente sus posibilidades, o de no haber hecho más por los demás.

Son capaces de prever las futuras oportunidades y amenazas. El presente no es para ellos el objetivo, sino el punto de partida. Normalmente miran hacia el futuro, sin percibir sus logros anteriores. A menudo ni siquiera son conscientes de lo mucho que han hecho. Siempre ven en el horizonte nuevas necesidades y tareas.

Decisiones

Cuando deben tomar alguna decisión, necesitan tiempo para sopesar tranquilamente (preferiblemente a solas) las posibles soluciones. Sus ideas suelen no ser convencionales. No les gustan los conflictos, pero no evitan la confrontación, sobre todo si consideran que eso puede aportar un resultado positivo.

Valoran mucho el orden. Les cuesta funcionar en un entorno en el que reine el caos. Antes de empezar algo dedican bastante energía y tiempo a recopilar la información necesaria y a establecer la mejor forma de actuación. Normalmente se guían por la intuición y confían en sus presentimientos. A veces, esto los lleva a minusvalorar las opiniones de otras personas o a obstinarse en sus ideas.

Ante situaciones de estrés

Los *mentores* son susceptibles al estrés. A menudo sienten una tensión interior y no son capaces de relajarse. Esto puede provocar problemas somáticos (por ejemplo, hipertensión). Cuando logran alejarse de las obligaciones, prefieren descansar tranquilamente, lejos del bullicio y en compañía de los más cercanos.

Aspecto social de la personalidad

Los *mentores* son personas con una personalidad profunda y compleja, y al mismo tiempo personas amistosas y que muestran cariño a los demás. No les gustan las formas ni los gestos corteses. Tampoco les satisfacen las relaciones superficiales. No son capaces de entablar amistad con personas que actúan en contra de sus propias convicciones o intentan aparentar ser quienes no son.

A menudo, tienen capacidades de liderazgo, aunque no son el tipo de líder-showman. No exponen su persona y no buscan el reconocimiento. Sin embargo, son capaces de ejercer una extraordinaria influencia sobre otras personas. Son unos excelentes mentores (de ahí el nombre de este tipo de personalidad). Los encuentros y las conversaciones con ellos suponen para los demás una inspiración y una motivación para actuar. Hacen que las personas empiecen a mirar el mundo y su propia situación de otra forma.

Los *mentores* se interesan sinceramente por los problemas de los demás y saben escuchar. También tienen una extraordinaria intuición. Debido a estas características, son unos excelentes asesores y terapeutas. Sus relaciones con las personas son muy directas y personales. No se dejan engañar por las apariencias: son capaces de interpretar los verdaderos sentimientos y emociones de los demás (incluso los inconscientes).

Entre amigos

Los *mentores* desean tener relaciones profundas y naturales, y su entrega es total e ilimitada (a veces, incluso excesivamente confiada). Valoran mucho la sinceridad y la autenticidad. Su habilidad para dominar las emociones y su necesidad de soledad hacen que sean vistos a veces por los desconocidos como distantes con el entorno (de forma totalmente errónea). En realidad, les gustan mucho las personas y quieren tener unas buenas relaciones con ellas. Son unos amigos fieles y consideran que la verdadera amistad hace la vida mejor. A la hora de cuidar y perfeccionar las relaciones, están dispuestos a dedicar mucho esfuerzo y energía.

Aunque no buscan la popularidad, suelen ser generalmente queridos. Las personas valoran su actitud amistosa, su sinceridad, su enfoque creativo ante las tareas y el hecho de que ayudan a los demás a percibir y aprovechar su propio potencial. Los propios *mentores* se sienten a gusto entre personas que los comprenden, aceptan y respetan por ser quienes son.

Entre los amigos de los *mentores* se pueden encontrar a personas que representan prácticamente todos los tipos de personalidad. Sin embargo, hacen amistad más frecuentemente con *idealistas*, *consejeros*, *protectores* y otros *mentores*. Menos frecuentemente, con *animadores*, *pragmáticos* y *administradores*. Normalmente no tienen muchos amigos, aunque las relaciones con las personas próximas son profundas y muy duraderas.

En el matrimonio

Como maridos/esposas los *mentores* son unas parejas muy solícitas. Su sentimiento es profundo y a menudo tratan su relación como algo místico y espiritual. Desean una total unión de las mentes y los corazones que permita compartir los sentimientos más profundos, experiencias, sueños y visiones.

Muestran amor y a ellos mismos también les gustan los gestos cariñosos y las muestras de afecto. Desean que sus relaciones sean perfectas. Esta actitud hace que se entreguen a sus maridos / esposas y que estén dispuestos a trabajar para cuidar la relación. Sin embargo, este esfuerzo, llevado al extremo, suele ser fatigoso y frustrante para sus parejas (que pueden tener miedo de no poder satisfacer sus elevadas exigencias). También suele ocurrir que los *mentores* buscan la perfección fuera de la relación.

Los candidatos naturales a maridos/esposas de los *mentores* son personas de tipos de personalidad afines: *idealistas*, *consejeros* o *entusiastas*. En estos matrimonios es más fácil crear una comprensión mutua y unas relaciones armoniosas. Sin embargo, la experiencia muestra que las personas pueden crear relaciones exitosas y felices, también a pesar de una evidente disconformidad tipológica. Aún más, ciertas diferencias entre los cónyuges pueden aportar dinámica a estas relaciones y ayudar al desarrollo personal.

Como padres

Para los *mentores* el papel de padres es algo absolutamente natural. Tratan esto muy seriamente. Son entregados a sus hijos y están dispuestos a cualquier sacrificio. Les muestran mucho cariño y una tierna solicitud. Son unos padres que aman a sus hijos y normalmente tienen unas relaciones profundas y próximas con ellos. Les explican y les ponen en orden el mundo. Desean educarlos como personas adultas e independientes, que sean capaces de pensar por sí mismos, de tener sus propias opiniones, de diferenciar el bien del mal y de tomar las decisiones adecuadas. Hacen esto permitiendo a los hijos participar en la toma de diversas decisiones. Les motivan a estudiar y les animan a aprovechar sus talentos y sus dones. Sin embargo, tienen para con ellos unas exigencias muy elevadas y pueden llegar a ser severos.

Los hijos tienen una enorme confianza en los padres *mentores*, por esa razón buscan ayuda en ellos cuando tienen problemas. A veces, les reprochan tanta exigencia, porque se ven obligados a poner de su parte más que otros niños de su edad, aunque más tarde, en su vida adulta, les agradecen el hecho de haberles exigido tanto. También los aprecian porque les enseñaron a vivir bien y les animaron a aprovechar sus talentos y a realizar sus pasiones.

Trabajo y carrera profesional

Cuando encuentran el sentido de sus actividades, los *mentores* son capaces de trabajar duro y están dispuestos a sacrificarse. Intentan realizar todas las tareas al más alto nivel. Les gusta trabajar tanto en solitario como en un grupo pequeño. No les gustan las multitudes ni las relaciones superficiales entre las personas.

En equipo

Huyen de los conflictos, las confrontaciones y los antagonismos. Consideran que una colaboración armoniosa y un ambiente amigable son la mejor garantía de éxito. Los superiores que proceden conforme a sus ideales, que son unos líderes fuertes y apoyan al mismo tiempo a sus subordinados les caen muy bien.

Aportan a los equipos un ambiente cordial. A menudo, son los que ayudan a los demás a mirar los problemas desde una perspectiva más amplia y a conseguir el consenso.

Objetivos

Les gusta ayudar a las personas a solucionar problemas. Los incitan a hacer las preguntas adecuadas y buscar respuestas. La conciencia de ser útiles les supone una enorme satisfacción. Se marcan objetivos ambiciosos. Creen que pueden influir sobre el destino de su país y del mundo. A muchas personas unos objetivos formulados de esta forma podrían parecerles grandilocuentes o irreales, pero los *mentores* los tratan de forma muy seria.

Empresas

Se encuentran a gusto en empresas o instituciones cuya actividad tiene como objetivo igualar las oportunidades, apoyar a las comunidades locales o ayudar a las personas que no pueden con sus problemas. A menudo, se sienten realizados en la actividad social, como consejeros o en la enseñanza. También son buenos como escritores y autores de textos, además de como religiosos o sacerdotes.

A menudo, generan diferentes soluciones, por ejemplo relativas a la vida social. Ocupan puestos que requieren creatividad y que proporcionan cierta autonomía.

Tareas

Prefieren las tareas gracias a las cuales pueden ayudar a las personas y cambiar el mundo a mejor. Sin embargo, se sienten fuera de lugar cuando deben realizar trabajos administrativos, que requieran minuciosidad, análisis de documentos o procesamiento de datos. Tampoco son capaces de funcionar en una situación de conflicto de intereses, ni pueden realizar un trabajo contrario a su visión del mundo.

Profesiones

El conocimiento del perfil de personalidad propio y de las preferencias naturales es una ayuda inestimable a la hora de elegir la carrera profesional más conveniente. La experiencia muestra que los *mentores* pueden trabajar con éxito y sentirse realizados en diferentes campos, aunque su tipo de personalidad los predispone de forma natural para profesiones tales como:

- artista,
- asistente social,
- bibliotecario,
- científico,
- cineasta,
- coach,
- consejero,
- consultor,
- coordinador de proyecto,
- dietista,
- diseñador,
- escritor,
- especialista en relaciones laborales,
- fisioterapeuta,
- fisioterapeuta,
- fotógrafo,
- mediador,
- médico,
- músico,
- pedagogo,
- periodista,
- productor televisivo,

- profesor,
- psicólogo,
- redactor,
- sacerdote o religioso,
- sanitario,
- sociólogo,
- terapeuta,
- tutor legal.

Potenciales puntos fuertes y débiles

Los *mentores*, al igual que otros tipos de personalidad, tienen potenciales puntos fuertes y débiles. Este potencial puede ser gestionado de diferentes formas. La felicidad personal y la realización profesional de los *mentores* dependen de si aprovechan las oportunidades relacionadas con su tipo de personalidad y de si hacen frente a las amenazas que les acechan. He aquí un RESUMEN de estas oportunidades y amenazas:

Puntos fuertes potenciales

Los *mentores* perciben cosas que no son evidentes para los demás: ven relaciones entre diversos acontecimientos concretos y saben descubrir las pautas que hay en los comportamientos humanos. Cuando trabajan en la resolución de algún problema analizan la situación desde puntos de vista y perspectivas diferentes; son capaces de pensar a largo plazo y percibir los peligros y posibilidades potenciales. Sus ideas son muy creativas y no son convencionales. Comprenden las teorías complejas y los conceptos abstractos.

Se interesan sinceramente por los demás y sus problemas. Son sensibles a sus necesidades y sentimientos. Se caracterizan por una extraordinaria intuición y empatía, así como por una cordialidad natural. Son unos excelentes observadores y buenos oyentes. Son capaces de interpretar los sentimientos y emociones humanos. Inspiran a los demás a encontrar y aprovechar su propio potencial. Les motivan a asumir la responsabilidad por su vida.

Sus relaciones con las personas son naturales, sinceras y profundas. Los *mentores* son capaces de penetrar bajo la superficie y percibir la esencia de los problemas. Son muy concienzudos y entregados: tratan seriamente todas las tareas de las que se encargan. No son capaces de realizarlas conscientemente por debajo de sus posibilidades. Tienen unas exigencias muy elevadas para con ellos mismos y los demás; desean que todos aprovechen plenamente sus posibilidades y talentos. Se valen perfectamente de la palabra hablada y escrita. Expresan de manera clara sus pensamientos. Aspiran a la perfección. Cuando ven el sentido de su trabajo son capaces de concentrarse en la tarea o el problema y están dispuestos a realizar sacrificios. No tienen en cuenta los obstáculos, y es difícil desanimarlos.

Puntos débiles potenciales

El idealismo de los *mentores* hace que tengan, a menudo, problemas para funcionar en el mundo real. Suelen ser poco concretos (al hablar de algún problema, se apartan del tema y van a soluciones más generales). Tienen dificultades con las acciones diarias y rutinarias y también tienen tendencia a olvidar los detalles.

Sus exigencias para con los demás suelen ser irreales: no tienen en cuenta sus limitaciones naturales. A menudo dan la impresión de ser personas a las que es imposible satisfacer. Normalmente suponen que tienen razón, a menudo sin ni siquiera explicar a los demás en qué basan esa convicción. Tienen tendencia a rechazar de antemano las opiniones de otras personas. Su percepción de la realidad, «a varios niveles», hace que a menudo reflexionen sobre la razón del camino escogido y las decisiones tomadas. En situaciones que requieren improvisación o decisiones rápidas, a menudo se ponen nerviosos.

No les resulta fácil compartir sus propios problemas ni aprovechar la ayuda de los demás. Tampoco se les dan bien las situaciones de conflicto y soportan muy mal las críticas: a menudo, las reciben como un ataque personal. Soportan mal el estrés, el cual les provoca un estado de tensión interior y (a menudo) síntomas somáticos. También les quita la confianza en sus propias posibilidades y hace que a veces recurran a sustancias estimulantes.

Los *mentores* son muy sensibles y es fácil hacerles daño. También suelen tener problemas a la hora de pedir perdón y pueden guardar rencor durante mucho tiempo.

Desarrollo personal

El desarrollo personal de los *mentores* depende del grado en que utilizan su potencial natural y se sobreponen a los riesgos relacionados con su tipo de personalidad. Los siguientes consejos prácticos constituyen un decálogo característico del *mentor*.

Habla de tus ideas con las personas

No todos saben cómo llegaste hasta ellas, así que no supongas que es algo evidente. Debatir sobre tus ideas con los familiares o compañeros de trabajo mejorará mucho el ambiente y las relaciones, y además te ayudará a verlas desde una nueva perspectiva.

No tengas miedo a las críticas

No temas expresar tus opiniones críticas ni aceptar las críticas de otros. La crítica puede ser constructiva, y no tiene por qué significar un ataque a las personas o un socavamiento de sus valores.

Sé más práctico

Tienes una tendencia natural a las propuestas idealistas, que pueden estar alejadas de la vida. Piensa en sus aspectos prácticos: en cómo realizarlas en el mundo real e imperfecto en el que vivimos.

No rechaces las ideas y opiniones de otras personas

Escucha con atención lo que tienen que decir. Intenta también comprender sus ideas antes de rechazarlas o considerar que ya las has oído. No supongas que nadie conoce un determinado tema tan bien como tú.

No temas los conflictos

Incluso en el círculo de las personas más próximas, a veces se producen conflictos. Sin embargo, no tienen por qué ser necesariamente destructivos: ¡suelen ayudar a identificar y solucionar problemas! En las situaciones de conflicto no escondas la cabeza bajo la arena, sino que expresa abiertamente tu punto de vista y tus impresiones relacionadas con una determinada situación.

No culpes a los demás de tus problemas

Reflexiona bien acerca de su origen. Las faltas y los errores no solo los cometen los demás. Tú también puedes ser la causa de un problema.

No veas escenarios negros

No te concentres en las amenazas y los peligros. El temor a ellos puede paralizarte. Harás más concentrándote en el lado bueno de la vida e intentando aprovechar su potencial.

Sé más tolerante

Muestra más paciencia ante las faltas y errores de otras personas. Recuerda que no se puede delegar la misma tarea a todo el mundo y que no todos están capacitados en las mismas áreas. Las faltas de los demás no siempre son un síntoma de mala voluntad o pereza.

Descansa

Intenta alejarte a veces de las obligaciones y procura hacer algo por puro placer, relax, diversión... Esto te permitirá conseguir una mejor perspectiva y volver a tus tareas con la mente fresca.

Reconoce que puedes equivocarte

Nadie es infalible. Los demás pueden tener toda o parte de la razón, mientras que tú puedes estar equivocado en parte o totalmente. Acepta esto y aprende a reconocer los errores.

Personas conocidas

La lista de personas conocidas que se corresponden con el perfil de *mentor* incluye, entre otros, los siguientes nombres:
- **Johann Wolfgang von Goethe** (1749 - 1832), el más eminente poeta alemán del periodo del clasicismo (entre otras obras, *El rey de los elfos*), dramaturgo (entre otras obras, *Fausto*), prosista (entre otras obras, *Los sufrimientos del joven Werther*), erudito y político;
- **Nathaniel Hawthorne** (1804 - 1864), uno de los más eminentes novelistas estadounidenses (entre otras obras, *La letra escarlata*) y autor de novelas cortas; representante del romanticismo y de la filosofía del transcendentalismo;
- **Emily Jane Brontë** (1818 - 1848), escritor inglesa (*Cumbres borrascosas*) y poetisa;
- **Fanny Crosby,** realmente Frances Jane Crosby (1820 - 1915), invidente, autora de canciones cristianas estadounidense (más de 8000 obras), activista metodista, durante su vida una de las mujeres más conocidas en los Estados Unidos;
- **Mary Baker Eddy** (1821 - 1910), mística y científica estadounidense, fundadora de la Asociación de la Ciencia Cristiana;

MENTOR (INFJ)

- **Mahatma Ghandi**, realmente Mohandas Karamchand Gandhi (1869 - 1948), uno de los creadores del estado indio contemporáneo, partidario de la resistencia pasiva como medio para la lucha política;
- **Nelson Mandela** (n. 1918 - 2013), activista a favor de la abolición de la segregación racial en la República de Sudáfrica y posteriormente presidente del país, ganador del Premio Nobel de la paz;
- **Jimmy Carter**, realmente James Earl Carter (n. 1924), trigésimo noveno presidente de los Estados Unidos, activista internacional a favor de los derechos humanos, ganador del Premio Nobel de la paz;
- **Martin Luther King, Junior** (1929 - 1968), pastor bautista estadounidense, activista a favor de la abolición de la discriminación racial, ganador del Premio Nobel de la paz;
- **Piers Anthony**, realmente Piers Anthony Dillingham Jacob (n. 1934), escritor estadounidense de ciencia ficción y fantasía (entre otras obras, *Xanth*);
- **Michael Landon**, realmente Eugene Maurice Orowitz (1936 - 1991), actor, productor y director de cine estadounidense (entre otras series, *Autopista hacia el cielo*);
- **Billy Crystal** (n. 1948), actor americano (entre otras películas, *Una terapia peligrosa*), director y guionista;
- **Mel Gibson**, realmente Mel Columcille Gerard Gibson (n. 1956), actor estadounidense (entre otras películas, *Arma letal*), director y productor de cine (entre otras películas, *La pasión de Cristo*);

- **Nicole Kidman** (n. 1967), actriz de cine estadounidense-australiana (entre otras películas, *Cold Mountain*), cantante.

Pragmático (ISTP)

TIPOLOGÍA DE PERSONALIDAD ID16™©

La personalidad a grandes rasgos

Lema vital: *Los actos son más importantes que las palabras.*

Optimista, espontáneo y con una actitud positiva hacia la vida. Comedido e independiente. Fiel a sus propias convicciones y escéptico ante las normas y principios externos. Le aburren las teorías y las reflexiones sobre el futuro.

Prefiere actuar y solucionar problemas concretos y tangibles.

Se adapta bien a los nuevos lugares y situaciones. Le gustan los nuevos retos y el riesgo. Es capaz de mantener la sangre fría ante las amenazas y los peligros. Su taciturnidad y su extrema sobriedad a la hora de expresar opiniones hace que suela ser indescifrable para los demás.

Tendencias naturales del *pragmático*:

- Fuente de energía vital: mundo interior.
- Asimilación de información: sentidos.
- Toma de decisiones: razón.
- Estilo de vida: espontáneo.

Tipos de personalidad similares:
- *Inspector*
- *Animador*
- *Administrador*

Datos estadísticos:
- Los *pragmáticos* constituyen el 6-9% de la población.
- Entre los *pragmáticos* predominan los hombres (60%).
- El país que se corresponde con el perfil de *pragmático* es Singapur[15].

Código literal:
El código literal universal del *pragmático* en las tipologías de personalidad de Jung es ISTP.

Características generales

Los *pragmáticos* viven el día a día. Tienen una actitud positiva hacia la vida y saben disfrutar cada momento. Raramente se preocupan por el futuro y su vida transcurre aquí y ahora. Normalmente, no les gustan los planes a largo plazo ni las obligaciones de largo alcance. Tampoco le dedican demasiado tiempo a la preparación. Actúan de forma más impulsiva que planificada. Tienen un buen sentido de la estética, pero no les gustan la extravagancia ni las cosas insólitas. Su estilo de vida es relativamente sencillo.

---

[15] Esto no quiere decir que todos los habitantes de Singapur pertenezcan a este tipo de personalidad, sino que la sociedad singapurense, en su conjunto, tiene muchas características del *pragmático*.

Percepción y estudios

Los *pragmáticos* advierten detalles que los demás no ven, aunque les cuesta percibir una perspectiva más amplia, las consecuencias a largo plazo de sus decisiones y las relaciones entre hechos y fenómenos concretos. Les gusta la acción y son extremadamente pragmáticos (de ahí el nombre de este tipo de personalidad). De entre todos los tipos de personalidad, los *pragmáticos* son los que tienen una mayor tendencia al riesgo. Tienen también un sentido natural técnico y habilidades manuales. Ante teorías y conceptos abstractos que no pueden ser aplicados en la práctica, normalmente son escépticos.

Por lo general, son de los que en su infancia desmontaban juguetes o dispositivos para ver cómo estaban hechos. Normalmente no tienen buenos recuerdos de los tiempos escolares (les aburren las tareas puramente teóricas y monótonas). Aprenden de mejor grado y más eficazmente a través de la experiencia. A la hora de realizar las tareas, les gustan los experimentos y valoran la libertad. Les interesa la forma de funcionamiento de diferentes dispositivos, y a menudo usan las herramientas con habilidad, por ejemplo, cuando realizan diversas modificaciones, mejoras o reparaciones. Al solucionar un problema, se orientan rápidamente sobre qué herramientas y recursos van a ser necesarios, y pasan inmediatamente a la acción. Se les dan bien los trabajos manuales. Incluso al hacer una tarea por primera vez pueden causar la impresión de ser expertos.

Brújula interior

Los *pragmáticos* por naturaleza son flexibles, y son capaces de adaptarse bien a las nuevas circunstancias. Sin embargo, no permiten que los demás violen su privacidad ni organicen su vida. No les gusta cuando alguien les dice qué deben hacer o cómo deben vivir. A veces, se comportan intencionadamente — para mantener sus principios — de forma distinta a la esperada. Se caracterizan por su extrema independencia. No dejan que los demás tomen decisiones por ellos. No les gusta ser supervisados ni controlados. Necesitan independencia, libertad y espacio. Se irritan cuando alguien invade su territorio. A veces, simplemente se obsesionan por su privacidad.

Normalmente son escépticos ante las autoridades que todos reconocen, y las normas y verdades impuestas desde arriba. En la vida prefieren guiarse por sus propios principios. Por lo general, hacen lo que ellos mismos consideran correcto, sin preocuparse demasiado por las opiniones y valoraciones de los demás. Soportan bien la crítica y ellos mismos también son capaces de valorar críticamente las actuaciones de los demás. Son resistentes a la presión del exterior y se mantienen, independientemente de las circunstancias, en sus convicciones y predilecciones.

Normalmente, profesan los principios del igualitarismo. Consideran que todas las personas son iguales y deberían ser tratadas de la misma forma. Los títulos, la procedencia y la ocupación de un determinado puesto no causan en ellos demasiada impresión. Sin embargo, respetan a los que tienen alguna experiencia especial o habilidades prácticas.

A los ojos de los demás

Son vistos por las demás como personas seguras de sí mismas, frías y enigmáticas. Sin embargo, son considerados como expertos en asuntos que requieren habilidades manuales u orientación técnica. Son vistos como personas ingeniosas y prácticas. Siempre se puede contar con su ayuda. Sin embargo, sorprenden a su entorno por ser tan variables. Pierden rápidamente el entusiasmo y cambian a menudo de opinión. A los demás también les irrita, a veces, su escasa capacidad de predicción y su falta de interés por cuestiones que estén más allá del «aquí y ahora». También produce consternación en el entorno su naturaleza misteriosa, su taciturnidad y su aversión por compartir sus propios pensamientos y opiniones.

A su vez, a los propios *pragmáticos* no les gustan las personas que intentan enseñarles o ejercer presión sobre ellos. Tampoco comprenden a las personas que son capaces de hablar meses sobre planes a largo plazo, sin emprender, sin embargo, ninguna acción práctica para realizarlos. También les cuesta entender que, personas que ven una misma situación y disponen de la misma información, puedan llegar a conclusiones radicalmente diferentes.

Comunicación

Su taciturnidad hace que a menudo sean vistos como misteriosos e impenetrables. Normalmente toman las decisiones por sí mismos y raramente las consultan con los demás. A veces sorprenden con este comportamiento a sus familiares y compañeros de trabajo. De entre todos los tipos de personalidad, los *pragmáticos* son los menos comunicativos. Sus declaraciones, aunque escasas y lacónicas, sin embargo, son normalmente muy acertadas y concretas.

Observación

Los *pragmáticos* son unos excelentes observadores. Monitorizan continuamente el entorno buscando informaciones nuevas y perciben rápidamente los cambios. Evalúan los nuevos datos adquiridos principalmente desde el punto de vista de su influencia sobre su propia vida o de la posibilidad de su uso para solucionar problemas concretos con los que tratan. También tienen tendencia a rechazar la información que no es conforme con su propia experiencia. Esta actitud estrecha a veces su perspectiva e incluso contribuye al desarrollo de una visión propia y alternativa del mundo.

Resolución de problemas

Al solucionar un problema, los *pragmáticos* saben valorar rápidamente la situación. Tienen en cuenta todos los medios y posibilidades disponibles en un momento dado, y toman rápidamente la decisión adecuada. Se desenvuelven perfectamente en situaciones de crisis, que requieran decisiones rápidas o improvisación. Cuando fallan los procedimientos comprobados y los principios establecidos, y además los demás pierden el suelo bajo los pies, ellos se guían por su brújula interior y conservan la sangre fría.

En una situación de mucho riesgo creciente o ante el peligro son capaces de tomar fríamente las decisiones necesarias. Actúan de forma racional y objetiva, sin reparar en las reacciones emocionales del entorno.

Descanso

Los *pragmáticos* saben disfrutar de la vida y combinar hábilmente el trabajo y el placer. Encuentran tiempo para el relax y las aficiones. En los ratos libres, a menudo utilizan sus habilidades manuales. También les gusta la actividad física y la diversión. Les gusta encontrarse con personas con intereses y puntos de vista similares. De esta forma, profundizan sus conocimientos y obtienen nueva información. Son relativamente resistentes al estrés. Sin embargo, una tensión prolongada hace que a veces se vuelvan cínicos y amargados. También eso puede conducir a un autoaislamiento cada vez más profundo o a reacciones exageradas y explosivas.

Aspecto social de la personalidad

Los *pragmáticos* son, por lo general, reservados en los contactos y es difícil acercarse a ellos. Esto no es debido, como sospechan algunos, a que tengan una cierta aversión a la gente. Normalmente, son tolerantes y abiertos a los demás y son capaces de entablar relaciones sanas y amistosas. Sin embargo, suponen que las conversaciones y las reuniones deberían servir para algo (por ejemplo, para solucionar conjuntamente problemas).

Para ellos, el hecho de estar entre la gente no es un valor en sí mismo. No les gustan los eventos de integración, las reuniones sociales ni las fiestas ocasionales. No comprenden el mundo de las formas ni la cortesía y no son capaces de hablar «del tiempo». Les sorprende que los demás tengan tiempo para hablar de todo y de nada. Por lo general, no les interesan los encuentros con personas que no conocen. También les aburren las conversaciones con personas a quienes les interesan cosas completamente diferentes.

Un problema habitual que tienen los *pragmáticos* es su incapacidad para hablar de sus sentimientos y emociones. Normalmente, creen que los actos tienen más poder que las palabras, por eso intentan comunicar sus sentimientos y afecto a través de acciones concretas. Cuando sus amigos y familiares necesitan ayuda práctica, siempre pueden contar con ellos. El respeto y la admiración de los demás es para ellos una gran satisfacción; por eso, les gusta sentirse especialistas en su campo.

Entre amigos

En las relaciones con otras personas los *pragmáticos* valoran la sencillez y la independencia. A menudo, evitan conscientemente los contactos que requieren una implicación emocional más profunda y que absorben tiempo y energía. Respetan la privacidad y la independencia de los demás, pero también valoran su propia libertad y defienden solícitamente su territorio. A menudo, necesitan soledad, silencio y espacio, lo que suele ser percibido como una muestra de distancia respecto a los demás o una falta de interés por sus necesidades.

Sin embargo, sus amigos también conocen su otra faceta. Cuando están entre buenos amigos, los *pragmáticos* los escuchan de buen grado y a menudo les hacen muchas preguntas. Los demás los ven como personas tolerantes y flexibles y como compañeros que no dan problemas. Se sitúan fácilmente en diferentes circunstancias, y los otros ven que son personas a las que les pasan muchas cosas. A otros les impresiona su capacidad de disfrutar de la vida y su afición por las aventuras y las sensaciones fuertes.

Son capaces de escuchar a los demás con un interés sincero, pero ellos mismos no hablan mucho. Raramente expresan su propio parecer y no les gusta abrirse ante los demás. Suele ocurrir que cuando se les pide su opinión responden de forma evasiva o enigmática. Algunas veces, dan la sensación de ser solitarios, aunque en realidad necesitan a otras personas: sin ellas, se sienten alienados e innecesarios. Establecen normalmente relaciones más cercanas con personas con puntos de vista e intereses similares. Frecuentemente apenas tienen algunos conocidos o amigos íntimos. Normalmente entre ellos se encuentran *inspectores*, *animadores*, *lógicos* y otros *pragmáticos*. Más raramente, *consejeros*, *mentores* y *entusiastas*.

En el matrimonio

Los *pragmáticos* proporcionan un gran margen de libertad a sus esposas / maridos. Ellos mismos también necesitan libertad y soportan mal cualquier intento de limitación. Aportan espontaneidad y entusiasmo a su matrimonio. Normalmente se concentran en el día a día y no piensan en lo que deparará el futuro. Esto no quiere decir que no puedan permanecer en una misma relación durante toda la vida. Simplemente no adoptan una perspectiva tan amplia: cada nuevo día es para ellos una hoja en blanco. Normalmente no piensan a largo plazo, por lo que prometer amor «hasta que la muerte nos separe» puede infundirles miedo.

Por lo general, son taciturnos y raramente expresan sus opiniones, puntos de vista y sentimientos. El mayor reto en los matrimonios con *pragmáticos* es su incapacidad para percibir los sentimientos y necesidades emocionales de sus parejas (a menudo, equivocadamente entendida como una falta de interés). Los *pragmáticos* pueden amar a su cónyuge sinceramente y, al mismo tiempo, no darse cuenta en absoluto de sus sentimientos, emociones y experiencias. También pueden no comprender que sus esposas/maridos necesiten cumplidos y cariño. Ellos mismos no tienen esas necesidades, por lo que ocurre que se sorprenden ante estas exigencias y no saben cómo hacerles frente.

Ante una crisis, los *pragmáticos* normalmente intentan salvar la relación. Sin embargo, si sus intentos no dan resultados pueden rendirse, reconociendo que la situación les ha superado y que su pareja tiene unas expectativas demasiado elevadas. Normalmente no tienen mayores problemas a la hora de finalizar unas relaciones tóxicas y destructivas.

Los candidatos naturales a maridos/esposas de los *pragmáticos* son personas de tipos de personalidad afines: *inspectores*, *animadores* o *administradores*. En estos matrimonios, es más fácil crear una comprensión mutua y unas relaciones armoniosas. Sin embargo, la experiencia muestra que las personas pueden crear relaciones exitosas y felices también a pesar de una evidente disconformidad tipológica. Aún más, las diferencias entre los cónyuges pueden aportar dinámica a estas relaciones y ayudar al desarrollo personal (a muchas personas esta perspectiva les parece más atractiva que la visión de una relación armoniosa, en la que siempre reina el acuerdo y una plena comprensión mutua).

Como padres

Los *pragmáticos* como padres también son flexibles y tolerantes. No controlan en exceso a sus hijos y les dan bastante libertad y espacio para su desarrollo. Si la situación lo requiere, sin embargo, son capaces de emplear la disciplina y los castigos. En cambio, no se sienten obligados a inculcarles sus propios valores, ni tampoco se ven obligados a explicarles el funcionamiento del mundo o decirles cómo se debe vivir. Como resultado, a sus hijos a veces les faltan unos principios que rijan sus vidas. Entre los *pragmáticos* y sus hijos existe también a menudo cierto tipo de distanciamiento emocional (cuando el segundo progenitor no es capaz de satisfacer las necesidades emocionales de los hijos, esto puede provocar dificultades serias en las relaciones).

Los *pragmáticos* proporcionan a sus hijos diversas atracciones (normalmente no escatiman dinero en estas actividades), aunque les cuesta más implicarse emocionalmente y dedicar tiempo a jugar y hablar con ellos. Suele ocurrir que en el día a día están bastante ausentes en la vida de sus hijos. Por contra, se les da perfectamente la organización de diferentes tipos de viajes o excursiones. Esos momentos son, para los *pragmáticos*, una oportunidad para ir conociendo mejor a sus hijos. Para los hijos son, a su vez, los momentos más valiosos de su infancia, y son acontecimientos que se graban en su memoria para toda la vida.

Trabajo y carrera profesional

La pasión de los *pragmáticos* es su clave para el éxito. Si se ocupan de lo que despierta su entusiasmo pueden conseguir muchas cosas. Son «personas de acción». Les gusta la actividad y la variabilidad. Se aburren rápidamente y no les gustan las tareas que requieren una larga concentración o planificar y pensar en el futuro. Prefieren los proyectos con un horizonte temporal más cercano.

Empresas

Se encuentran a disgusto en instituciones burocratizadas con estructuras rígidas y procedimientos definidos con excesiva precisión. Los planes, informes y memorias no son su mundo. Soportan muy mal la rutina. Les gusta la diversidad y son capaces de ocuparse de muchas cosas a la vez (por lo general, les resulta más fácil empezar algo que llevarlo hasta el final).

Se encuentran bien en empresas que no ponen limitaciones a los trabajadores y les dan libertad en la realización de las tareas. Prefieren dedicarse a la solución de problemas concretos, prácticos y tangibles. No tienen miedo al riesgo ni a los experimentos. Sin embargo, les gusta actuar en campos que conocen bien. A menudo, los *pragmáticos* se convierten con el paso de los años en verdaderos expertos en los campos por los que se interesan.

En equipo

Los *pragmáticos* son capaces de actuar con otras personas, pero en su caso el trabajo en común normalmente no conduce a lazos emocionales con el grupo. Al trabajar en equipo, son normalmente los que aportan una valoración objetiva y realista de la situación y son capaces de analizar los hechos fríamente y sin emociones.

Superiores

Normalmente aprecian a los superiores que garantizan a los subordinados libertad de actuación. No necesitan un control estricto, ya que ellos mismos se motivan para el trabajo. Cuando desempeñan puestos de dirección perciben rápidamente los problemas de la empresa e identifican los eslabones débiles. Muy raramente ven la realidad de color de rosa.

Por lo general, son realistas y no se hacen ilusiones. No intentan persuadir a los demás ni a ellos mismos de que las cosas vayan a ir mejor y de alguna manera se puedan arreglar por sí mismas. Tampoco tienen escrúpulos con los trabajadores más flojos: normalmente se deshacen rápidamente de ellos.

No son partidarios de estilos de gestión de la empresa de tipo colegial y democrático. No les gusta consultar ni contar con las opiniones de los demás. Prefieren tomar las decisiones por sí mismos. Un problema frecuente es que no delegan suficientemente las responsabilidades, por lo que suelen estar sobrecargados.

Normalmente no tienen miedo al riesgo. Toman decisiones valientes y juegan fuerte. A veces lo apuestan todo a una sola carta. No temen las decisiones difíciles y son capaces de actuar basándose en datos incompletos. Las emociones y los sentimientos no afectan a su trabajo. A veces, se les acusa de que al tomar decisiones no tienen en consideración los «costes humanos» (les interesa principalmente el bien objetivo de la empresa y no la opinión del personal).

Profesiones

El conocimiento del perfil de personalidad propio y de las preferencias naturales es una ayuda inestimable a la hora de elegir la carrera profesional más conveniente. La experiencia muestra que los *pragmáticos* pueden trabajar con éxito y sentirse realizados en diferentes campos, aunque su tipo de personalidad los predispone de forma natural para profesiones tales como:

- agricultor,
- analista de sistemas informáticos,
- antiterrorista,
- asistente técnico,
- aviador,
- bombero,
- carpintero,
- cerrajero,
- conductor,
- deportista,
- detective,
- economista,
- electricista,
- electrónico,
- empresario,
- especialista en TI,
- farmacéutico,
- ingeniero,

- joyero,
- jurista,
- mecánico,
- militar,
- músico,
- policía,
- programador informático,
- socorrista,
- técnico,
- trabajador de la construcción,
- trabajador de seguridad,
- trabajador de un centro de gestión de emergencias.

Potenciales puntos fuertes y débiles

Los *pragmáticos*, al igual que otros tipos de personalidad, tienen potenciales puntos fuertes y débiles. Este potencial puede ser gestionado de diferentes formas. La felicidad personal y la realización profesional de los *pragmáticos* dependen de si aprovechan las oportunidades relacionadas con su tipo de personalidad y de si hacen frente a las amenazas que les acechan. He aquí un RESUMEN de estas oportunidades y amenazas:

Puntos fuertes potenciales

Los *pragmáticos* son espontáneos, flexibles y tolerantes. Son buenos oyentes y unos excelentes observadores: advierten detalles imperceptibles para los demás. Recopilan la información recogida en su característica base de datos interior y son capaces de utilizarla para solucionar problemas concretos. Son prácticos y tienen habilidades manuales y técnicas naturales. Se caracterizan por su actitud positiva hacia la vida. Son capaces de disfrutar del momento presente. Están seguros de sí mismos, son optimistas y entusiastas. Les gusta la actividad y soportan bien los cambios. No escatiman tiempo ni energías con sus allegados cuando estos necesitan ayuda práctica.

Independientemente de las circunstancias, se suelen mantener en sus propias convicciones y son resistentes a la crítica y a la presión por parte de los demás. Ellos mismos también saben expresar opiniones críticas y — si la situación lo requiere — pueden llamar la atención a los demás. Saben tomar decisiones a partir de datos incompletos y son capaces de actuar en condiciones de riesgo creciente. Se desenvuelven perfectamente en situaciones peligrosas y de crisis, también en circunstancias que cambian rápidamente. Cuando a los demás les pueden las emociones, ellos mantienen la sangre fría y toman fríamente decisiones objetivas y racionales. No tienen miedo a dar pasos atrevidos ni a las acciones arriesgadas. Saben cómo terminar las relaciones tóxicas y destructivas.

Puntos débiles potenciales

Uno de los mayores puntos débiles potenciales de los *pragmáticos* es su incapacidad para expresar sus sentimientos y su insensibilidad ante las necesidades emocionales de los demás (por lo que pueden herir inconscientemente a las personas). Otra fuente de problemas suele ser su taciturnidad y su incapacidad para adaptar la forma de comunicación a la situación. Su aversión por cualquier control o supervisión puede, a su vez, conducirles a la característica obsesión que tienen por la privacidad, y puede llevarles al autoaislamiento.

A los *pragmáticos* no se les da demasiado bien la realización de tareas con un horizonte temporal lejano o una planificación estratégica. Les cuesta percibir una perspectiva más amplia, las consecuencias a largo plazo de sus actuaciones y las relaciones entre hechos y fenómenos concretos. También suelen tener problemas a la hora de asimilar teorías complejas y abstractas. Así mismo, les cuesta concentrarse durante mucho tiempo en una sola actividad:

se aburren rápidamente y se distraen. Les resulta más sencillo empezar una tarea que llevarla hasta el final.

Tienen tendencia a rechazar todo lo que no es conforme con su experiencia y a rodearse de personas que comparten sus intereses y puntos de vista, lo que hace que se creen su propia visión del mundo, una visión alternativa. A pesar de su carácter abierto a los nuevos conocimientos y experimentos dentro de los campos que les interesan, raramente van más allá de las áreas que les son conocidas.

Desarrollo personal

El desarrollo personal de los *pragmáticos* depende del grado en que utilizan su potencial natural y se sobreponen a los riesgos relacionados con su tipo de personalidad. Los siguientes consejos prácticos constituyen un decálogo característico del *pragmático*.

Piensa a largo plazo

Eres capaz de solucionar problemas inmediatos y prácticos. Sin embargo, los problemas más importantes requieren a menudo un enfoque global y una acción a largo plazo. Para poder solucionarlos, debes ampliar tu perspectiva y ampliar tu horizonte temporal.

Valora la teoría

Rechazar todo aquello que no puede aplicarse inmediatamente en la práctica conlleva una serie de limitaciones. Es cierto que no todas las teorías pueden ser utilizadas para resolver problemas concretos, pero a menudo, estas amplían nuestra perspectiva y ayudan a comprender el mundo. No pocas veces también son una inspiración para proyectos prácticos en el futuro.

Ensancha tu mundo

Prueba cosas que vayan más allá del mundo de tus intereses y experiencias actuales. Habla con personas que tengan puntos de vista o intereses diferentes a los tuyos. Acepta tareas de las que hasta ahora nunca te habías encargado. Esto te proporcionará muchas experiencias valiosas y hará que percibas el mundo desde una perspectiva más amplia.

Acaba lo que hayas empezado

Empiezas cosas nuevas con entusiasmo, pero te cuesta acabar lo que empezaste antes. Esta forma de actuar normalmente da resultados mediocres. Intenta establecer qué es lo más importante para ti, cómo quieres hacerlo y a continuación pasa a la acción, y sobre todo, ¡procura que no te distraigan!

No rechaces las ideas y opiniones de otras personas

No supongas de antemano que son erróneas cuando sean contrarias a tus puntos de vista. Antes de juzgarlas como algo sin valor, piensa bien en ellas e intenta comprenderlas.

Habla más

Comparte con los demás tus pensamientos e ideas. Expresa tus emociones y di cómo te sientes y lo qué te está pasando. De esta forma ayudarás a tus compañeros de trabajo y familiares. Normalmente, cualquier cosa que digas será mejor que el silencio.

Trata a los demás «como personas»

Las personas no quieren ser percibidas exclusivamente como herramientas que sirven para realizar un objetivo. Desean que se perciban sus emociones, sentimientos y pasiones. Al tratar con los demás, intenta ponerte en su situación y comprender lo que experimentan, qué les apasiona, qué les inquieta, a qué tienen miedo... ¡Notarás la diferencia y eso te sorprenderá!

No rechaces los principios universales

En la vida te guías por tu propia «brújula» y consideras que por suerte no necesitas ningún principio universal. Sin embargo, ¡la sociedad necesita estos principios! Piensa qué ocurriría si todos ignorasen los principios de la vida social y empezaran a guiarse solo por sus propias reglas.

Pide ayuda a los demás

Cuando pases por dificultades, comparte esto con personas de confianza. Si necesitas ayuda, ¡no dudes en pedirla a los demás!

Actúa menos impulsivamente

Antes de tomar una decisión o implicarte en un asunto, dedica algo de tiempo a reunir información y analizarla, así como a valorar objetivamente la situación. Posiblemente esto limitará el número de tus acciones, pero también hará que sean más efectivas.

Personas conocidas

La lista de personas conocidas que se corresponden con el perfil de *pragmático* incluye, entre otros, los siguientes nombres:
- **Leonardo da Vinci**, realmente Leonardo di ser Piero da Vinci (1452 - 1519), pintor renacentista italiano, arquitecto, filósofo, músico, poeta, inventor, matemático, mecánico, anatomista, geólogo: posiblemente el hombre con el talento más universal de toda la historia;
- **Miguel Ángel**, realmente Michelangelo di Lodovico Buonarroti Simon (1475 - 1564), pintor,

escultor, poeta y arquitecto italiano, uno de los más eminentes artistas del Renacimiento;
- **Charles Bronson**, realmente Charles Dennis Buchinsky (1921 - 2003), actor de cine estadounidense de origen tártaro (entre otras películas, *Doce del patíbulo*);
- **Alan Bartlett Shepard** (1923 - 1998), primer astronaut estadounidense;
- **Clint Eastwood** (n. 1930), actor estadounidense (entre otras películas, *Los puentes de Madison*), director, productor y compositor de cine, ganador de numerosos premios prestigiosos;
- **Woody Allen**, realmente Allan Stewart Königsberg (n. 1935), guionista, director y actor estadounidense (entre otras películas, *Aprendiz de gigoló*), músico, productor, compositor, ganador de numerosos premios prestigiosos;
- **Bruce Lee**, realmente Lee Jun Fan (1940 - 1973), actor estadounidense de origen chino (entre otras películas, *Operación Dragón*), maestro de las artes marciales;
- **Frank Zappa** (1940 - 1993), músico de rock y jazz estadounidense, líder del grupo *The Mothers of Invention*;
- **Michael Douglas** (n. 1944), actor estadounidense (entre otras películas, *Wall Street*), director y productor de cine;
- **John Malkovich** (n. 1953), actor estadounidense (entre otras películas, *En la línea de fuego*), director y productor de cine de origen croata;
- **Rowan Atkinson** (n. 1955), actor británico de cine y cómico (entre otras series, *Mr. Bean*);
- **Meg Ryan**, realmente Margaret Mary Emily Hyra (n. 1961), actriz estadounidense, especialista en papeles en comedias románticas (entre otras películas, *Tienes un e-mail*);

PRAGMÁTICO (ISTP)

- **Tom Cruise** (n. 1962), actor estadounidense (entre otras películas, *Misión imposible*) y productor de cine.

Presentador (ESFP)

TIPOLOGÍA DE PERSONALIDAD ID16™©

La personalidad a grandes rasgos

Lema vital: *¡Hoy es el momento perfecto!*

Optimista, enérgico y abierto a las personas. Es capaz de disfrutar de la vida y pasarlo bien. Práctico y al mismo tiempo flexible y espontáneo. Le gustan los cambios y las nuevas experiencias. Soporta mal la soledad, el estancamiento y la rutina. Se siente bien estando en el centro de atención.

Tiene unas capacidades interpretativas naturales y es capaz de hablar de una forma que despierta el interés y el entusiasmo de los oyentes. Al concentrarse en el día de hoy, a veces pierde de vista los objetivos a largo plazo. Suele tener problemas a la hora de prever las consecuencias de sus actos.

Tendencias naturales del *presentador*:

- Fuente de energía vital: mundo exterior.
- Asimilación de información: sentidos.
- Toma de decisiones: corazón.
- Estilo de vida: espontáneo.

Tipos de personalidad similares:
- *Defensor*
- *Artista*
- *Protector*

Datos estadísticos:
- Los *presentadores* constituyen el 8 -13% de la población.
- Entre los *presentadores* predominan las mujeres (60%).
- El país que se corresponde con el perfil de *presentador* es Brasil[16].

Código literal:
El código literal universal del *presentador* en las tipologías de personalidad de Jung es ESFP.

Características generales

Los *presentadores* son excepcionalmente optimistas y espontáneos. Disfrutan del momento presente y desean aprovechar plenamente la vida. Les encantan los cambios, las nuevas experiencias y las sorpresas. Cuando hacen algo ponen en ello todo su empeño. Les gusta estar allí donde pasa algo.

A los ojos de los demás

A los *presentadores* les gustan las personas y son capaces de disfrutar sinceramente de cada reunión y conversación. La esencia de sus relaciones interpersonales es la solicitud por

---

[16] Esto no quiere decir que todos los habitantes de Brasil pertenezcan a este tipo de personalidad, sino que la sociedad brasileña, en su conjunto, tiene muchas características del *presentador*.

los demás y el pasárselo bien con otras personas. Su optimismo, carácter abierto y capacidad para disfrutar de la vida causan la admiración de otras personas (no pocas veces hacen que también los demás empiecen a mirar el mundo de forma más positiva).

Normalmente rebosan energía y son el alma del grupo. Allí donde aparecen, con su comportamiento llaman la atención de las demás personas. En su compañía la gente se divierte a lo grande y se olvida de sus problemas. A veces tienen la impresión de participar en alguna representación. Los *presentadores* tienen un excelente sentido del humor y capacidades interpretativas naturales. Pueden comentar la realidad de forma extraordinariamente brillante y hablar de sus numerosas aventuras y peripecias. Cuando tienen oyentes, pueden hablar durante horas introduciendo diversas tramas secundarias y numerosas digresiones.

Los oyentes, aunque son conscientes de su tendencia a colorear y exagerar los hechos, los escuchan conteniendo la respiración. A menudo también envidian su interesante vida y su capacidad para disfrutar de cada día. En cambio, los propios *presentadores* experimentan una gran satisfacción al poder inculcar en las personas su optimismo, animarles a divertirse bien o inspirarles a actuar. Cuando participan en reuniones, a menudo adoptan el papel de moderadores y presentadores (de ahí el nombre de este tipo de personalidad), ya que se sienten perfectamente en el papel de anfitrión de reuniones y maestro de ceremonias.

Su interés por las personas, su aceptación y su simpatía sincera hacen que tengan buenas relaciones con la mayoría de las personas. Sin embargo, a algunos les irrita su estilo desenvuelto y despreocupado, y el hecho de que quieran atraer la atención del entorno y esperen continuamente reconocimiento y aceptación. Otros les acusan de ser superficiales, irresponsables e incapaces de reflexionar en profundidad sobre la vida.

A su vez, a los propios *presentadores* les irritan las personas que tratan la vida demasiado en serio. Les irritan también la pasividad, el pesimismo, la falta de entusiasmo y el marasmo. No soportan que se dé más importancia a la efectividad y el beneficio que a la felicidad de las personas. También les cuesta entender a los solitarios, que viven en su propio mundo y se apasionan por teorías abstractas o investigaciones filosóficas. A los *presentadores* les resulta difícil soportar una soledad prolongada (no sirven para ermitaños).

Entre las personas

Los *presentadores* son una fuente inagotable de noticias frescas, información actual y nuevos chistes (muchos se preguntan de dónde los sacan). Normalmente también saben qué le pasa a alguien. Sin embargo, esto no es consecuencia de una tendencia a escuchar chismes, sino de un interés sincero por las personas. Al sentir esto, los demás comparten de buen grado con ellos sus vivencias. Al hablar con *presentadores* las personas se sienten reforzadas y de mejor ánimo. Les hace bien el hecho de que alguien los haya escuchado con atención y haya comprendido sus experiencias; también les ayuda que el *presentador* haya verbalizado sus propios sentimientos. Los *presentadores* son unos excelentes confidentes, ya que se interesan sinceramente por los demás y son capaces de ponerse en su situación. También son unos excelentes oyentes y observadores de los comportamientos humanos.

Por lo general, aprovechan cualquier oportunidad para encontrarse con otras personas y divertirse en grupo. Normalmente no suelen faltar a las celebraciones familiares o reuniones de amigos. Las organizan ellos mismos de muy buen grado. Les cuesta renunciar al placer y a la oportunidad de pasar bien el tiempo. Incluso cuando tienen mucho trabajo son capaces de encontrar tiempo para hacer una visita a los amigos. También disfrutan siempre de las visitas inesperadas. El día de hoy es para ellos más importante que el futuro, y las personas más que el trabajo y las obligaciones. Normalmente aprovechan cualquier ocasión para celebrarlo: no dejan pasar cumpleaños, santos, aniversarios, etc. Con ocasión de las fiestas y circunstancias más importantes organizan de buen grado fastuosos encuentros.

Les gustan tanto la diversión y la fiesta que a veces se convierten por sí mismas en un objetivo para ellos. Suele ocurrir que, persiguiendo placeres, nuevas experiencias y experimentos, se descontrolan. Su tendencia al riesgo hace que a veces se expongan al peligro e incluso arruinen su salud o caigan en alguna dependencia.

Actitud

Los *presentadores* valoran mucho la libertad y la independencia (propia y de los demás) y son muy sensibles a cualquier forma de limitación de la libertad. No toleran el control excesivo, la unificación, la clasificación ni el hecho de ser tratados como piñones de una máquina. Valoran la individualidad de los demás y consideran que cada persona tiene un valor único y es insustituible.

Por lo general, no les interesan las teorías y conceptos abstractos, que no pueden aplicarse directamente en la vida que transcurre aquí y ahora. Prefieren moverse en el mundo de los datos concretos y los hechos tangibles. Les aburre tener que reflexionar sobre posibilidades hipotéticas y potenciales oportunidades y amenazas; raramente diseñan planes a largo plazo para el futuro. Por lo general les resulta extraña la idea de ahorrar dinero «para una época de vacas flacas» o «ahorrar para la jubilación». Más bien se centran en el día de hoy. Si tienen algunos fondos disponibles prefieren utilizarlos al momento.

Normalmente, también intentan evitar cualquier experiencia desagradable y se esfuerzan por no pensar en los aspectos tristes de la vida. Prefieren fijarse en su lado bueno. Su optimismo innato hace que vean el mundo de color rosa. Creen que todo es posible y no tienen miedo a los nuevos proyectos ni al riesgo que conllevan. Tampoco se desalientan ante los obstáculos y dificultades, es muy difícil desanimarlos.

Percepción y pensamientos

Los *presentadores* tienen un desarrollado sentido de la estética, imaginación espacial y habilidades artísticas. Se orientan bien en las nuevas tendencias, a menudo se interesan por la moda y sus hogares se distinguen por su buen estilo. Son capaces de amueblar y decorar el interior y elegir la decoración de tal forma que las habitaciones tengan un carácter cálido y acogedor. Suelen mostrar con más frecuencia que los demás habilidades culinarias y afición por el buen comer. Les gusta aprender cosas nuevas mediante la observación, los experimentos y la experiencia.

Por naturaleza son pragmáticos. Les interesa lo que pueden tocar, experimentar o probar. Les gustan las tareas prácticas. Ayudan de buen grado a los demás a resolver problemas concretos y tangibles. No escatiman tiempo ni energía en esto. Cuando se encuentran con problemas complejos y situaciones complicadas intentan simplificarlos a cualquier precio. Tienen además tendencia a tratarlos superficialmente y las soluciones que proponen suelen ser inadecuadas y provisionales (permiten librarse de los problemas o aplazarlos en el tiempo, pero no los resuelven). A los *presentadores* no les gustan las situaciones complicadas, ambiguas o poco claras. Les provocan una gran incomodidad. Su imagen del mundo es normalmente en blanco y negro, por eso cuando se encuentran con la realidad «gris» (en la que los blancos no son totalmente blancos ni los negros totalmente negros) a menudo recurren a las simplificaciones (por ejemplo, «blanquean» totalmente los blancos y «oscurecen» los negros).

Decisiones

Cuando toman decisiones, los *presentadores* piensan en su influencia sobre la vida de los demás. Las consultan de buen grado con los amigos y buscan la opinión del entorno. Normalmente se guían por el sentido común y se basan en hechos y datos concretos (no confían en la intuición y los presentimientos). Toman decisiones de forma bastante rápida. Normalmente no dedican demasiado tiempo a analizar todos los «pros» y los «contras». Saben valorar inmediatamente la situación y las posibilidades existentes y de elegir rápidamente la solución mejor y más razonable, según su opinión.

Les causan más problemas las decisiones que requieren prever sus consecuencias a largo plazo, pensar en el futuro y tener en consideración factores nuevos, no presentes actualmente (por ejemplo, potenciales amenazas que pueden presentarse en una perspectiva más amplia). Se desenvuelven bastante mejor con decisiones relativas a asuntos corrientes, inmediatos, relacionados con problemas concretos y tangibles.

Pasión

A los *presentadores* les atrae todo lo que es nuevo, original y fresco: nuevos amigos, nuevas ideas, nuevos productos, nuevas experiencias, nueva moda... Normalmente se orientan bien en las tendencias actuales y conocen todas las novedades. A menudo son los primeros del grupo en enterarse de la apertura de nuevos restaurantes, clubes o pubes; están al día en cuanto a fiestas y conciertos programados o productos y ofertas introducidos en el mercado. En la vida les fascina el hecho de que cada día trae consigo algo nuevo y cada momento puede deparar alguna sorpresa. Por otro lado, les cansa la monotonía, el aburrimiento, la rutina y el estancamiento. Sin embargo, son capaces de encontrar algo excitante en cada situación y en cada tarea y se esfuerzan por introducir en cada trabajo algún elemento de diversión y atracción, para poder disfrutar con ello.

Por lo general, no les gusta la planificación. Prefieren esperar a ver qué depara el día y, en función del desarrollo de los acontecimientos, tomar las decisiones al momento. Su vida transcurre en un determinado instante: se esfuerzan por aprovechar al máximo lo que depara el día presente.

Raramente viven de los recuerdos del pasado o las reflexiones sobre el futuro. No quieren perder el tiempo preocupándose por los problemas que pueda traer el mañana. Prefieren disfrutar de la vida y ocuparse de los problemas a medida que van apareciendo. Son por lo general, muy flexibles y son capaces de improvisar, por eso se desenvuelven bien en circunstancias que cambian rápidamente, que requieren una reacción inmediata ante nuevos factores y una adaptación muy rápida a la nueva situación.

Comunicación

Para los *presentadores* las conversaciones con otras personas constituyen un enorme placer, y toman la palabra con soltura cuando están en medio de un grupo. Por lo general, son unos excelentes oradores, conferenciantes y presentadores. Con su presencia aportan un ambiente agradable y amistoso y son capaces de entretener admirablemente al público. No tienen miedo a las apariciones en público y les gusta estar bajo la luz de los focos. Cuando realizan una presentación o una aparición en público aprovechan al máximo sus habilidades de interpretación, su don de improvisación y su sentido del humor.

Cuando presentan alguna tarea, objetivo o iniciativa, lo hacen de forma extraordinariamente natural y atractiva. Son capaces de despertar el entusiasmo de los oyentes, de influir en su visión del mundo y de motivarlos a actuar. Normalmente, se expresan de forma muy clara y precisa. Su estilo es concreto y directo.

Sin embargo, no les gusta expresar sus pensamientos por escrito. Prefieren decididamente la comunicación verbal y el contacto directo.

Gracias a sus excelentes habilidades interpersonales y al don de la empatía son capaces de «interpretar a las personas» y percibir sus motivos y problemas ocultos. Tienen, sin embargo, dificultades a la hora de expresar opiniones críticas y llamar la atención a los demás (por ejemplo, por un comportamiento inadecuado). Ellos mismos también soportan mal las críticas de los demás. Normalmente les cuesta aprovecharlo de forma constructiva. A menudo ven la crítica como malicia, un ataque a su persona o un intento de socavar sus valores. Al defenderse pueden tener reacciones bruscas. En tales situaciones pueden decir cosas de las que después se arrepienten.

Ante situaciones de estrés

Las tareas que requieren una concentración prolongada, una reflexión profunda, un trabajo autónomo o una planificación estratégica a largo plazo normalmente provocan en ellos incomodidad y tensiones. Suele ocurrir que sometidos a un estrés prolongado empiezan a dibujar en su mente escenarios negros, a buscar alivio en placeres sensuales o recurrir a sustancias estimulantes. Por suerte los *presentadores* también pueden relajarse de forma más constructiva, por ejemplo, haciendo deporte o pasando el tiempo con los amigos (por ejemplo, organizando fiestas o picnics, excursiones en familia). Sin duda alguna, no son de los que pasan las vacaciones leyendo libros o resolviendo pasatiempos.

Aspecto social de la personalidad

Los *presentadores* son excepcionalmente abiertos y es fácil acercarse a ellos. Tratan a todo el mundo como a viejos amigos. Incluso en un primer encuentro las personas tienen la sensación de conocerlos desde hace muchos años. Los *presentadores* son directos, y extraordinariamente flexibles; además, no son nada problemáticos o conflictivos.

¡Las personas son una parte muy importante de sus vidas! Cuidar de los demás les produce satisfacción, aunque ellos mismos también son capaces de aprovechar su ayuda. Siempre procuran que haya un buen ambiente y unas relaciones cordiales con las personas. Soportan muy mal las situaciones de conflicto e intentan evitarlas a cualquier precio. Para evitar conversaciones desagradables son propensos a «barrer los problemas bajo la alfombra» o aparentar que no los ven.

Entre amigos

Normalmente son muy abiertos y hacen de buen grado nuevas amistades. Son capaces de «descifrar» muy rápidamente a otras personas. A veces, tras unos minutos de conversación, saben con quién están tratando. Unas relaciones cordiales y amistosas con los demás son para ellos una de las cosas más importantes en la vida. Desean sinceramente la felicidad de los demás y no escatiman tiempo, energía ni dinero para ayudarles o simplemente amenizarles el tiempo. Soportan mal la soledad. Por suerte están casi siempre rodeados de personas: su optimismo, sentido del humor, cariño, empatía y sinceridad actúan como un imán sobre los demás. Las personas aprecian su compañía y comparten de buen grado con ellos sus vivencias y problemas. La confianza y la simpatía de los demás son para ellos una fuente de satisfacción y felicidad.

Los *presentadores* cuentan con las opiniones de otras personas y son por lo general, sensibles a la influencia del entorno. Son capaces de adaptarse a la situación y tomar en consideración las necesidades de los demás, aunque no dejan que se aprovechen de ellos. Normalmente tienen un gran número de amigos, aunque la mayoría de estas relaciones tiene un carácter bastante superficial. Prestan más atención a las nuevas amistades, descuidando a las más antiguas. Por lo general, solo tienen algunos amigos íntimos. Normalmente son *defensores*, *artistas*, *entusiastas* u otros *presentadores*. Más raramente, *estrategas*, *directores* y *lógicos*.

En el matrimonio

Como maridos / esposas los *presentadores* aportan a la relación ternura, energía y optimismo. No hay forma de aburrirse con ellos, ya que siempre se preocupan de que «pase algo» y garantizan a sus parejas diversas atracciones. Normalmente, en la familia desempeñan la función de «ministros de asuntos exteriores», que la representan en el exterior y son responsables de sus contactos con el mundo exterior. Suelen dar una gran importancia a los aniversarios y todo tipo de celebraciones familiares. Les gusta organizar encuentros familiares y de amigos. Desempeñan de buen grado el papel de maestro de ceremonias. Al preparar una celebración no escatiman tiempo ni dinero, algo que algunos perciben como una muestra de prodigalidad. Algunas veces esto también produce tensiones en el matrimonio: las parejas ven muchas veces necesidades más imperiosas, mientras que para los *presentadores* hay pocas cosas en la vida más importantes que la diversión con la familia y los amigos.

Los *presentadores* son por lo general, muy generosos. No calculan y no son interesados. Desean sinceramente la felicidad de sus maridos / esposas y su amor es incondicional. Suelen salir al encuentro de sus necesidades, les muestran mucha ternura y no escatiman palabras ni gestos afectuosos. Ellos mismos también necesitan cariño, cercanía y aceptación. Es fácil herirles, ya que sufren muy intensamente cualquier observación cáustica o comentario poco halagador, e incluso la indiferencia. Tratan la crítica a sus actuaciones como un ataque personal y son capaces de responder a ella con un contraataque. No les gusta tratar los asuntos difíciles y desagradables e intentan evitar a toda costa los conflictos y las discusiones.

Aman y lo dan todo de sí, sin esperar nada a cambio. Su sentimientos son muy ardientes y sensuales. Sin embargo, tienen problemas con las obligaciones a largo plazo. El juramento de fidelidad «hasta que la muerte nos separe» normalmente requiere de ellos un gran sacrificio, ya que por lo general, viven al día y no piensan en el futuro. Su necesidad de conseguir nuevas experiencias, su tendencia a los experimentos y al riesgo, así como su afición a los placeres sensuales pueden suponer una amenaza para la duración de sus matrimonios.

Los candidatos naturales a maridos / esposas de los *presentadores* son personas de tipos de personalidad afines: *defensores*, *artistas* o *protectores*. En estos matrimonios es más fácil crear una comprensión mutua y unas relaciones armoniosas. Sin embargo, la experiencia muestra que las personas pueden crear relaciones exitosas y felices también a pesar de una evidente disconformidad tipológica. Aún más, las diferencias entre los cónyuges pueden aportar dinámica a estas relaciones y ayudar al desarrollo personal (a muchas personas esta perspectiva les parece más atractiva que la visión de una relación armoniosa, en la que siempre reina el acuerdo y una plena comprensión mutua).

Como padres

Como padres los *presentadores* son muy solícitos y tiernos para con sus hijos. Son capaces de ver el mundo a través de sus ojos, por eso saben qué es aquello que más les alegra. Les proporcionan muchas atracciones, les preparan sorpresas agradables y celebran con orgullo sus éxitos (algo que para los hijos es un enorme aliento y una motivación). Pasan con ellos el tiempo de buen grado y disfrutan enormemente con las conversaciones y los juegos en común. Normalmente no les molesta el bullicio ni el revuelo. Disfrutan cuando los hijos se lo pasan bien. Se les dan perfectamente las tareas paternales prácticas y no les espantan las obligaciones familiares. Animan a los hijos a ser ellos mismos, a realizar sus propias pasiones y a aprovechar sus puntos fuertes.

Normalmente, no son padres demasiado exigentes y tienen dificultades para aplicar la disciplina en la educación (a menudo no acaban de creer en su sentido). Como resultado, sus hijos tienen a veces problemas a la hora de distinguir los comportamientos buenos de los malos y los deseables de los censurables. Normalmente, los padres *presentadores* prefieren un estilo basado en el compañerismo y son muy tolerantes, nada conflictivos e indulgentes, aunque pueden ser severos e impacientes. A sus medidas educativas a menudo les falta coherencia y consecuencia. Si el segundo progenitor no es capaz de actuar de una forma más organizada, a sus hijos les puede faltar una sensación de estabilidad, seguridad y unos principios claros sobre el orden en el mundo.

Los hijos adultos de los *presentadores* normalmente los recuerdan como padres cordiales, cariñosos y solícitos, que les proporcionaron muchas atracciones inolvidables, les garantizaron mucha libertad, les animaron a realizar sus propias pasiones y les mostraron un apoyo incondicional en los momentos difíciles.

Trabajo y carrera profesional

A los *presentadores* les gusta el movimiento, la diversidad y la variabilidad. Les atraen los trabajos que brindan la posibilidad de crear, experimentar y solucionar problemas concretos, prácticos y tangibles.

Empresas

Trabajan a gusto en empresas con una estructura plana, que garantizan a los trabajadores libertad de actuación e influencia en las decisiones que afecten al personal. Sin embargo no soportan la burocracia, la jerarquía, las tareas rutinarias y repetitivas y los procedimientos rígidos. Les fatiga escribir memorias, preparar informes y elaborar datos. Tampoco les gusta el trabajo individual. Sin embargo, son muy buenos en tareas que requieran habilidades interpersonales, ingenio, flexibilidad y capacidad de improvisación. Les gusta estar allí donde pasa algo. Se sienten a gusto en instituciones cuya actividad es útil para la sociedad y proporciona cambios tangibles y positivos en la vida de la comunidad local, el país o el mundo.

Tareas

Se implican con toda su energía en la realización de las tareas que les importan. Normalmente no les gustan las tareas de carácter conceptual. En particular, se pierden cuando no pueden referirse a experiencias similares del pasado ni pueden contar con indicaciones externas. A menudo, tienen problemas para concentrarse y prestar atención en las tareas que requieren una implicación prolongada (en particular cuando el efecto del trabajo ha sido aplazado en el tiempo o cuando el objetivo es confuso).

Se distraen fácilmente: lo que atrae más su atención son los estímulos más intensos y recientes. Les cuesta continuar las tareas iniciadas cuando aparecen en el horizonte otros proyectos nuevos y más excitantes. Trabajan con más ganas en tareas con un horizonte temporal cercano y son capaces de hacer muchos trabajos diferentes al mismo tiempo. Les satisface ser conscientes de que su actividad influye positivamente sobre la vida de las demás personas. Normalmente velan mucho por la satisfacción de los clientes, protegidos y compañeros de trabajo.

En equipo

Al trabajar en equipo, los *presentadores* valoran un ambiente sano y amistoso. Como miembros de un grupo no dan problemas y son flexibles. Velan para que nadie se sienta apartado o excluido. Hacen frente de buen grado a las necesidades de los demás, son capaces de crear compromiso y se esfuerzan por facilitar el trabajo a los demás. A menudo se convierten de forma natural en representantes del grupo, actuando como su portavoz y presentando su posición al exterior. Normalmente sienten un vínculo intenso con otros trabajadores, y muy raramente dejan pasar reuniones con colegas del trabajo o fiestas de integración. Intentan evitar los conflictos y las disputas. No entienden a las personas que buscan la confrontación, luchan por el poder y son capaces de lastimar conscientemente a sus compañeros de trabajo.

Superiores

Les gustan los superiores que ven a sus subordinados como personas y no como herramientas para la realización de objetivos. Valoran a los jefes que son tolerantes, flexibles y están abiertos a soluciones innovadoras, y saben mostrar a sus subordinados una orientación, dándoles al mismo tiempo libertad en la realización de las tareas y respetando su estilo de trabajo individual.

Cuando ellos mismos dirigen a otros, actúan de forma similar. Valoran las relaciones con los subordinados y siempre ponen a las personas en primer lugar (y no los resultados o los logros). Un problema frecuente de los *presentadores* que desempeñan puestos de dirección es, sin embargo, su excesiva indulgencia y su incapacidad para disciplinar a los miembros más flojos del equipo.

Profesiones

El conocimiento del perfil de personalidad propio y de las preferencias naturales es una ayuda inestimable a la hora de elegir la carrera profesional más conveniente. La experiencia muestra que los *presentadores* pueden trabajar con éxito y sentirse realizados en diferentes campos, aunque su tipo de personalidad los predispone de forma natural para profesiones tales como:

- actor,
- agente de seguros,
- asistente social,
- consejero,
- consultor,
- decorador de interiores,
- diseñador de moda,
- empleado de agencia de viajes,
- empleado de centro recreativo,
- empleado del departamento de personal,
- empresario,

- entrenador,
- especialista en RRPP,
- estilista,
- florista,
- fotógrafo,
- médico,
- músico,
- organizador de eventos,
- pintor,
- presentador,
- profesor,
- psicólogo,
- recepcionista,
- representante comercial,
- sanitario,
- socorrista,
- terapeuta,
- tutor,
- veterinario.

Potenciales puntos fuertes y débiles

Los *presentadores*, al igual que otros tipos de personalidad, tienen potenciales puntos fuertes y débiles. Este potencial puede ser gestionado de diferentes formas. La felicidad personal y la realización profesional de los *presentadores* dependen de si aprovechan las oportunidades relacionadas con su tipo de personalidad y de si hacen frente a las amenazas que les acechan. He aquí un RESUMEN de estas oportunidades y amenazas:

Puntos fuertes potenciales

Los *presentadores* son entusiastas, espontáneos y flexibles. Son capaces de reaccionar rápidamente a las circunstancias cambiantes y adaptarse a las nuevas condiciones. Son prácticos y aprenden muy rápido. Les gustan los experimentos, no tienen miedo al riesgo y soportan bien los cambios. Son optimistas por naturaleza, y no se dejan desanimar por las dificultades. Son capaces de disfrutar de cada día y de aprovechar cada momento. Su entusiasmo y optimismo suelen ser contagiosos e influyen positivamente sobre otras personas. Al trabajar en grupo son capaces de integrar el equipo y de crear compromiso. Respetan la libertad y la individualidad de las demás personas. Se interesan sinceramente por ellas y les importa su felicidad y su buen estado de ánimo. Las ayudan de buen grado y al mismo tiempo son capaces de aprovechar la ayuda, la experiencia y los consejos de otras personas.

Son unos excelentes observadores del mundo que les rodea y de las emociones y sentimientos humanos. En los contactos con los demás, son muy abiertos: es fácil conocerlos y ellos también «descifran» muy rápidamente a otras personas. Normalmente son unos camaradas, compañeros y oyentes deseables. Su ternura, interés sincero, optimismo y sentido del humor atraen hacia ellos a otras personas. Por lo general, son unos excelentes oradores, conferenciantes y presentadores. Tienen capacidades interpretativas naturales y un desarrollado sentido artístico y estético.

Son capaces de hablar de una forma que despierta el interés y el entusiasmo de los oyentes. Son extraordinariamente generosos y disfrutan ayudando a los demás y haciéndoles regalos. Les gusta proporcionar atracciones a los demás, preparar sorpresas y amenizarles el tiempo. Hacen frente de buen grado a sus necesidades y son capaces de adaptarse a la situación.

Puntos débiles potenciales

A los *presentadores* les cuesta ir más allá del «aquí y ahora», realizar tareas que requieran prever fenómenos futuros o aceptar privaciones y renunciar a los placeres pensando en beneficios lejanos en el tiempo. También se desorientan en el mundo de los conceptos abstractos y las teorías complejas. Para ellos, son un problema las tareas que requieren una prolongada concentración, prestar atención o bien trabajar en solitario (en particular cuando el resultado de su esfuerzo está lejos en el tiempo). Tienen tendencia a ignorar todo lo que no puede traducirse en acciones prácticas y son propensos a simplificar los problemas (a menudo a tratarlos superficialmente). Prefieren las soluciones rápidas y sencillas que no requieren una profunda reflexión. Esta actitud normalmente les permite librarse de los problemas (y utilizar su energía para cosas más agradables), aunque raramente les ayuda a comprender sus causas. Como tienen tendencia a buscar el placer, lo que les resulta agradable, la diversión y el entretenimiento, a veces no perciben la dimensión más profunda de la vida.

Los *presentadores* pueden tener dificultades para comprender una perspectiva diferente y ver una situación o un problema a través de los ojos de otras personas. A menudo, también temen las opiniones y puntos de vista que se apartan considerablemente de los suyos. Soportan mal la crítica de otras personas: la tratan como un ataque o una actitud malintencionada, y normalmente no son capaces de utilizarla de forma constructiva. A ellos mismos también les cuesta expresar opiniones críticas. Tienen tendencia a huir de los problemas y a evitar situaciones desagradables y conflictos. Se les dan mal las acciones rutinarias, monótonas y repetitivas. La gestión de las finanzas tampoco suele ser uno de sus puntos fuertes.

Desarrollo personal

El desarrollo personal de los *presentadores* depende del grado en que utilizan su potencial natural y se sobreponen a los riesgos relacionados con su tipo de personalidad. Los siguientes consejos prácticos constituyen un decálogo característico del *presentador*.

Concéntrate

Define tus prioridades e intenta acabar lo que empezaste. Concéntrate en las tareas más importantes y no dejes que te distraigan asuntos de menor importancia. Al hacer esto, evitarás la frustración y conseguirás más cosas.

Acaba lo que hayas empezado

Empiezas cosas nuevas con entusiasmo, pero te cuesta acabar lo que empezaste antes. Esta forma de actuar normalmente da resultados mediocres. Intenta establecer qué es lo más importante para ti, cómo quieres hacerlo y a continuación ¡pasa a la acción y sigue un plan!

No temas los conflictos

Al encontrarte en una situación de conflicto, no escondas la cabeza bajo la arena; en lugar de eso, expresa tu punto de vista y tus sentimientos. A menudo, los conflictos ayudan a descubrir y resolver problemas.

Actúa menos impulsivamente

Antes de tomar una decisión o implicarte en algo, dedica algo de tiempo a reunir información y analizarla, así como a valorar objetivamente la situación. Este enfoque posiblemente limitará el número de tus acciones, pero con seguridad hará que sean más efectivas.

Pregunta

No supongas que el silencio de otras personas significa indiferencia u hostilidad. Si de verdad quieres saber lo que piensan, pregúntales.

No tengas miedo a las críticas

No temas expresar tus opiniones críticas ni aceptar las críticas de otros. La crítica puede ser constructiva y no tiene por qué significar un ataque a alguien o un socavamiento de sus valores.

No dependas de la valoración de los demás

Acéptate de la misma forma en la que aceptas a los demás. No te valores a través del prisma de lo que dicen los demás sobre ti. Pueden equivocarse o no decir la verdad. Tú mismo tienes los recursos para decidir sobre tu vida.

Evita las soluciones provisionales

Ante las dificultades tienes tendencia a actuar rápidamente y buscar soluciones provisionales, o que simplemente dejan los problemas para más tarde. En tales situaciones intenta adoptar una perspectiva más amplia y dedica más tiempo a los asuntos, para no solo librarte de los problemas, sino solucionarlos de verdad.

No temas las ideas y opiniones que son diferentes a las tuyas

Antes de rechazarlas, piensa bien en ellas e intenta comprenderlas. Una actitud abierta a los puntos de vista de los demás no tiene por qué significar abandonar los propios.

Piensa que el mundo no es en blanco y negro

Intenta percibir un contexto más amplio de los problemas y procura verlos desde un ángulo diferente. Los asuntos pueden ser más complejos de lo que te parece; los problemas pueden ser provocados no solo por los demás y la razón no siempre debe estar de tu lado.

Personas conocidas

La lista de personas conocidas que se corresponden con el perfil de *presentador* incluye, entre otros, los siguientes nombres:

- **Pablo Picasso** (1881 - 1973), pintor, escultor y artista gráfico español, creador del cubismo, considerado como uno de los más eminentes artistas del siglo XX;
- **Leonard Bernstein** (1918 - 1990), compositor, pianista y director de orquesta estadounidense;
- **Gene Hackman** (n. 1930), actor estadounidense (entre otras películas, *Marea roja*), director y productor de cine, ganador de numerosos premios prestigiosos;
- **Elvis Presley** (1935 - 1977), cantante y actor de cine estadounidense, precursor del rock and roll, icono de la cultura de masas del siglo XX;
- **Al Pacino**, realmente Alfred James Pacino (n. 1940), actor de cine y teatro estadounidense de origen italiano (entre otras películas, *Pactar con el diablo*);
- **Joe Pesci**, realmente Joseph Franco Pesci (n. 1943), actor de cine estadounidense de origen italiano (entre otras películas, *Uno de los nuestros*);
- **John Goodman** (n. 1952), actor de cine estadounidense (entre otras películas, *Blues Brothers 2000*);
- **Branscombe Richmond** (n. 1955), actor de cine y televisión estadounidense (entre otras series, *Renegado);*
- **Linda Fiorentino** (n. 1958), actriz de cine estadounidense (entre otras películas, *Hombres de negro*);
- **Kevin Spacey Fowler** (n. 1959), actor de teatro y cine estadounidense (entre otras películas, *K-PAX*), director y productor;
- **Woody Harrelson** (n. 1961), actor de cine estadounidense (entre otras películas, *Bienvenidos a Sarajevo*);

PRESENTADOR (ESFP)

- **Steve Irwin** (1962 - 2006), naturalista australiano, presentador de televisión y activista a favor de la protección del medio ambiente;
- **Dean Cain**, realmente Dean George Tanaka (n. 1966), actor de cine estadounidense (entre otras películas, *Firetrap*), productor, guionista y director;
- **Julie Bowen**, realmente Julie Bowen Luetkemeyer (n. 1970), actriz de cine estadounidense (entre otras películas, *Venus and Mars*);
- **Josh Hartnett** (n. 1978), actor de cine estadounidense (entre otras películas, *Black Hawk derribado*).

Protector (ISFJ)

TIPOLOGÍA DE PERSONALIDAD ID16™©

La personalidad a grandes rasgos

Lema vital: *Me importa tu felicidad.*

Sincero, tierno, modesto, digno de confianza y extraordinariamente leal. Pone en primer lugar a los demás: percibe sus necesidades y desea ayudarles. Práctico, bien organizado y responsable. Paciente, trabajador y perseverante: es capaz de llevar los asuntos hasta el final.

Observa y recuerda los detalles. Valora mucho la tranquilidad, la estabilidad y las relaciones amistosas con los demás. Es capaz de tender puentes entre las personas. Soporta mal los conflictos y la crítica. Tiene un fuerte sentido de la responsabilidad y siempre está dispuesto a ayudar. Los demás suelen aprovecharse de él.

Tendencias naturales del *protector.*

- Fuente de energía vital: mundo interior.
- Asimilación de información: sentidos.
- Toma de decisiones: corazón.
- Estilo de vida: organizado.

Tipos de personalidad similares:

- *Artista*
- *Defensor*
- *Presentador*

Datos estadísticos:

- Los *protectores* constituyen el 8-12% de la población.
- Entre los *protectores* predominan claramente las mujeres (70%).
- El país que se corresponde con el perfil de *protector* es Suecia[17].

Código literal:

El código literal universal del *protector* en las tipologías de personalidad de Jung es ISFJ.

Características generales

¡A los *protectores* les gustan las personas! Entre todos los tipos introvertidos, son los más abiertos a los demás. Se interesan por sus experiencias y problemas y son conscientes de sus sentimientos. Durante toda su vida «monitorizan» el entorno buscando personas que necesiten ayuda.

A los ojos de los demás

Son percibidos por otras personas como cordiales, simpáticos y siempre dispuestos a ayudar. Los demás los ven como personas muy amistosas, tranquilas y modestas. A menudo, ponen las necesidades de los demás en primer lugar y el hecho de ayudar es para ellos una necesidad

---

[17] Esto no quiere decir que todos los habitantes de Suecia pertenezcan a este tipo de personalidad, sino que la sociedad sueca, en su conjunto, tiene muchas características del *protector*.

natural. Perciben en las personas su potencial positivo y son capaces de sacar lo mejor de ellas. Su actitud hace que sean generalmente queridos.

Ante otras personas

La compasión por los necesitados — los pobres, los que sufren, los damnificados — es una potente fuerza que les impulsa a actuar. Ofrecen protección de buen grado (de ahí el nombre de este tipo de personalidad) a los que la necesitan, dándoles un apoyo práctico y emocional. Desean proteger a los demás frente al sufrimiento, las decisiones erróneas y las experiencias desagradables. No escatiman tiempo para ayudar a las personas a resolver sus problemas. Su apoyo es, además, muy discreto y delicado. No importunan y no buscan el reconocimiento.

Organización

Los *protectores* son concienzudos, trabajadores y bien organizados. No hacen ruido alrededor de su propia persona y son parcos en palabras. Se fijan en detalles que para otros pasan desapercibidos, es decir, recuerdan datos que escapan a la atención de los demás. Esto también hace referencia a las relaciones interpersonales: suele ocurrir que después de muchos años recuerdan con precisión cosas que alguien había dicho, o bien se acuerdan de un gesto particular o una expresión del rostro de alguien.

Creen sinceramente en las personas y perciben lo mejor de ellas. Valoran una colaboración armoniosa, un ambiente cordial y amistoso, así como la seguridad y la estabilidad. Les importa el bien. Buscan el acuerdo y la unión y evitan los conflictos y las disputas. No les gustan las situaciones imprevisibles ni los cambios repentinos. Les gusta cuando todo ocurre según un plan. Normalmente valoran la tradición y los métodos de actuación comprobados, que han superado la prueba del tiempo. Afrontan las soluciones nuevas con cierta desconfianza. Sin embargo, son propensos a aceptarlas, si ven ventajas evidentes resultantes de su empleo.

No les gusta el despilfarro. Por lo general, son ahorradores, y procuran estar preparados para un futuro incierto, por lo que normalmente ahorran dinero «para tiempos peores».

Pensamientos

En su característica «base de datos» interior recopilan información sobre los acontecimientos que les afectan a ellos mismos y a los demás. Son capaces de relacionar informaciones recientes con experiencias anteriores. Tienen una visión clara de cómo deberían ser el mundo y las relaciones interpersonales. Dicha visión es para ellos un punto de referencia: sus acciones son una realización práctica de su visión.

Por lo general, son prácticos y raramente se preocupan por teorías abstractas. El contacto con opiniones y puntos de vista diferentes a los propios supone para ellos un problema. Les provoca una gran incomodidad y altera su paz interior, por lo que normalmente intentan conciliar las opiniones diferentes o al menos reducir la distancia entre ellas.

Comunicación

Los *protectores* son muy buenos oyentes. Aunque ellos mismos no hablan mucho, son vistos por los demás como unos perfectos interlocutores. Se sienten mejor en ambientes íntimos y les gustan las conversaciones entre dos. Al conversar con una persona pueden concentrarse totalmente en el tema tratado.

Les cuesta criticar abiertamente a otras personas o expresar públicamente su desaprobación. Algunos se sienten ofendidos por el hecho de que no llaman directamente la atención a los demás, sino que los critican a sus espaldas.

Cuando deben tratar alguna cuestión o preparar una presentación, a los *protectores* les gusta tener tiempo para reflexionar y prepararse. Tienen un sentido de continuidad de los procesos, son ordenados y les gusta hacer las cosas en el orden correcto. Normalmente sus discursos son tranquilos, pero son capaces de conmover a los oyentes. Por lo general, les cuesta establecer contacto con las personas que son caóticas, están siempre distraídas, se retrasan o son informales.

Decisiones

Los *protectores* evitan el riesgo y todo aquello que les resulta desconocido y extraño. Toman las decisiones dando pasos pequeños. No soportan las prisas y necesitan tiempo para considerar tranquilamente diferentes opciones. Al reflexionar sobre algo, a menudo consideran diferentes posibilidades y las anotan en un papel para su posterior análisis. Toman las decisiones definitivas a partir de hechos y de experiencias anteriores. Siempre piensan acerca de cómo una determinada decisión influye sobre las demás personas, y tratan de adivinar cómo será recibida por ellas.

Normalmente, tienen un fuerte sentido de la responsabilidad. Cuando se les pide ayuda o un favor, raramente se niegan a hacerlo; por esa razón a menudo los demás se aprovechan de ellos, y por eso los *protectores* suelen estar cargados con un exceso de obligaciones. Por lo general, en estas situaciones ni siquiera protestan ni se quejan, ya que no quieren poner en peligro las relaciones con otras personas.

Estética

Los hogares y los lugares de trabajo de los *protectores* destacan por su orden, pero también por su mobiliario funcional y su decoración elegante. También son muy acogedores: a los demás les encanta pasar el tiempo en estos lugares. Los *protectores* se caracterizan por su excelente imaginación espacial, son capaces de acondicionar los lugares de forma muy funcional y son sensibles a la belleza.

Le dan gran importancia a los aniversarios y los cumpleaños de otras personas. Les muestran simpatía mediante gestos amables y sorpresas. Son capaces de reconocer bien sus pasiones, gustos y necesidades, por esa razón los regalos con los que les obsequian (aunque sean una bagatela) son para ellos una gran alegría. No solo son elegantes, sino que están perfectamente pensados y adaptados a los intereses o aficiones del destinatario.

Descanso

Los *protectores* solo son capaces de descansar cuando saben que han realizado todas sus tareas. Sin embargo, normalmente asumen tantas obligaciones que no les queda demasiado tiempo libre. Además, su concepto del «tiempo libre» es diferente al normalmente aceptado. El «tiempo libre» es para los *protectores* una ocasión para ayudar a los familiares o amigos. Raramente lo aprovechan para su propio disfrute.

Aspecto social de la personalidad

Los lazos que unen a los *protectores* con otras personas tienen un carácter especial y personal. Ven a los demás no solo como compañeros de trabajo, superiores, subordinados, clientes o personas bajo su tutela, sino también como personas que tienen su propio mundo, sus pasiones, sentimientos y emociones. Lo esencial de sus relaciones con los demás es el servicio.

Desean sentirse útiles y necesitan la confirmación de que hacen bien su trabajo y que sus opiniones son compartidas por los demás. Aunque les incomodan los elogios y los honores públicos, lo que les es más difícil de soportar es la indiferencia de los demás. La crítica abierta también les afecta deprimiéndolos. En situaciones de estrés comienzan a idear diferentes escenarios negros. Se imaginan diversos infortunios que pueden ocurrir, pierden la confianza en sus posibilidades y ven el futuro de color negro.

Ayudan de buen grado a los demás, pero cuando ellos mismos tienen problemas no permiten que eso se note, ya que no quieren cargar a los demás con sus preocupaciones. Normalmente tampoco expresan exteriormente su descontento. Tienen tendencia a reprimir en su interior sus emociones. Sin embargo, tras un prolongado periodo de bloqueo pueden llegar, para gran sorpresa del entorno, a una explosión incontrolada.

Entre amigos

Los *protectores* se interesan sinceramente por la vida y los problemas de sus amigos. No tratan la amistad de forma instrumental, por ejemplo, como una forma de autopromoción o una herramienta para forjar su carrera. Los lazos de amistad constituyen un elemento excepcionalmente importante de su mundo. Tratan muy seriamente cualquier obligación y sus amistades normalmente duran toda la vida. Los amigos los valoran porque no se centran en sí mismos, porque perciben las necesidades y problemas de los demás, porque siempre se puede confiar en ellos y porque su interés es auténtico y sincero.

En general, la actitud positiva hacia los demás de los *protectores* y su habilidad para percibir los valores en cada persona hacen que se sientan a gusto entre personas, representantes de todos los tipos de personalidad. Sin embargo, entablan amistad más frecuentemente con *artistas*, *defensores*, *mentores* y otros *protectores*. Más raramente, con *innovadores*, *lógicos* y *directores*.

Tras periodos de una actividad intensificada o tras permanecer mucho tiempo en un grupo, necesitan recogimiento, soledad, tiempo para reunir ideas y recuperar energías. Sin embargo, esto no significa en absoluto que tengan aversión hacia la gente.

En el matrimonio

La familia es para los *protectores* el punto central de su mundo. Suelen apreciar los valores tradicionales y son muy entregados a sus familiares. Se preocupan por sus condiciones de vida, su seguridad y su buen estado de ánimo. Se esfuerzan también para tener unas relaciones buenas y sanas y son capaces de dedicarles mucha energía. Sus sentimientos son muy intensos, a pesar de que no siempre puedan verse «a simple vista». Tampoco los expresan mediante palabras, sino mediante acciones concretas y gestos amables y tiernos. Ellos mismos también valoran todas las muestras de afecto, cariño y agradecimiento de sus parejas. Son unas parejas muy fieles y extraordinariamente leales, y sus relaciones duran normalmente toda la vida. Tratan sus responsabilidades de forma muy seria.

Las relaciones con su marido / esposa son para ellos la mayor prioridad. Les es difícil romper una relación (incluso una mala, dañina y tóxica) o resignarse a que la pareja se vaya. En tales situaciones, se suelen culpar a ellos mismos, buscando sus errores y faltas. Por lo general, son altruistas y están concentrados en las necesidades de los demás, por lo que a menudo la gente se aprovecha de ellos y — aún más — aceptan este estado de las cosas. Se desenvuelven mal en situaciones de conflicto. También evitan tocar temas sensibles. Prefieren callar sus problemas, sufrirlos con paciencia o aparentar que no existen.

Los candidatos naturales a maridos/esposas de los *protectores* son personas de tipos de personalidad afines: *artistas*, *defensores* o *presentadores*. En estos matrimonios es más fácil crear una comprensión mutua y unas relaciones armoniosas. Sin embargo, la experiencia muestra que las personas también pueden crear relaciones exitosas y felices, a pesar de una evidente disconformidad tipológica. Aún más, ciertas diferencias entre los cónyuges pueden aportar dinámica a estas relaciones y ayudar al desarrollo personal.

Como padres

Los *protectores* son unos padres extraordinariamente responsables. Se preocupan por las necesidades de sus hijos y tratan con seriedad sus obligaciones como padres. Creen que debe enseñarse a los hijos a comportarse adecuadamente y ser responsables desde los primeros años. Desean educarlos como personas independientes pero responsables.

Son unos padres firmes, pero al mismo tiempo muy entregados. Suelen implantar en casa unas normas claras, gracias a las cuales los hijos saben cómo comportarse y se sienten seguros. Sin embargo, a veces ellos mismos tienen problemas para ejecutar las normas establecidas y disciplinar a sus hijos. Antes de castigar a sus hijos por su mal comportamiento, a menudo necesitan convencerse ellos mismos primero de que será bueno para ellos.

Los hijos de los *protectores* abusan a menudo de su entrega sacrificada, suponiendo de antemano que su progenitor hará cualquier cosa por ellos. Cuando los hijos adultos de los *protectores* tienen problemas, estos tienen tendencia a sentirse culpables de ello. Sin embargo, normalmente es una idea errónea, ya que los *protectores* son unos padres excelentes, que garantizan a sus hijos una infancia segura y un hogar estupendo y cálido. Pasados los años, los hijos los valoran por su sacrificio, cuidados y solicitud, y por haberles inculcado unos principios sanos y un sentido de la responsabilidad.

Trabajo y carrera profesional

Los *protectores* son muy persistentes, y están siempre dispuestos a sacrificarse y a renunciar a sus propios placeres. Se sienten a gusto en trabajos cuya esencia sea «ayudar a los demás», o bien apoyar a los que no pueden hacer las cosas por sí mismos. Les gusta asumir tareas con las que puedan contribuir a solucionar los problemas de la gente. Cuando trabajan en los negocios aconsejan de buen grado a los demás y les ayudan a elegir los mejores productos/servicios. Cuando trabajan en instituciones sociales, cuidan abnegadamente de aquellos que necesitan ayuda.

Entorno

Cuando trabajan en alguna tarea, necesitan momentos de soledad y silencio para — lejos del bullicio y de otras personas — prepararse y considerar bien sus acciones. Si ven tal necesidad, sin embargo, se implican de buen grado en el trabajo en equipo. De todas formas, se sienten mejor en grupos pequeños, formados por varias personas. Allí aportan un ambiente amigable y cálido, y son un apoyo para las demás personas. A menudo, ayudan al equipo a lograr el consenso.

Prefieren las reuniones regulares y bien preparadas, cuya fecha y programa sean conocidos con antelación. No les gustan las sorpresas, la improvisación ni tener que tratar los problemas sin posibilidad de pensar previamente en el asunto en cuestión. Para ellos, es importante la conciencia de pertenecer a un grupo mayor o una comunidad con la que puedan identificarse. Son partidarios de trabajar en empresas con una estructura establecida, cuya organización ayude a rebajar las tensiones entre el personal.

Tareas

Suelen llevar los asuntos hasta el final. Un trabajo bien hecho constituye para ellos una enorme satisfacción. Son meticulosos, escrupulosos y capaces de concentrarse en los detalles. No les aburren las acciones rutinarias. Su seriedad, actitud amistosa hacia otras personas y sus ganas de brindar ayuda hacen que sean unos trabajadores reconocidos. Se encuentran a gusto trabajando con asuntos que conocen bien, en los que tienen experiencia. Al asumir tareas nuevas, necesitan más tiempo que otros para habituarse a ellas, aunque después las realizan con más esmero que los demás. Prefieren tareas con unos objetivos claramente establecidos.

Son unos trabajadores excepcionalmente leales y son capaces de implicarse totalmente en la realización de los objetivos de la empresa. No pueden entender a los trabajadores que desatienden conscientemente sus obligaciones.

Preferencias

Las instrucciones, normas y reglamentos son para ellos un punto de referencia. Quieren saber qué deben hacer y cómo hacerlo. Son capaces de adaptarse totalmente a las instrucciones e indicaciones existentes. Les va peor cuando ellos mismos deben idear algo nuevo o «adentrarse en lo desconocido». La falta de unas instrucciones concretas o experiencias del pasado en las que apoyarse hace que se sientan confusos y perdidos. También se sienten mal en situaciones que requieran tomar decisiones de forma rápida o improvisar. Asimismo, soportan muy mal los cambios organizativos, los nuevos procedimientos y las transformaciones. Prefieren un entorno estable en el que pocas cosas cambien.

Superiores

Valoran a los superiores bien organizados, que valoran la entrega y el sacrificio de sus subordinados y que prestan a los trabajadores la ayuda necesaria. Les transmiten indicaciones claras, objetivos concretos y principios comprensibles, vigentes para todos los trabajadores.

Les gusta poder influenciar sobre el desarrollo de los asuntos y tomar decisiones, aunque son reacios a convertirse en líderes. Prefieren actuar en un segundo plano, ayudando a los dirigentes. De esta forma evitan la necesidad de disciplinar a las personas, llamarles la atención, solucionar conflictos y poner en la práctica decisiones que puedan ser impopulares.

Aquellos que, a pesar de todo, se convierten en líderes introducen unos estándares de trabajo muy elevados y se preocupan por la alta efectividad en su ejecución. No toleran las muestras de despilfarro. Marcan a sus subordinados objetivos claros y concretos y les apoyan en todo momento en su realización. Sin embargo, las «conversaciones desagradables» con el personal a menudo les agotan, y ellos se agobian más que los propios subordinados. También tienen problemas a la hora de dar órdenes (se sienten incómodos al mandar a otros hacer algo) y delegar obligaciones (a menudo ellos mismos realizan tareas que deberían ser delegadas a los subordinados). Esto los lleva a un estado de fatiga, mientras que priva a los subordinados de la posibilidad de aprender y perfeccionar sus habilidades.

Profesiones

El conocimiento del perfil de personalidad propio y de las preferencias naturales es una ayuda inestimable a la hora de elegir la carrera profesional más conveniente. La experiencia muestra que los *protectores* pueden trabajar con éxito y sentirse realizados en diferentes campos, aunque su tipo de personalidad los predispone de forma natural para profesiones tales como:

- actor,
- administrador,
- agente de seguros,
- agente inmobiliario,
- agricultor,
- asistente social,
- bibliotecario,
- consejero,
- contable,
- decorador de interiores,
- director de oficina,
- diseñador,
- empresario,

- entrenador,
- especialista en relaciones laborales,
- fisioterapeuta,
- jardinero,
- mánager,
- médico,
- músico,
- profesor,
- psicólogo,
- sacerdote o religioso,
- sanitario,
- técnico médico,
- terapeuta,
- trabajador de la construcción,
- tutor,
- vendedor,
- veterinario.

Potenciales puntos fuertes y débiles

Los *protectores*, al igual que otros tipos de personalidad, tienen potenciales puntos fuertes y débiles. Este potencial puede ser gestionado de diferentes formas. La felicidad personal y la realización profesional de los *protectores* dependen de si aprovechan las oportunidades relacionadas con su tipo de personalidad y de si hacen frente a las amenazas que les acechan. He aquí un RESUMEN de estas oportunidades y amenazas:

Puntos fuertes potenciales

Los *protectores* son muy responsables y tratan con seriedad sus obligaciones. Se caracterizan por su laboriosidad, su disposición para el sacrificio y su paciencia. No escatiman tiempo ni energías en el cumplimiento de sus tareas. Suelen llevar los asuntos hasta el final, sin dejarse desanimar por las dificultades y contrariedades. Son abiertos a la gente y se interesan sinceramente por ellos. Perciben sus sentimientos, pasiones y emociones. Son amistosos, discretos, leales, altruistas y están orientados a las necesidades de los demás (las ponen en primer lugar).

También son unos excelentes oyentes: los demás se sienten muy a gusto en su compañía. Son capaces de prestar un apoyo práctico y emocional a los que necesitan ayuda o se encuentran en una situación crítica. Son personas de consenso: crean un ambiente sano y constructivo, y siempre tratan de tender puentes entre las personas, y ofrecerles ayuda para lograr un compromiso.

Tienen una excelente imaginación espacial y un gran sentido práctico. Son muy ordenados y no les aburren las acciones rutinarias. Saben aplicar procedimientos complejos y son capaces de gestionar con eficiencia los recursos. Tienen habilidades organizativas naturales, «cabeza para los detalles» y una muy buena memoria para los datos: recuerdan aspectos que escapan a la atención de los demás.

Puntos débiles potenciales

Su natural disposición para estar al servicio de los demás y su poca asertividad hacen que no siempre sean capaces de prestar atención a sus propias necesidades y defender sus propios intereses. A menudo, no pueden verbalizar sus propias expectativas o expresar sus opiniones (en particular las críticas). A menudo se dejan engañar, son susceptibles a la manipulación y a ser utilizados por los demás. Tienen tendencia a silenciar los temas sensibles y a evitar las conversaciones difíciles (aunque necesarias). No son capaces de poner fin a relaciones tóxicas y dañinas y no resisten la crítica ni las situaciones de crisis.

No les va bien en áreas de actividad que son totalmente nuevas para ellos. Son poco flexibles: en situaciones que requieren decisiones rápidas e improvisación se sienten confusos y perdidos. Tienen problemas a la hora de delegar obligaciones y tienden a hacer por los demás lo que ellos mismos deberían hacer. Son personas que experimentan fuertes sentimientos, pero tienen dificultades para expresarlos. A veces el hecho de «reprimir en su interior» los sentimientos negativos les lleva a explosiones incontroladas y destructivas.

Los *protectores* tienen a menudo problemas para ver la realidad desde una perspectiva amplia y para comprender los puntos de vista y las opiniones que no son conformes con los suyos. El mero contacto con ellos les provoca una gran incomodidad. También tienen tendencia a negar y rechazar prematuramente todo lo que sea contrario a sus convicciones, y suelen ver sus propias ideas como las únicas razonables. A menudo, reciben la crítica acerca de sus opiniones o acciones como una derrota personal, como una señal que les dice que han decepcionado a otras personas.

Desarrollo personal

El desarrollo personal de los *protectores* depende del grado en que utilizan su potencial natural y se sobreponen a los riesgos relacionados con su tipo de personalidad. Los siguientes consejos prácticos constituyen un decálogo característico del *protector*.

No temas las ideas y opiniones de otras personas

Una actitud abierta a los puntos de vista de los demás no tiene por qué significar abandonar los propios. No temas las ideas y opiniones que son diferentes a las tuyas. Antes de rechazarlas, piensa bien en ellas e intenta comprenderlas.

Mira los problemas desde una perspectiva más amplia

Intenta percibir un contexto más amplio, procura mirar los problemas desde otro ángulo, a través de los ojos de otras personas. Busca las opiniones de los demás, considera diferentes puntos de vista. Ten en cuenta diferentes aspectos del asunto.

Aprende a decir «no»

Cuando no estés de acuerdo con algo, no tengas miedo a decirlo. Cuando no puedas aceptar otra tarea, simplemente recházala. Aprende a decir «no», en especial cuando sientas que alguien está abusando de tu ayuda, o pretende que hagas las cosas por él.

No tengas miedo a las nuevas experiencias

Cada semana o cada mes prueba algo nuevo. Visita lugares en los que todavía no has estado, habla con gente que todavía no conoces, encárgate de tareas que no hayas realizado antes. Esto te proporcionará muchas ideas valiosas y hará que percibas el mundo desde una perspectiva más amplia.

No temas los conflictos

Incluso en el círculo de las personas más próximas a veces se producen conflictos. Sin embargo, no deben ser necesariamente destructivos: ¡suelen ayudar a identificar y solucionar problemas! En las situaciones de conflicto, no escondas la cabeza bajo la arena, sino que expresa abiertamente tu punto de vista y tus impresiones relacionadas con una determinada situación.

Deja algunos asuntos a su curso natural

No puedes tenerlo todo controlado. No eres capaz de dominar cada asunto. Así que deja los menos importantes a su curso natural. Ahorrarás mucha energía y evitarás la frustración.

No hagas por los demás lo que ellos mismos deberían hacer

Quieres ayudar a las personas, pero si lo haces todo por ellos nunca aprenderán cosas nuevas, mientras que tú siempre estarás sobrecargado. Al ayudar a los demás, permíteles asumir la responsabilidad por su propia vida, cometer errores y sacar de ellos conclusiones para el futuro.

Acepta la ayuda de otras personas

Supones que tú deberías ayudar a las personas y normalmente ellos buscan apoyo en ti. Sin embargo, cuando tengas un problema ¡no dudes en pedir ayuda a los demás y aprovéchala!

No tengas miedo a las críticas

No temas expresar tus opiniones críticas ni aceptar las críticas de otros. La crítica puede ser constructiva y no tiene por qué significar un ataque a las personas o un socavamiento de sus valores.

Sé mejor contigo mismo

Trata de ayudarte a ti mismo de la misma forma en la que te preocupas por la felicidad y el buen estado de ánimo de otras personas. Sé más indulgente contigo mismo. A veces, intenta distanciarte de las obligaciones y hacer algo por puro placer, para descansar o divertirte, etc....

Personas conocidas

La lista de personas conocidas que se corresponden con el perfil de *protector* incluye, entre otros, los siguientes nombres:
- **Alfred Tennyson** (1809 - 1892), uno de los más reconocidos poetas ingleses (entre otras obras, *La dama de Shalott*);

PROTECTOR (ISFJ)

- **Charles Dickens**, realmente Charles John Huffam Dickens (1812 - 1870), novelista inglés, uno de los más destacados autores de novela social-costumbrista (entre otras obras, *Oliver Twist*);
- **Louisa May Alcott** (1832 - 1888), escritora estadounidense y pionera de la literatura femenina; enfermera voluntaria durante la guerra civil;
- **Madre Teresa de Calcuta**, realmente Agnes Gonxha Bojaxhiu (1910 - 1997), monja que desarrolló en la India una actividad humanitaria, ganadora del Premio Nobel de la paz;
- **William Shatner** (n. 1931), actor canadiense (entre otras películas, *Star Trek*);
- **Connie Sellecca** (n. 1955), actriz de cine y televisión estadounidense (entre otras películas, *The Wild Stallion*);
- **Diana, princesa de Gales**, realmente Lady Diana Frances Spencer (1961 - 1997), primera mujer de Carlos, príncipe de Gales, y madre de sus dos hijos; implicada en la actividad caritativa;
- **Michael Jordan** (n. 1963), jugador de baloncesto estadounidense, considerado el mejor jugador de todos los tiempos;
- **Kiefer Sutherland** (n. 1966), actor estadounidense (entre otras películas, *Algunos hombres buenos*) y director;
- **Rose Arianna McGowan** (n. 1973), actriz estadounidense (entre otras series, *Embrujadas*);
- **Victoria Davey «Tori» Spelling** (n. 1973), actriz estadounidense (entre otras series, *Beverly Hills 90201*);
- **Sarah Polley** (n. 1979), actriz canadiense (*La vida secreta de las palabras*), directora y guionista.

Apéndice

Las cuatro tendencias naturales

1. Fuente de energía vital dominante

    o   MUNDO EXTERIOR
        Personas que obtienen energía del exterior, que necesitan actividad y contacto con los demás. Soportan mal la soledad prolongada.

    o   MUNDO INTERIOR
        Personas que obtienen energía del mundo interior, que necesitan silencio y soledad. Se sienten agotados cuando están mucho tiempo en medio de un grupo.

2. Forma dominante de asimilación de la información

    o   SENTIDOS
        Personas que dependen de los cinco sentidos. Les convencen los hechos y las pruebas. Les gustan los métodos comprobados y las tareas

prácticas y concretas. Son realistas y se basan en la experiencia.

- INTUICIÓN
  Personas que dependen de un sexto sentido, que se guían por los presentimientos. Les gustan las soluciones innovadoras y los problemas de índole teórica. Se caracterizan por su enfoque creativo de las tareas y por su capacidad de previsión.

3. Forma de toma de decisiones dominante

    - RAZÓN
      Personas que se guían por la lógica y los principios objetivos. Críticos y directos a la hora de expresar sus opiniones.

    - CORAZÓN
      Personas que se guían por los sentimientos y los valores. Anhelan la armonía y necesitan estar bien con los demás.

4. Estilo de vida dominante

    - ORGANIZADO
      Personas concienzudas y organizadas. Valoran el orden, son personas a quienes les gusta actuar según un plan.

    - ESPONTÁNEO
      Personas espontáneas, que valoran la libertad. Disfrutan del momento y se encuentran a gusto en situaciones nuevas.

Porcentaje orientativo de los diferentes tipos de personalidad en la población

Tipo de personalidad: **Porcentaje:**

Administrador (ESTJ):   10 – 13%
Animador (ESTP):   6 – 10%
Artista (ISFP):   6 – 9%
Consejero (ENFJ):   3 – 5 %
Defensor (ESFJ):   10 – 13%
Director (ENTJ):   2 – 5%
Entusiasta (ENFP):   5 – 8%
Estratega (INTJ):   1 – 2%
Idealista (INFP):   1 – 4%
Innovador (ENTP):   3 – 5%
Inspector (ISTJ):   6 – 10%
Lógico (INTP):   2 – 3%
Mentor (INFJ):   aprox. 1%
Pragmático (ISTP):   6 – 9%
Presentador (ESFP):   8 – 13%
Protector (ISFJ):   8 – 12%

Porcentaje orientativo de mujeres y hombres entre las personas con un determinado tipo de personalidad

Tipo de personalidad: **Mujeres / hombres:**

Administrador (ESTJ):   40% / 60%
Animador (ESTP):   40% / 60%
Artista (ISFP):   60% / 40%
Consejero (ENFJ):   80% / 20%
Defensor (ESFJ):   70% / 30%
Director (ENTJ):   30% / 70%
Entusiasta (ENFP):   60% / 40%

APÉNDICE

Estratega (INTJ):   20% / 80%
Idealista (INFP):   60% / 40%
Innovador (ENTP):   30% / 70%
Inspector (ISTJ):   40% / 60%
Lógico (INTP):   20% / 80%
Mentor (INFJ):   80% / 20%
Pragmático (ISTP):   40% / 60%
Presentador (ESFP):   60% / 40%
Protector (ISFJ):   70% / 30%

Bibliografía

Arraj James, *Tracking the Elusive Human, Volume 2: An Advanced Guide to the Typological Worlds of C. G. Jung, W.H. Sheldon, Their Integration, and the Biochemical Typology of the Future*, Inner Growth Books, 1990.

Arraj Tyra, Arraj James, *Tracking the Elusive Human, Volume 1: A Practical Guide to C.G. Jung's Psychological Types, W.H. Sheldon's Body and Temperament Types and Their Integration*, Inner Growth Books, 1988.

Berens Linda V., Cooper Sue A., Ernst Linda K., Martin Charles R., Myers Steve, Nardi Dario, Pearman Roger R., Segal Marci, Smith Melissa A., *Quick Guide to the 16 Personality Types in Organizations: Understanding Personality Differences in the Workplace*, Telos Publications, 2002.

Geier John G., Downey E. Dorothy, *Energetics of Personality*, Aristos Publishing House, 1989.

Hunsaker Phillip L., Alessandra J. Anthony, *The Art of Managing People*, Simon and Schuster, 1986.

Jung Carl Gustav, *Tipos psicológicos*, Trotta, 2013.

Kise Jane A. G., Stark David, Krebs Hirsch Sandra, *LifeKeys: Discover Who You Are*, Bethany House, 2005.

Kroeger Otto, Thuesen Janet, *Type Talk or How to Determine Your Personality Type and Change Your Life*, Delacorte Press, 1988.

Lawrence Gordon, *Looking at Type and Learning Styles*, Center for Applications of Psychological Type, 1997.

Lawrence Gordon, *People Types and Tiger Stripes*, Center for Applications of Psychological Type, 1993.

Maddi Salvatore R., Personality Theories: *A Comparative Analysis*, Waveland, 2001.

Martin Charles R., *Looking at Type: The Fundamentals Using Psychological Type To Understand and Appreciate Ourselves and Others*, Center for Applications of Psychological Type, 2001.

Meier C.A., *Personality: The Individuation Process in the Light of C. G. Jung's Typology*, Daimon Verlag, 2007.

Pearman Roger R., Albritton Sarah, *I'm Not Crazy, I'm Just Not You: The Real Meaning of the Sixteen Personality Types*, Davies-Black Publishing, 1997.

Segal Marci, *Creativity and Personality Type: Tools for Understanding and Inspiring the Many Voices of Creativity*, Telos Publications, 2001.

Sharp Daryl, *Personality Type: Jung's Model of Typology*, Inner City Books, 1987. Spoto Angelo, Jung's Typology in Perspective, Chiron Publications, 1995.

Tannen Deborah, *Tú no me entiendes*, Círculo de lectores, 1992.

Thomas Jay C., Segal Daniel L., *Comprehensive Handbook of Personality and Psychopathology*, Personality and Everyday Functioning, Wiley, 2005.

Thomson Lenore, *Personality Type: An Owner's Manual*, Shambhala, 1998.

Tieger Paul D., Barron-Tieger Barbara, *Just Your Type: Create the Relationship You've Always Wanted Using the Secrets of Personality Type*, Little, Brown and Company, 2000.

Von Franz Marie-Louise, Hillman James, *Lectures on Jung's Typology*, Continuum International Publishing Group, 1971.

Sobre el autor

Jarosław Jankowski: licenciado en pedagogía por la Universidad Nicolás Copérnico y graduado del programa Executive MBA dirigido por Dominican University, Brennan School of Business. Director de investigación y desarrollo en una organización no gubernamental internacional. Empresario y activista social. Divulgador del conocimiento sobre los tipos de personalidad, creador de la tipología de personalidad ID16$^{TM©}$.

www.ingramcontent.com/pod-product-compliance
Lightning Source LLC
Chambersburg PA
CBHW031138020426
42333CB00013B/436